学前教育专业应用型人才培养特色教材

普通话与幼儿教师口语（第2版）

主　编　胡　陵　何芙蓉
副主编　刘　黎　范星佑　王晶晶　罗筱娟　蒋春姣
参　编　陈雪梅　周　敏　刘文婧　高　澜

西南交通大学出版社
·成　都·

图书在版编目（CIP）数据

普通话与幼儿教师口语 / 胡陵，何芙蓉主编. — 2版. — 成都：西南交通大学出版社，2021. 11
ISBN 978-7-5643-8400-5

Ⅰ. ①普… Ⅱ. ①胡… ②何… Ⅲ. ①普通话－高等职业教育－教材②幼教人员－汉语－口语－高等职业教育－教材 Ⅳ. ①H102②H193.2

中国版本图书馆 CIP 数据核字（2021）第 238166 号

Putonghua yu You'er Jiaoshi Kouyu (Di-er Ban)
普通话与幼儿教师口语
（第 2 版）
主编　胡陵　何芙蓉

责任编辑	邱一平
封面设计	墨创文化
出版发行	西南交通大学出版社 （四川省成都市二环路北一段 111 号 西南交通大学创新大厦 21 楼）
发行部电话	028-87600564　028-87600533
邮政编码	610031
网　　址	http://www.xnjdcbs.com
印　　刷	四川煤田地质制图印刷厂
成品尺寸	185 mm × 260 mm
印　　张	15.75
字　　数	361 千字
版　　次	2013 年 1 月第 1 版 2021 年 11 月第 2 版
印　　次	2021 年 11 月第 5 次
书　　号	ISBN 978-7-5643-8400-5
定　　价	38.00 元

第 2 版 前言

《普通话与幼儿教师口语》是提高学前教育专业学生职业技能，提高其职业素质的一门重要课程。2018 年 11 月 7 日，党中央、国务院印发《中共中央国务院关于学前教育深化改革规范发展的若干意见》，对新时代学前教育改革发展进行了系统谋划和全面部署，其中对加强教师队伍建设作出部署：一是不断扩大培养规模，二是持续加大培训力度，三是加强幼儿园师资配备，四是健全工资待遇保障机制。近年来，学前教育得到快速发展，但是教师队伍建设还有待进一步加强。

国家对学前教育教师队伍建设力度的加大，意味着对幼儿教师的口语能力提出了更高的要求。口语能力是幼儿教师最重要的教学技能之一，语言训练是幼儿教育教学的重要内容。教师口语表达能力在一定程度上决定着教育教学的质量和效率，同时也影响着儿童口语能力和思维能力的发展。尤其对于学龄前儿童，各方面知识的学习及个性品质的养成在很大程度上来自于教师的语言表达。儿童处在学习语言的最佳时期，教师必须用规范的口语给予他们良好的影响。所以，对幼儿教师进行科学、系统、严格的口语训练具有重要的意义。教师在训练口语的同时，认真学习、研究幼儿教育的特点，才能在教育教学的各个环节中做到游刃有余、事半功倍。

《普通话与幼儿教师口语》（第二版）重点突出幼儿教师口语表达的规范性、实践性、形象性、启发性、激励性，丰富了相应的训练内容，增加了普通话水平测试（机测）的相关内容，通过理论和实践完成本课程的学习和提升，为幼儿教师职业发展打下良好的基础。

本教材 2012 年使用至今，收到了良好的效果。本次再版，听取了师生的意见和建议，对部分内容进行了修改和增删，以期更好地服务学前教育专业人才培养和幼儿教师能力提升。

编　者

2021 年 8 月

第1版前言

一、"普通话与幼儿教师口语"课程说明

"教师口语"是师范院校教师职业技能训练的必修课，是培养高师幼教专业学生职业技能、提高其职业素质的一门重要课程。为了更有效地配合国家普通话水平测试工作，保证高师幼教专业学生达到二级甲等以上的普通话等级水平，许多师范院校将该课程开设为"普通话与幼儿教师口语"，课程的内容包括四大板块：普通话语音训练、一般交际口语训练、幼儿教师职业口语训练、幼儿教师交际口语训练。普通话是教师的职业语言，普通话训练是前提，贯穿这门课程的始终。一般口语交际训练是普通话训练的继续和深化，也是幼儿教师职业口语训练的基础。幼儿教师职业口语是用标准或比较标准的普通话表达的、符合学前教育教学要求的工作用语，是高师幼教专业学生首要的职业基本技能，是一般口语交际训练的提高和扩展。幼儿教师交际语是教师接触幼儿之外的不同职业、不同类型的人员，参加各种目的、各种类别的活动时所使用的一种口头语言；是一种不同于学前教育、教学语言的口头语言，也是幼儿教师因工作需要而必须掌握的技能，是幼儿教师职业口语的拓展和延伸。四大板块是内在联系的统一整体。

二、"普通话与幼儿教师口语"课程的意义

学前教育是基础教育的基石。基础教育要实现由应试教育向素质教育的转变，必须从学前教育抓起，从提高幼儿教师的全面素质抓起。幼儿教师的素质包括思想品德修养和教育教学能力，口语能力是幼儿教师最重要的教学技能之一，语言训练是幼儿教育教学的重要内容。教师良好的口语表达对正处于智力开发和知识启蒙阶段的幼儿来讲影响巨大。同时，教学活动的各个环节都必须借助语言才能顺利进行。高师幼教专业学生今后的职业特点决定了他们的语言能力应包括以下几个方面：合格的教学、教育能力，合格的书面表达能力，合格的口语交际能力。在实际工作中，学前儿童的语言教学如何进行、如何改进和提高，很大程度上取决于幼儿教师在学习阶段所受到的语言教育。

教师口语表达能力在一定程度上决定着教育教学的质量和效率，同时也影响着儿童口语能力和思维能力的发展。尤其对于学龄前儿童，各方面知识的学习及个性品质的养成在很大程度上来自教师的语言表达。儿童处在学习语言的最佳时期，教师必须用规范的口语给予他们良好的影响。所以，对幼儿教师进行科学、系统、严格的口语训练具有重要的意义。教师在训练口语的同时，认真学习、研究幼儿教育的特点，才能在教育教学的各个环节中做到游刃有余、事半功倍。

作 者

2012 年 6 月

目　录

第一编　普通话语音基础

第二编　一般交际口语

第三编　幼儿教师职业口语

第四章　幼儿教师职业口语训练

第四编　幼儿教师交际口语

第五章　幼儿教师交际口语训练

第一编

普通话语音基础

第一章　普通话概说

说好普通话是每一位幼儿教师必备的基本素质，那么，什么是普通话？怎样才能学好普通话？这是我们首先应该弄清楚的问题。

一、“普通话”的含义

（一）“普通话”的定义

“普通话”是现代汉民族的共同语，是普遍通行的、全国通用的语言。目前，学界普遍认可的普通话的定义是：以北京语音为标准音，以北方官话为基础方言，以典范的现代白话文著作为语法规范的现代汉民族共同语。

这个定义从语音、词汇、语法三个方面阐述了普通话的内涵，确定了普通话的规范标准。在语音方面，普通话“以北京语音为标准音”，指的是以北京音系为标准音，而不包括北京话的土音。在词汇方面，普通话是“以北方官话为基础方言”，而不是以北京话为基础方言，北京的一些土话不能包括在普通话词汇之内。在语法方面，普通话是以“典范的现代白话文著作为语法规范”，典范的现代白话文著作是指现代优秀的作家、理论家的优秀作品（如鲁迅、郭沫若、茅盾等人的代表作，毛泽东、邓小平等人的论著）和国家发布的多种书面文件（如法律文本、通告、政令等）。

“普通话”的名称是在 1955 年“全国文字改革会议”和“现代汉语规范问题学术会议”上确定下来的。这次会议明确规定“普通话”是“以北京语音为标准音、以北方官话为基础方言、以典范的现代白话文著作为语法规范”的现代汉民族共同语。其中“普”是“普遍”之意，“通”是“共通”之意，普通话指的是普遍、通行、为人们共同使用的语言，其特指义“现代汉民族共同语”与现代汉语方言相对。1955 年 10 月，在北京召开了“全国文字改革会议”和“现代汉语规范问题学术会议”，制定了推广普通话的具体措施。1956 年 2 月 6 日，国务院发出了《关于推广普通话的指示》，指示中分析了“由于历史的原因，汉语的发展还没有达到完全统一的地步。许多存在巨大差异的方言妨碍了不同地区人们的交谈，造成社会主义建设事业中的许多不便。语言中的某些不统一和不合乎语法的现象不但存在于口头上，也存在于书面上。……为了我国政治、经济、文化和国防的进一步发展的利益，必须有效地消除这些现象”。“要尽力提倡在公共场合说普通话，尽力提倡在书面语言中使用普通话”。

（二）普通话的特点

普通话的特点表现在语音、词汇、语法各个方面。

1. 普通话在语音方面的特点

（1）元音占优势，而且复元音韵母较多，发音圆润响亮，音乐性强。

（2）作为一种声调语言，普通话声调高低变化分明，四个声调高音成分较多，平、升、曲、降调型清楚，区分明显，不存在入声调。

（3）音节结构规律性强，元音和声调是音节不可缺少的构成成分，音节中不存在复辅音，辅音只能出现在音节开头或结尾，声母中清声母占多数，结尾处通常是高元音或鼻辅音。

（4）音节界限分明，搭配和谐，平仄错落有致，而且轻声、儿化突出，存在双声、叠韵、叠音，语流富有节奏感和韵律美。

2. 普通话在词汇方面的特点

（1）双音节词占优势。

（2）实语素结合构成的复合词占多数。

（3）语汇丰富，表现力强。

3. 普通话在语法方面的特点

（1）语序和虚词是表达语法意义的主要手段。

（2）复合词、词组、句子的语法结构模式趋于一致。

（3）句式灵活多样，富有表现力。

（4）量词和语气词比较丰富。

（三）普通话的历史沿革

汉民族的共同语由来已久。春秋时称“雅言”，汉时称“通语”，明清时称“官话”，民国时期叫“国语”，中华人民共和国成立后正式定名为“普通话”。

汉语方言自古就存在着很大分歧，不过很早就出现了能在各地通用的语言。“雅言”是春秋战国时期的通用语言，“雅”是“正”的意思，“雅言”也就是正确、规范、大家都遵循使用的语言。“通语”“凡语”“通言”是汉代的通用语。由于中国从商朝到北宋一直在中原地区主要是长安（西安）和洛阳建都，所以两千多年时间里，长安、洛阳一带的中原地区的方言一直是基础方言。南宋时期，辽把燕京（北京）作为五都之一，1153 年金迁都北京，中原地区方言的权威性地位开始动摇。元代，蒙古族在北京建起了元大都，北京成为全国的政治中心。大都话取代长安、洛阳一带的中原方言，成为新的权威性方言。明代出现了“官话”，它是指官吏们在官场上使用的语言，也就是官场上的通行语言，而这种语言实际上是对汉语北方方言的统称。清雍正八年（1730 年）雍正下令 8 年内在不懂官话的地区推行官话，并规定不懂官话的人不得参加科举考试，从而推动了官话在民间的推行和普及。清末，“官话”已经不只是官场上的通行语言。1909 年，清政府将“官话”正名为“国语”。1912 年初，中华民国成立，7 月召开的“临时教育会议”肯定了“国语”这个名称，并决定在全国推行“国语”。1913 年，召开了“读音统一会”，议定了汉字的国定读音和拼写国音的字母，即“注音字母”，并提出“国音推行方法”。1918 年，北洋政府教育部公布注音字母。后来，又成立了“国语统一筹备会”，于 1924 年修改了国音标准和注音字母，明确了以北京语音作为标准音。中华人民共和国成立后，1955 年 10 月召开了“全国文字改革会议”和“现代汉语规范化学术会议”，确定以“普通话”作为汉民族共同语的正式名称，取代“国语”这个名称，规定了普通话的内容，制定了推广普通话的具体措施。

民族共同语是一个民族的全体成员交际交流时的通用语言，方言是局部地区的社会成员交际交流时所使用的语言。共同语通常是在一种方言的基础上形成的，作为共同语形成基础的方言就是基础方言。哪一种方言能成为基础方言，取决于这种方言的社会地位。能够成为基础方言的方言，总是有着政治、经济或文化方面的优势。如果某个地区是全社会的政治、经济、文化中心，那么这个地区的方言在全社会内就最有权威、最有影响、最有代表性，它就会成为基础方言。普通话以北京语音为标准音、以北方话为基础方言，也是政治、文化方面的原因。

民族共同语的语音系统则只能是基础方言区域内的某一地点的语音系统，一般不夹杂其他语音系统的成分。汉民族共同语以北京语音为标准音，决定于北京的地位。自辽金政权以来的800多年里，北京一直是全国的政治、文化中心，历经辽、金、元、明、清等朝代，“官话”的广泛传播，使北京话在全国范围产生了深远的影响。20世纪初以来，“国语运动”和五四运动提倡白话文，主张用“白话”(北方话口语)作为书面语，文化界也都使用北京话，使北京话的地位得到了加强和巩固。普通话的标准音，很自然地确定为这一地区的代表城市的语音系统——北京语音系统，北京语音作为标准音的地位因此得以确立。

以北方话为基础方言，是因为北方话通行范围最广，使用的人数最多，在全国的影响也最大。北方话地区占汉族地区的3/4（从东北的哈尔滨到西南的昆明，从西北的乌鲁木齐到东南的南京，都是北方话的范围）；使用汉语的人中，大多数人使用北方话，据统计约占说汉语人数的73%；古代很多文学名著都是用北京话或北方话写成的，随着这些作品在全国的广泛传播，北京话或北方话的影响越来越大。凡此种种，奠定了北方话作为汉民族共同语基础方言的地位，所以，普通话的词汇主要来源于北方话。

普通话以典范的现代白话文著作为语法规范：典范的，即典型的一般用例，而非个人的特殊用例；现代的，既非古代的，也非近代的；白话文，非文言的；著作，即书面的而非口语的。

（四）普通话的规范

1. 语音规范

“以北京语音为标准音”，是指整体而言以北京话读音为规范和标准。北京话并非任何一个语音成分都是标准的，对北京话中存在的一些异读成分及土话成分，应加以规范。

2. 词汇规范

“以北方话为基础方言”，指普通话词汇来源于北方话。但由于北方话地区范围广，一些地方性很强的词，如北京话的土语词“老爷儿”（太阳）、“取灯”（晚上）等，不应进入普通话词汇。同时，为了丰富词汇，普通话还要从方言、古语词和外来词中吸收一些有用的富有表现力的词。比如，从吴方言吸收的“尴尬、货色、把戏”；从粤方言吸收的“雪糕、冰淇淋、埋单”；从英语中吸收的“基因、克隆”等。具体处理，则应遵循必要性（表达需要）、普遍性（使用者广泛）、明确性（意思清楚）的原则。

3. 语法规范

“以典范的现代白话文著作为语法规范”，指以现代著名作家的优秀白话文作品中的一般用例作为语法规范。作品中的特殊用例及方言语法成分，不能作为规范；语法上或逻辑上有毛病的某些流行说法，要予以清除。

方言语法与普通话语法之间的差异表现在若干方面。大致可以分为几类：

第一，语序不同，即词组或句子的组成成分排列顺序不同。其中有的是宾语的语序，如普通话的“你吃饭”，有的方言说成“你饭吃”；“给我一本书”，不同的方言分别说成“给一本书我”“给本书我”“把本书我”“书一本给我”“拿一本书帮我”。有的是补语的语序，如普通话的“我看他一下”，有的方言说成“我看一下他”。还有的是状语的语序，如普通话的“你先走”，不同方言分别说成“你走先”“你走头先”“你走在先”“你走去先”等。

第二，量词的使用有差异。比如，普通话的量词“张”，上海话都说成“块”或“只”；上海话的量词“只”，能用于很多名词的计量上，与普通话的许多量词相对应，像“一只灯”（盏），“一只帽子”（顶），“一只别针”（枚），“一只阳台”（个）等。

第三，名词、动词、形容词的重叠形式有差异。比如，普通话中的单音节名词、带词缀“子”的名词、单音节儿化的名词和双音节名词，贵州遵义话中多为名词重叠式，如“草草（草）、碗碗儿（碗）、盘盘儿（盘子）、盖盖儿（盖子）、帕帕儿（毛巾、帕子）”等。

二、幼儿教师怎样学好普通话

学好普通话要敢于开口、敢于练习。不要担心说不好、被人笑话而不好意思说；也不要怕难，担心习惯方言发音的发音器官而不习惯说普通话。其实，只要方法得当，坚持训练，就能练出一口漂亮的普通话。

普通话与方言在语音、词汇、语法三个方面都有差异，但最主要的差异是在语音上，词汇上的差异不大，语法上就更小了。因此，学习的重点是在语音上。可以从以下几方面入手：

（一）扎实掌握正音工具

要掌握好《汉语拼音方案》这一正音工具，熟练掌握普通话基本音节的读音，为说好普通话打下坚实的基础。不管来自何方、操何种方言，只要掌握了普通话基本音节的读音，就能读准所有单音节汉字的普通话读音。重视对普通话理论的学习，在理论的指导下来进行练习，将事半功倍。

（二）合理选择训练内容

训练内容主要有语音、姿态、心理素质等。在语音的训练上，可选择如下内容：普通话基本音节、《现代汉语常用字表》《普通话水平测试大纲》中的朗读篇目、幼儿故事、儿童诗、各省教育厅为大学生推荐的经典诵读篇目、优秀教案、学术论文。

（三）巧妙安排训练层次

训练的顺序一般可以这样安排。

第一步：普通话声母、韵母、声调。

第二步：普通话基本音节（先同调呼读，然后四声呼读）。

第三步：《现代汉语常用字表》（常用字 2500，次常用字 1000）（延伸：音、形、义、用）。

第四步：连续语流（必须在掌握语流音变规律之后进行，语流音变的练习可以按如下顺序：变调—轻声—儿化—语气词“啊”的音变。顺序为：双音节—多音节—《普通话水平测试大纲》中的朗读篇目、幼儿故事、儿童诗等）。

（四）灵活确定训练形式

训练形式有集体场合训练、个人演练、教室里的师生对话，等等。

（五）多方引进训练手段

利用多媒体、个人对镜演练矫正、他人矫正等。

（六）有效依托训练载体

根据专业特点，确定训练载体。幼儿教师可以诵读、态势语、儿童故事讲述为训练载体。

（七）高度重视语音规律，强调必要的死记硬背

方言和普通话之间的差异是有对应规律的，要认识和把握这种规律，在理论的指导下由简到繁、由易到难、循序渐进地进行练习。但是，掌握规律也需要记忆，例如入派四声的字表、平翘舌音类推字表、边鼻音类推字表、前后鼻韵母类推字表、h 声母字与 f 声母字类推字表、现代汉语常用字表、普通话常用轻声词语表、普通话常用儿化词语表，等等。

（八）坚持在正确语音武装下的有声训练

方言区的人学习普通话，一般都是从单音节的正音开始。学会拼读单音节、掌握音变的规律之后，就可以朗读有拼音标注的作品。我们发现，有的人读得很多，但他们并没有按正确的语音来读，结果是顽强地读着、执著地错着，离正确的语音越来越遥远。从单音节过渡到连续的语流，必须通过大量的、正确语音指导下的有声训练来完成。

许多人在学习普通话的过程中，都碰到过这样的难题：使用普通话影响表达。这是因为普通话还没有成为他们运用自如的语言，他们首先要在大脑中用方言进行思维、组织好要说的话，然后在大脑中翻译成普通话，再通过发音器官有声地表达出来。因此，我们在进行口语训练时强调先进行有文字依据的“说”。以演讲训练为例，大都采取这样的方式：写稿子—正字音—读稿子—背稿子—说稿子。

普通话学习实践性很强，不仅要掌握一定的理论知识，更重要的是在理论的指导下加强实践，要认真练，反复练，练发音，练朗读，练说话。多读，多说，多比较，多思考，把知识转化为技能。

第二章　普通话发音规则及训练

第一节 语音的基本概念

一、发音器官（见图 2.1）

发音器官可以分为三大部分。

（一）呼吸器官

呼吸器官包括肺、支气管和气管。肺是呼吸器官的中心，由肺的呼吸作用形成的气流是发音的原动力。肺呼出的气流，通过支气管、气管达到喉头，作用于声带、咽头、口腔、鼻腔等发音器官，就能发出不同的语音。

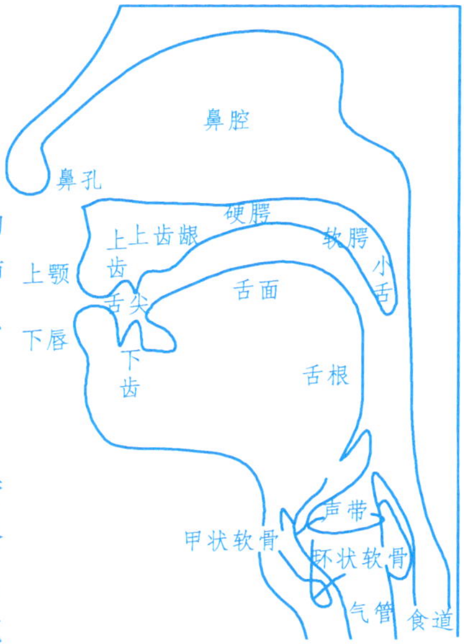

图 2.1 发音器官示意图

（二）喉头和声带

喉头由四块软骨组成，上通咽头，下连气管。声带位于喉头的中间，是两片富有弹性的唇形薄膜。声带分开时呈 v 字形，当中的缝隙叫声门。两片声带放松或拉紧，气流自由通过；发音时，声门关闭，声带并拢，使气流冲击声带，引起声带振动，发出声音。

（三）口腔和鼻腔

口腔和鼻腔是两个重要的发音共鸣器。口腔分上、下两部分。从前往后看，上部包括上唇、上齿、上齿龈、硬腭、软腭和小舌六个部位；下部包括下唇、下齿和舌头，舌头又分舌尖、舌面和舌根三个部位。口腔的开合与唇、舌、软腭、小舌的协同动作，使口腔成为不同的共鸣腔，形成各种音色的语音。

鼻腔的形状是固定的，靠软腭与小舌与口腔隔开。软腭和小舌上升时鼻腔闭塞，口腔畅通，气流在口腔中共鸣，发出的音叫口音。软腭和小舌下垂时，如果口腔中某部位闭塞，气流只能在鼻腔中共鸣，发出的音叫鼻音；当软腭和小舌下垂而口腔内无阻碍时，气流在口腔和鼻腔同时共鸣，发出的音叫鼻化音。

二、语音的基本概念

（一）元音、辅音

元音是声带振动，气流在口腔或咽头不受阻碍而形成的音素。如：ɑ、o、e 等。元音又称母音。

辅音是气流在口腔或咽头受到一定阻碍形成的音素，如：d、t、n、l等。辅音又称子音。

（二）音节、声母、韵母、声调

音节是语音的基本结构单位，是人们在听觉上最容易分辨出来的语音单位。一般来说，一个汉字记录一个音节，只有儿话音节中音节与汉字不一致，如“花儿”读作 huār，就一个音节，写出来是两个汉字。

我国传统的分析汉语音节的方法就是把一个音节分成声母、韵母和声调三部分，这种分析法能反映出语音的特点。

声母是音节开头的辅音。如：在“她”（ta）这个音节中，辅音 t 就是声母，这样的音节叫声母音节。

声调的音节的高低升降变化。如：“买（mǎi）”读起来先降后升，这种变化形式就是音节“买”的声调。声母、韵母、声调是汉语音节不可缺少的组成部分，其中每一种声调都有区别意义的作用。普通话有 22 个声母，39 个韵母，4 类声调，400 多个基本音节，加上它们的四声，共有 1200 多个音节。

三、汉语拼音方案

《汉语拼音方案》是根据普通话的语音系统制定的一个给汉字注音和拼写普通话的方案，是 1958 年 2 月经第一届全国人民代表大会第五次会议批准公布推行的，它是在过去的直音、反切及各种拼音方案的基础上发展而来的。掌握了这个方案，就掌握了汉语拼音，就能以它为工具自学普通话。

《汉语拼音方案》由五部分组成：字母表、声母表、韵母表、声调符号、隔音符号。

（一）字母表

字母表是汉语拼音方案所用的全部字母按照一定顺序排列的表。它采用了世界各国通用的 26 个拉丁字母，根据普通话的语音系统重新规定了读音，用来拼写普通话的所有音节。

每个字母代表的音叫“本音”，是用来拼音的。每个字母又有一个“名称音”，是用来称呼字母的。元音的名称音和本音是一致的，辅音的名称音是在其后或前加一个元音。字母表用汉语拼音表示是这样的：

aê	ê	cê	dê	e	êf	gê
ha	i	jie	kê	êl	êm	nê
o	pê	qiu	a'er	ês	tê	u
üê	wa	xi	ya	zê		

记住字母名称、背熟字母表是非常重要的。通常按音序排列的字典、辞典和其他资料（如图书馆的书名卡等），就是按字母的先后顺序排列的。背熟了字母表，查起这类工具书和资料来，就会方便快速得多。

（二）声母表

声母表是把汉语拼音全部声母根据一定次序排列的表。它规定了21个辅音声母的读音和写法。

（三）韵母表

韵母表是把汉语拼音全部韵母根据一定次序排列的表。它规定了39个韵母的读音和写法，以及部分韵母的省写、变形。

（四）声调符号

声调符号就是标注声调的符号。普通话里有阴平、阳平、上声、去声四个声调，汉语拼音方案规定了四种声调符号的形状及标调的位置。

（五）隔音符号

隔音符号是用来隔音，避免音节之间混淆的符号，形状像逗号“’”。a、o、e开头的音节连接在其他音节后面时，如果音节界限发生混淆，必须使用隔音符号隔开。

第二节 声母、韵母、声调的发音

一、声母的发音

（一）从发音部位分析

声母的发音部位是指发音器官阻碍气流的部位。根据发音部位，普通话声母可以分成7类。

1. 双唇音：b、p、m

由上下唇闭合阻碍气流而形成的音。

2. 唇齿音：f

由上齿和下唇接近阻碍气流而形成的音。

3. 舌尖前音（也称平舌音）：z、c、s

由舌尖平伸抵住或接近上齿背阻碍气流而形成的音。

4. 舌尖中音：d、t、n、l

由舌尖抵住上齿龈阻碍气流而形成的音。

5. 舌尖后音（也称翘舌音）：zh、ch、sh、r、

由舌尖翘起，抵住或接近硬腭前部阻碍气流而形成的音。

6. 舌面音：j、q、x

由舌面前部抵住或接近硬腭前部或中部阻碍气流而形成的音。

7. 舌根音：g、k、h

由舌面后部抵住或接近软腭阻碍气流而形成的音。

辅音是不响亮的，普通话的声母读出来很响亮，是因为21个辅音声母的后面都加了一个呼读音，呼读元音如下：

b、p、m、f 读作 bo、po、mo、fo，呼读元音 o；

d、t、n、l、g、k、h 读作 de、te、ne、le、ge、ke、he，呼读元音 e；

j、q、x 读作 ji、qi、xi，呼读元音 i；

zh、ch、sh、r 读作 zhi、chi、shi、ri，呼读元音 -i（后）（舌尖后元音）；

z、c、s 读作 zi、ci、si，呼读元音 -i（前）（舌尖前元音）。

（二）从发音方法分析

所谓发音方法，是指发音时构成阻碍和克服阻碍的方式以及声带是否颤动、气流的强弱等3个方面。

1. 按照发音时构成阻碍和克服阻碍的方式，普通话的辅音声母可以分为以下5类

（1）塞音：成阻时，某两个发音部位完全闭塞，阻住气流，软腭、小舌上升，堵塞鼻腔通路；持阻时，仍然保持这种态势，气流积蓄在阻碍部位之后；除阻时，成阻部位突然打开，积蓄的气流迸裂而出，爆发成声。塞音发音声音短暂，也叫"破裂音""爆发音"。普通话中有6个塞音声母：b、p、d、t、g、k。

（2）擦音：成阻时，某两个发音部位靠近，中间形成缝隙，软腭、小舌上升，堵塞鼻腔通路；持阻时，气流从窄缝中挤出，摩擦成声；除阻时发音结束。普通话中有6个擦音声母：f、h、sh、x、h、r。

（3）塞擦音：成阻时，某两个发音部位完全闭塞，软腭、小舌上升堵塞鼻腔通路；持阻阶段的开始仍然保持这种态势，但是持阻的后半段却慢慢放松了原来的闭塞部位，使之形成了一条窄缝，气流从窄缝中挤出，摩擦成声。普通话中有6个塞擦音声母：j、q、zh、ch、z、c。

（4）鼻音：成阻时，某两个发音部位完全闭塞，堵塞口腔的通路；持阻时，软腭、小舌自然垂下，打开鼻腔通路，气流振动声带，由鼻腔透出；除阻时，口腔阻碍部位打开，发音结束。普通话中有2个鼻音声母：m、n。

（5）边音：成阻时，舌尖与上齿龈接触，舌头两边放松，同时，软腭、小舌上升堵塞鼻腔通路；持阻时，气流振动声带从舌头的两边透出；除阻时发音结束。普通话中有1个边音声母：l。

2. 按照发音时声带是否颤动，普通话的辅音声母可以分为清音和浊音两大类

（1）清音：发音时，声带不颤动的音称为清音。普通话中有17个清音声母：b、p、f、d、t、g、k、h、j、q、x、zh、ch、sh、z、c、s。

（2）浊音：发音时，声带颤动的音称为浊音。普通话中有4个浊音声母：m、n、l、r。

3. 按照发音时口腔中呼出气流的强弱不同，把普通话的塞音和塞擦音声母分为送气音和不送气音两大类

（1）送气音：除阻时，口腔中呼出的气流较强的音，称为送气音。普通话中有 6 个送气音声母：p、t、k、q、ch、c。

（2）不送气音：除阻时，口腔中呼出的气流相对较弱的音，称为不送气音。普通话中有 6 个不送气音声母：b、d、g、j、zh、z。

（三）21 个辅音声母的发音要领

b —— 双唇、不送气、清、塞音（呼读音 bo）

发音要领：双唇紧闭，堵住肺部呼出的涌满口腔的气流；提升软腭，关闭鼻腔通路；双唇用力短暂蓄气后突然打开，爆发成声。例如：

bān bù	bù biàn	bǎnbào	bā bǎo	běi bù	bǎnběn	biāo bǎng
颁布	不变	板报	八宝	北部	版本	标榜
bànbǎi	biànbái	běibian	bēn bō	biǎobái	bīngbáo	bàobiǎo
半百	辩白	北边	奔波	表白	冰雹	报表
bǎobei	bèng bù	biàn bù	bài bǐ	biànbié	báobǐng	bì bǎng
宝贝	蚌埠	遍布	败笔	辨别	薄饼	臂膀
bēi bǐ	bǎi bù	bù bīng	bān bó	bàobìng	bīngbiàn	bāo bian
卑鄙	百步	步兵	斑驳	暴病	兵变	褒贬

p —— 双唇、送气、清、塞音（呼读音 po）

发音要领：与 b 基本相同，只是在除阻时即双唇突然打开时气流较强。例如：

píngpàn	pǐn pái	pī píng	pǐ pèi	piān pì	pó po	péngpài
评判	品牌	批评	匹配	偏僻	婆婆	澎湃
píng pū	pí pa	pīngpāng	pīnpán	pí pa	pò pí	pān pá
平铺	琵琶	乒乓	拼盘	枇杷	破皮	攀爬
pāipiàn	pá pō	piāopiāo	pō pí	piānpiān	pī pā	piáo pō
拍片	爬坡	飘飘	泼皮	翩翩	噼啪	瓢泼
pí páo	piānpàng	páipào	pàopào	píng pū	pǔ piào	pín pǔ
皮袍	偏胖	排炮	泡泡	平铺	普票	频谱

m —— 双唇、浊、鼻音（呼读音 mo）

发音要领：双唇紧闭，软腭稍下降、打开鼻腔通路，气流振动声带，让气流在口腔稍做停留再从鼻腔透出去，借助口腔和鼻腔的联合共鸣完成。例如：

miánmá	mì mǎ	ménmian	mā ma	mù mǎ	mó máo	mǎimai
棉麻	密码	门面	妈妈	木马	磨毛	买卖
mí máng	mò míng	miànmó	máng mù	má mù	mí màn	māo mī
迷茫	莫名	面膜	盲目	麻木	弥漫	猫咪
mò mò	měimiào	mào mì	miǎománg	méimao	mànmiào	màn man
默默	美妙	茂密	渺茫	眉毛	曼妙	慢慢
mì mì	měimiǎo	miànmào	mù mén	mǎi mǐ	mái mò	màomèi
秘密	每秒	面貌	木门	买米	埋没	冒昧

f —— 唇齿、清、擦音（呼读音 fo）

发音要领：提升软腭，关闭鼻腔通路；舌头自然平放，上齿轻挨着下唇内沿；气流从窄缝中挤出，摩擦成声。例如：

fāng fǎ	fēng fù	fēngfàn	fēn fu	fā fàng	fǎng fú	fēi fǎ
方法	丰富	风范	吩咐	发放	仿佛	非法

fǎn fù 反复	fū fù 夫妇	fù fèi 付费	fáng fàn 防范	fā fēng 发疯	fēi fán 非凡	fèi fǔ 肺腑
fēn fāng 芬芳	fàn fǎ 犯法	fáng fǔ 防腐	fā fú 发福	fān fān 翻番	fán fù 繁复	fàng fēi 放飞
fēng fān 风帆	fù fāng 复方	fó fǎ 佛法	fán fū 凡夫	fāng fēi 芳菲	fēn fán 纷繁	fēn fēng 分封

d —— 舌尖中、不送气、清、塞音（呼读音 de）

发音要领：双唇微开，软腭、小舌向后咽壁抬高堵住鼻腔通路；舌尖抵住上齿龈，紧紧地蓄住气；然后，舌尖突然用力弹开，气流迸裂而出，爆发成声。例如：

dài dòng 带动	dá dào 达到	dǎo dú 导读	dāng dì 当地	dào dé 道德	dū dǎo 督导	dé dàng 得当
dān dú 单独	dìng dān 订单	dà dǎn 大胆	diào dòng 调动	diàn dù 电镀	dào dǐ 到底	dì diàn 地垫
děng dài 等待	diǎn dī 点滴	dì diǎn 地点	dǒng de 懂得	dī diào 低调	dòng dàng 动荡	dǎ dòng 打动
dú dǒng 读懂	dàn dìng 淡定	dǒu dòng 抖动	dān dōng 丹东	dōng dé 东德	dīng dōng 叮咚	dǐng duān 顶端

t —— 舌尖中、送气、清、塞音（呼读音 te）

发音要领：t 的发音方法和 d 基本相似，不同的是 t 除阻时气流比 d 强，就像用力吹蜡烛一样。例如：

tàn tǎo 探讨	tuō dá 拖沓	tái tóu 抬头	tǎn tè 忐忑	tóu téng 头疼	tiān táng 天堂	táo tài 淘汰
tuán tǐ 团体	tǐ tiē 体贴	tī tián 梯田	tōng tǐ 通体	tiě tōng 铁通	tīng tǒng 听筒	táo tuō 逃脱
tì tóu 剃头	tǐ tán 体坛	tiān tǐ 天体	tàn tóu 探头	tiě tǎ 铁塔	tú téng 图腾	tǐ tài 体态
tān tā 坍塌	tián tǒng 甜筒	tuī tuō 推脱	tán tǔ 谈吐	tán tiào 弹跳	téng tòng 疼痛	tóu tāi 投胎

n —— 舌尖中、浊、鼻音（呼读音 ne）

发音要领：舌尖抵住上齿龈，堵住口腔通路；气流振动声带，让气流在口腔短暂停留，弹出舌尖让气流完全从鼻腔透出，鼻腔共鸣成声。例如：

nán nǚ 男女	niú nǎi 牛奶	nián nèi 年内	néng nai 能耐	nán níng 南宁	ne nán 呢喃	ní nìng 泥泞
nán nài 难耐	nǎo nù 恼怒	nán niàn 难念	ní nào 泥淖	nǚ nú 女奴	niú nǎn 牛腩	niǎo nuó 袅娜
niàn nǐ 念你	nǎ néng 哪能	nǎi nai 奶奶	nī nà 妮娜	nuǎn nuǎn 暖暖	niǔ ní 忸怩	nóng nóng 浓浓
nǎo nèi 脑内	nǐ niáng 你娘	nà nián 那年	niú nián 牛年	ná nie 拿捏	nǚ ní 女尼	nān nān 囡囡

l —— 舌尖中、浊、边音（呼读音 le）

发音要领：舌尖轻抵上齿龈（位置比 d、t 稍靠后），抬起软腭关闭鼻腔通路；声带颤动，让气流在口腔短暂停留，弹出舌尖让气流从舌头与两颊内侧形成的空隙通过而成声。例如：

lǐ lùn 理论	lā lán 拉篮	lì liang 力量	lǎo liú 老刘	luó liè 罗列	lǐ líng 李玲	lā liàn 拉链
liú liàng 流量	lái le 来了	liú lǎn 浏览	lián luò 联络	lǎo lao 姥姥	liú lèi 流泪	lè lìng 勒令
lái lín 来临	lìng lèi 另类	líng lì 凌厉	láo lèi 劳累	lǐng lüè 领略	lǎo lǐ 老李	láo lā 劳拉

liú làng	lì liàn	lǎoláng	líng li	liú li	lǐ liáo	línglóng
流浪	历练	老狼	伶俐	琉璃	理疗	玲珑

g —— 舌根、不送气、清、塞音（呼读音 ge）

发音要领：口腔前部张开，上下齿之间留约食指宽的距离；舌根隆起抵住软硬腭交界处堵住气流，关闭鼻腔通路；舌根突然从软腭弹开，爆发成声。例如：

guī gé	gōnggòng	gǎi gé	gǔ gàn	gè guó	guàgōu	guǎng gào
规格	公共	改革	骨干	各国	挂钩	广告
gān gà	gōnggào	gǔ guài	gēng gǎi	guà guì	gǒng gù	gǔ gē
尴尬	公告	古怪	更改	挂柜	巩固	谷歌
gù gōng	guōguo	guāng gù	gāo gē	guòguān	gāo guì	gōng gǎo
故宫	蝈蝈	光顾	高歌	过关	高贵	供稿
gōnggēng	gāo gū	gāngguǎn	guāguǒ	guō gài	gǎnguān	gàng gǎn
躬耕	高估	钢管	瓜果	锅盖	感官	杠杆

k —— 舌根、送气、清、塞音（呼读音 ke）

发音要领：成阻、持阻阶段与 g 相同。不同点为：除阻时声门开启，呼出的气流比 g 强。例如：

kāi kǒu	kě kào	kè kǔ	kāi kuò	kǎn kě	kōngkuàng	kāi kè
开口	可靠	刻苦	开阔	坎坷	空旷	开课
kǒu kě	kuàng kè	kāng kǎi	kōng ké	kāi kěn	kuākǒu	kùn kǔ
口渴	旷课	慷慨	空壳	开垦	夸口	困苦
kànkan	kě kě	kē kè	kuānkuò	kě kǒu	kàn kè	kè kòu
看看	可可	苛刻	宽阔	可口	看客	克扣
kě kòng	kuàikàn	kòu kāi	kuàngkēng	kē kǎo	kuòkuān	kān kè
可控	快看	叩开	矿坑	科考	扩宽	刊刻

h —— 舌根、清、擦音（呼读音 he）

发音要领：舌根隆起接近软腭，形成一条缝隙；软腭挺起堵塞鼻腔通路；气流从缝隙通过，摩擦成声。例如：

hěnhǎo	hé huā	huā huì	hòuhuǐ	háohuá	hùn hé	huī huáng
很好	荷花	花卉	后悔	豪华	混合	辉煌
huánghòu	huí huà	huáng hé	hū huàn	hónghuā	huìhuà	hù háng
皇后	回话	黄河	呼唤	红花	绘画	护航
hé hǎo	hù huàn	hǎohàn	huàihuà	huǒhóng	huànhuà	hánhóng
和好	互换	好汉	坏话	火红	幻化	韩红
huì hé	huánghuā	huà hé	huò hai	huī huò	hóng hú	huǎng hu
会和	黄花	化合	祸害	挥霍	洪湖	恍惚

j —— 舌面、不送气、清、塞擦音（呼读音 ji）

发音要领：双唇微开，上下齿轻合；软腭挺起堵住鼻腔通路；舌尖下垂、轻抵下齿背，舌面前部紧贴硬腭前部；气流将阻塞部位冲开一条小缝后挤出，摩擦成声。例如：

jiāo jì	jī jí	jiē jìn	jiě jué	jīng jì	jiā jù	jī jīn
交际	积极	接近	解决	经济	家具	基金
jiǎn jiè	jiāojǐng	jiǎng jiě	jiā jū	jiè jiàn	jiāo jí	jiā jiào
简介	交警	讲解	家居	借鉴	焦急	家教
jīn jiǎng	jiū jié	jiā jí	jiū jìng	jìn jí	jiān jué	jiàn jiě
金奖	纠结	加急	究竟	晋级	坚决	见解
jué jiāo	jǐngjué	jīngjiào	jí jiāng	jìng jiè	jīng jí	jiā jiǎng
绝交	警觉	惊叫	即将	境界	荆棘	嘉奖

q —— 舌面、送气、清、塞擦音（呼读音 qi）

发音要领：成阻阶段与 j 相同。不同的是除阻时气流较强。例如：

qīn qiè	qíng qù	quán qiú	qí quán	qǐng qiú	qián qī	qīn qíng
亲切	情趣	全球	齐全	请求	前期	亲情
què qiè	qì qiú	qià qià	qiáng qiú	qǔ qián	qiāoqiāo	qiān qiáng
确切	气球	恰恰	强求	取钱	悄悄	牵强
qiān qiū	quán qín	qiànquē	qì quán	quānqián	qiè qǔ	qǐ qiú
千秋	全勤	欠缺	弃权	圈钱	窃取	乞求
qí qín	qīn quán	qiān qiú	qīngquán	qián qū	qí qū	qī qiao
齐秦	侵权	铅球	清泉	前驱	崎岖	蹊跷

x —— 舌面、清、擦音（呼读音 xi）

发音要领：双唇微开，上下齿轻合；软腭挺起堵住鼻腔通路；舌尖下垂、轻抵下齿背，舌面前部接近硬腭前部，形成一条缝隙；气流从缝隙中挤出，摩擦成声。例如：

xiǎoxué	xìn xī	xiànxiàng	xiáng xì	xīn xian	xià xún	xiū xián
小学	信息	现象	详细	新鲜	下旬	休闲
xī xīn	xiānxuè	xìn xīn	xuǎn xiū	xià xuě	xiǎoxióng	xū xīn
悉心	鲜血	信心	选修	下雪	小熊	虚心
xiǎngxiàng	xià xiàn	xīn xū	xīn xíng	xiāng xia	xiū xíng	xuǎn xiù
想象	下线	心虚	新型	乡下	修行	选秀
xiě xìn	xìn xiāng	xīn xiù	xīn xǐ	xióng xīn	xīn xīng	xù xū
写信	信箱	新秀	欣喜	雄心	新兴	蓄须

zh —— 舌尖后、不送气、清、塞擦音（呼读音 zhi）

发音要领：双唇微开，舌尖向前上方翘起，抵住硬腭前部；软腭挺起堵住鼻腔通路；气流将阻塞部位冲开一条小缝后挤出，摩擦成声。例如：

zhēn zhī	zhùzhòng	zhǐ zhì	zhēnzhuó	zhuānzhù	zhèng zhì	zhuāng zhì
针织	注重	纸质	斟酌	专著	政治	装置
zhèngzhōng	zhí zhuó	zhuā zhù	zhī zhu	zhèngzhōu	zhuǎnzhèng	zhù zhái
正中	执着	抓住	蜘蛛	郑州	转正	住宅
zhuān zhí	zhí zhōng	zhànzhēng	zhōng zhǐ	zhēnzhū	zhǒngzhàng	zhǎn zhuǎn
专职	职中	战争	终止	珍珠	肿胀	辗转
zhuān zhì	zhězhòu	zhù zhǐ	zhuózhuàng	zhōngzhēn	zhūzhōu	zhuó zhuāng
专制	褶皱	住址	茁壮	忠贞	株洲	着装

ch —— 舌尖后、送气、清、塞擦音（呼读音 chi）

发音要领：成阻阶段与 zh 相同，不同的是除阻时气流较强。例如：

chuánchéng	chún chǐ	chōuchá	chūchāi	chéngchē	chāochū	chōng chì
传承	唇齿	抽查	出差	乘车	超出	充斥
chángchūn	chángchéng	chēchéng	chí chěng	chēchuāng	chéng chí	chāichú
长春	长城	车程	驰骋	车窗	城池	拆除
chóuchàng	chuānchā	chénchuán	chūchǎng	chǎnchē	chúchén	chán chán
惆怅	穿插	沉船	出厂	铲车	除尘	潺潺
chóuchú	chòuchong	chéngchuán	chánchú	chúchuāng	chóucháng	chōuchù
踌躇	臭虫	乘船	蟾蜍	橱窗	愁肠	抽搐

sh —— 舌尖后、清、擦音（呼读音 shi）

发音要领：成阻部位与 zh、ch 相同，但发音部位不是紧贴而是接近，留有小缝隙；除阻时，气流从窄缝中挤出，摩擦成声。例如：

shí shī	shī shēng	shàng shù	shǒu shì	shí shàng	shuāngshǒu	shōu shi
实施	师生	上述	手势	时尚	双手	收拾
shì shí	shǎnshuò	shū shì	shòushāng	shè shī	shǎo shù	shén shèng
事实	闪烁	舒适	受伤	设施	少数	神圣

shùn shì	shǎng shí	shǒu shi	shū shēng	shēn shì	shòushēn	shuò shì
顺势	赏识	首饰	书生	绅士	瘦身	硕士
shuǎishǒu	sháoshān	shàng shū	shōushuì	shēn shì	shèshuǐ	shǐ shī
甩手	韶山	尚书	收税	身世	涉水	史诗

r —— 舌尖后、浊、擦音（呼读音 ri）

发音要领：发音部位与发音方法与 sh 大致相同。不同点是发音时要颤动声带，即气流经过喉头时已经带了声音。例如：

réngrán	róng rù	róuruǎn	róngrěn	ruǎnruò	ràngrén	róu ruò
仍然	融入	柔软	容忍	软弱	让人	柔弱
ròu ròu	rě rén	róng rǔ	rú rǎn	róngrén	róu rùn	rěn ràng
肉肉	惹人	荣辱	濡染	容人	柔润	忍让
rǎo rén	rěn rǎn	róngrèn	rén ruì	rùn rì	rén rén	rǎo rǎng
扰人	荏苒	荣任	人瑞	闰日	人人	扰攘
rè róng	rú ruò	ráo rén	ruǎnruǎn	ruò rán	róu rèn	rāngrang
热熔	如若	饶人	软软	若然	柔韧	嚷嚷

z —— 舌尖前、不送气、清、塞擦音（呼读音 zi）

发音要领：双唇微开，舌尖向前平伸轻触上齿背；软腭挺起堵住鼻腔通路；气流将阻塞部位冲开一条小缝后挤出，摩擦成声。例如：

zuì zǎo	zǒng zé	zì zūn	zuò zī	zǔ zong	zāo zuì	zuò zéi
最早	总则	自尊	坐姿	祖宗	遭罪	做贼
zuì zé	zāi zāng	zēng zǔ	zāng zì	zāo zāi	zài zào	zuǐ zāng
罪责	栽赃	曾祖	脏渍	遭灾	再造	嘴脏
zài zé	zǒu zú	zuì zǎo	zàng zú	zǐ zǎo	zì zé	zuòzuo
再则	走卒	醉枣	藏族	紫枣	自责	做作
zǎi zi	záo zi	zì zai	zé zé	zā zuǐ	zān zi	zī zī
崽子	凿子	自在	啧啧	咂嘴	簪子	孜孜

c —— 舌尖前、送气、清、塞擦音（呼读音 ci）

发音要领：成阻阶段与 z 相同。不同的是除阻时呼出的气流强些。例如：

cēn cī	cāng cù	cáncún	cānchē	cāng cuì	cáocāo	cǐ cì
参差	仓促	残存	餐车	苍翠	曹操	此次
cuò cí	céng cì	cāi cè	cán cì	cǎocóng	cōng cù	cāi cuò
措辞	层次	猜测	残次	草丛	匆促	猜错
cùncǎo	cuǐ càn	cóng cǐ	cuòcéng	cǎi cí	cōng cuì	cōng cōng
寸草	璀璨	从此	错层	彩瓷	葱翠	匆匆
cán cù	cū cāo	cūncūn	cóngcóng	cáncún	cāi cai	cǎo cǎo
蚕蔟	粗糙	村村	淙淙	残存	猜猜	草草

s —— 舌尖前、清、擦音（呼读音 si）

发音要领：双唇微开，舌尖向前平伸接近上齿背；软腭挺起堵住鼻腔通路；气流从窄缝中挤出，摩擦成声。例如：

sān sè	sōu suǒ	sǎ sǎo	sāo sī	sè sù	sè suō	sān sī
三色	搜索	洒扫	缫丝	色素	瑟缩	三思
sòng sǐ	sōngsan	sù sòng	sī suǒ	sǐ suǒ	sǎosao	sù sè
送死	松散	诉讼	思索	死锁	嫂嫂	素色
sù suàn	sēng sì	suǒ suì	sì sàn	sù sù	sòngsàng	suǒ suàn
速算	僧寺	琐碎	四散	簌簌	送丧	所算
sà sà	sēng sú	sǎ sǎ	suí sú	sì suì	suān sè	sī suì
飒飒	僧俗	洒洒	随俗	四岁	酸涩	撕碎

§ 需要注意的问题：

（1）n 与 l 的发音。

n 的发音要求舌尖与上齿龈全面充分地接触，把气流和音波坚决堵死在口腔，不能从成阻部位漏气，让气流从鼻腔通过。

l 发音时，舌头要适当后缩舌面中部下凹，舌尖的顶端与上齿龈靠后一点的地方接触，舌的两边留有空隙。最初的练习可夸张地将舌尖卷起与前硬腭接触，口腔张大一些，让气流先从舌头两边流出成声，然后再弹射舌尖成声。

（2）舌面音的发音。

j、q、x 发音时，舌尖下垂很重要，要将舌尖抵住下齿背并坚持到发音结束；若舌尖上抬接触上齿背，则发成尖音。成阻部位是舌面前部，而不是舌面中部；若用舌面中部成阻，则变成俗称的“大舌头”。

（3）平翘舌音的发音。

zh、ch、sh、r 发音时，不能将舌尖卷得太厉害，把这组音理解为翘舌音更为准确。发这组音时，要注意“后音前发”，力量要放在舌尖上；若舌位太靠后，则影响字音的清晰度。另外，还要注意双唇不能外翻得过度；否则既影响美观，又导致声音的松散。

z、c、s 发音时，要注意不能将字音“咬死”，要注意“前音后发”、“窄音宽读”，尽量把声音位置从感觉上往后推，以求圆润、饱满。练习时，可将舌尖轻触下齿背成阻，更容易获得圆润的效果。

（4）零声母的发音。

普通话里有 34 个零声母音节，从形式上看，它们以元音作为开头的音素。元音一旦作了音节开头的音素，就带了摩擦或闭塞的成分，这种成分处于元音和辅音的交界，语音学上叫“半元音”。小学拼音教学中所谓“23 个声母”，即 21 个声母加上 y 和 w，y 和 w 就是典型的半元音。在韵母是 i、u、ü 或以 i、u、ü 起头的零声母音节里，其发音带有半元音色彩；在 a、o、e 等元音起头的零声母音节 里，发音时前面往往带有一种喉塞音色彩。

二、韵母的发音

普通话有 39 个韵母，根据韵母的结构，可以分为单韵母、复韵母和鼻韵母。单韵母即单元音韵母，复韵母是由 2 个或 3 个元音构成，鼻韵母由元音加辅音构成。

根据汉语传统音韵学的方法，可以将韵母按开头元音发音的口形分为四类，即所谓的“开、齐、合、撮”四呼。

开口呼：韵母不是 i、u、ü 或者说不是 i、u、ü 起头的韵母；

齐齿呼：韵母是 i 或以 i 起头的韵母；

合口呼：韵母是 u 或以 u 起头的韵母；

撮口呼：韵母是 ü 或以 ü 起头的韵母。

韵母的主要部分是元音，韵母有韵头、韵腹、韵尾之说。韵腹即主要发响元音；韵头是韵腹前面的元音，又叫介音、介母，一般由 i、u、ü 充当；韵尾是韵母后面的部分，一般由 i、u（o）、n、ng 充当。如韵母 iong 中，i 是韵头，o 是韵腹，ng 是韵尾。下面按结构分析韵母的发音。

（一）单元音韵母

单元音韵母包括：舌面单韵母、舌尖单韵母和卷舌单韵母。

1. 舌面单韵母（7 个）

舌面元音发音时，起主要作用的是舌面，由舌位的高低、前后及唇形的圆展决定它的音色。

ɑ：舌面、央、低、不圆唇元音。

发音要领：软腭上升，关闭鼻腔；口腔大开，整个舌身平铺在口腔下部；舌尖稍前移轻抵下齿背，舌中部微隆起与上腭共同形成发音的作用点；双唇自然放松，上下门齿微露，音波颤动声带后从口腔流出。发音时，注意口腔打开，气流通畅，下巴松弛，舌位避免偏前或靠后。

此元音发音“舌位”要准确，“舌位”就是在发音时舌面隆起的最高的一点。它可以在前，也可以在后，也可以在中央；可以上升，也可以下降。元音 ɑ 可以自成音节，可用作单韵母，也可以与介音 i、u 构成复韵母 iɑ、uɑ、uɑi，还可以与鼻辅音韵尾构成鼻韵母 ɑn、iɑn、uɑn、üɑn、ɑng、iɑng、uɑng。例如：

fā dá 发达	dǎ bǎ 打靶	lǎ ba 喇叭	lā sà 拉萨	mǎ zhā 马扎	dà shà 大厦	dà mā 大妈
nǎ pà 哪怕	shā fā 沙发	fǎ mǎ 砝码	lā zhá 拉闸	há ma 蛤蟆	lā zá 拉杂	ā mā 阿妈
má là 麻辣	hǎ dá 哈达	gā ba 嘎巴	zhǎ ba 眨巴	bā da 吧嗒	fà là 发蜡	dǎ chà 打岔
kā chā 咔嚓	mà zha 蚂蚱	huā lā 哗啦	gā lá 旮旯	bà ba 爸爸	dǎ kǎ 打卡	mǎ shā 玛莎

o：舌面、后、半高、圆唇元音。

发音要领：软腭挺起关闭鼻腔通路；口腔半开，舌头后缩，舌尖离开下齿背，舌根向软腭抬起至半高程度，舌高点偏后，舌面两边微卷，舌中部凹进。注意两唇要收敛略前撮，但唇不要向前噘；上下唇的距离约一食指宽；上齿只露齿尖，下齿隐没；口腔呈圆柱状，满口用力，音波震动声带后自口腔流出。发音时，它的口腔比 ɑ 略窄；在东北方言中，o 元音独自作为韵母时，往往由 e 来替代，如波（bo）、破（po）、莫（mo）读成 be、pe、me，要特别注意。例如：

mò mò 默默	pō mò 泼墨	mó pò 磨破	bó bo 伯伯	bó mó 薄膜	tuō mò 脱墨	zuó mo 琢磨
luó bo 萝卜	luò pò 落魄	mó shì 模式	mò shēng 陌生	mó tuō 摩托	tuò mo 唾沫	mò míng 莫名
shuō pò 说破	chuō pò 戳破	mó lì 魔力	mā chá 抹茶	bō li 玻璃	bó lè 伯乐	mó mò 磨墨
fó fǎ 佛法	pò huài 破坏	bó kè 博客	bō bào 播报	mò luò 没落	pó suō 婆娑	bō nong 拨弄

e：舌面、后、半高、不圆唇元音。

发音要领：软腭向后咽壁挺起，关闭鼻腔通路；口腔半开，舌身后缩，舌尖离开下齿背；

舌面后部向软腭隆起至半高，舌面中部凹进，两边微卷；嘴角向两边微微展开，上下齿之间约有一食指宽，露出上齿尖，隐没下齿；满口用力；音波震动声带后自口腔流出。

元音 o、e，“舌位”都是在后的、半高的。“舌位”相同。“唇形”不同。o 是“圆唇”，e 是“不圆唇”，都能作单韵母。例如：

kè chē	sè zé	hé gé	gē shě	gē dé	kē kè	shè kē
客车	色泽	合格	割舍	歌德	苛刻	社科
kě lè	zhé hé	zé shé	rè hé	shě de	tè sè	zhé shè
可乐	折合	啧舌	热河	舍得	特色	折射
gé hé	gè gè	gé rè	gé lè	hè zhé	hé zé	sè zé
隔阂	各个	隔热	格勒	赫哲	菏泽	塞责
lè de	tè shè	lè hē	zhè ge	sè sè	gè sè	gē ge
乐得	特赦	乐呵	这个	瑟瑟	各色	哥哥

ê：舌面、前、半低、不圆唇元音。

发音要领：软腭挺起，关闭鼻腔通路；口腔半开；双唇展开，上下门齿的距离约等于拇指的宽度，舌尖前伸抵住下门齿背；舌面前部隆起，舌位前半低；音波震动声带后自口腔流出。

ê 元音在普通话里，往往与 i、ü 结合成复韵母。一般不单独使用，不能作为单韵母与辅音声母拼合；单独使用只有叹词：欸。字母仍使用 e，如有必要单独举这个音就在上面加一个符号：^。如果念不好这个韵母，可以连着 i 念 ie、连着 ü 念 üe，如 ye、yue，结尾停住不动，体会口腔的开度。

i：舌面、前、高、不圆唇元音。

发音要领：发音时，口腔开度较小，舌位前、高，展唇呈扁平形。嘴角向两边展开，舌尖轻触下齿背；舌面前部隆起靠近硬腭，舌高点偏前；气流通路狭窄，但不应使气流产生摩擦。i 是普通话中舌位最高、开口度最小的元音，练习时应尽量打开口腔，舌位稍后调，窄音宽读、闭音开读。例如：

bǐ jì	dì lǐ	jī qi	lì jí	pī lì	dī jí	lí mǐ
笔记	地理	机器	立即	霹雳	低级	厘米
lǐ ji	lì qi	jí tǐ	jì yì	lì xī	pí yī	qǐ lì
里脊	力气	集体	记忆	利息	皮衣	起立
yí qì	xī yì	lǐ yí	yì lì	bǐ lì	tǐ xì	yì yì
仪器	蜥蜴	礼仪	毅力	比例	体系	意义
mí dǐ	jī lì	qí jì	mí lí	xǐ dí	xì nì	jì yì
谜底	激励	奇迹	迷离	洗涤	细腻	技艺

u：舌面、后、高、圆唇元音。

发音要领：发音时，口腔开度较小，近乎闭拢；舌身后缩离开下齿背，舌面后部上升接近软腭；双唇收缩呈圆形并稍向前撮，中间只留一个小圆孔；气流通路狭窄，如吹气状，音色较暗，是普通话中舌位最靠后的元音。

tū chū	hù zhù	tú shū	chū lù	bù gǔ	dú shū	tú dú
突出	互助	图书	出路	布谷	读书	荼毒
fù lù	gǔ pǔ	tǔ zhù	shù mù	fú wù	gù tǔ	fù sū
附录	古朴	土著	数目	服务	故土	复苏
mù lù	fù zú	tú bù	lù tú	fú lǔ	gǔ wù	gū dú
目录	富足	徒步	路途	俘虏	谷物	孤独
cū lu	bǔ zhù	pù bù	wū shù	lù zhū	kù shǔ	zhù shù
粗鲁	补助	瀑布	巫术	露珠	酷暑	著述

ü：舌面、前、高、圆唇元音。

发音要领：口腔开度较小，舌位前高；双唇聚拢，撮唇呈圆形，略向前突，中部留一个扁平型小孔；软腭上升关闭鼻腔通路，气流振动声带，音波自口腔流出。

发音时，唇形没有 u 圆，舌高点比 i 略后。ü 和 i 的发音情况基本相同，区别就在于唇形的圆扁，音色上 ü 没有 i 那么明亮。

jǔ sàng 沮丧	jù jí 聚集	jù jū 聚居	xì qǔ 戏曲	nǚ xu 女婿	xù yǔ 絮语	yù nǚ 玉女
xù qū 序曲	xū yú 须臾	yǔ jù 语句	yù jù 豫剧	yǔ xù 语序	qū yù 区域	jú yù 局域
xù xū 蓄须	qù yǔ 趣语	yù yǔ 欲与	yú jù 渔具	lǚ lǚ 屡屡	xù qǔ 续娶	lǜ qù 滤去
qū jū 屈居	lǜ yù 绿玉	qū lǜ 曲律	qū yú 祛瘀	qū qu 蛐蛐	qū yú 趋于	lǚ jū 旅居

2. 舌尖元音韵母

“-i”代表两个韵母：舌尖前元音 -i（前）、舌尖后元音 -i（后），它只出现在 zh、ch、sh、r 和 z、c、s 七个声母后面，不和其他声母相拼。《汉语拼音方案》里没有为它另定字母，是由 i 来兼代的。因为北京语音里 i 和上述七个声母绝无拼合关系，所以两者不至于弄错。单写时应写作 -i（前）、-i（后），与 7 个声母相拼时，则去掉短横。

-i：舌尖、前、高、不圆唇元音。

发音要领：只出现在 zi、ci、si 等音节中。发音时舌尖平伸靠近上齿背，距离比发 s 稍远一点，也稍放松些，同时声带颤动。练习时，只要在发 z、c、s 时拖长声音，它们的尾音就是这个元音，如“自私、四次”两组词的韵母。

zì cǐ 自此	zǐ sì 子嗣	cǐ cì 此次	sì cì 四次	zī zī 孜孜	zì sī 自私	sì zì 四字
cì sǐ 赐死	zì cí 字词	cì zi 次子	sī zì 私自	cì zì 刺字	sī sī 丝丝	zì sì 恣肆
zī jīn 资金	cí shū 辞书	sī xiāng 思乡	sī jī 司机	cí chǎng 磁场	zǐ sè 紫色	zī bó 淄博
cí qì 瓷器	sì hū 似乎	gē cí 歌词	sì miào 寺庙	sī xiǎng 思想	sǐ wáng 死亡	gài cí 盖茨

-i：舌尖、后、高、不圆唇元音。

发音要领：只出现在 zhi、chi、shi、ri 等音节中。发音时舌尖翘起，靠近硬腭，距离比发 r 时稍远些，也稍放松些，同时声带颤动。练习时，可以在发 zh、ch、sh、r 时拖长声音，它们的尾音就是这个元音，如“知识、支持”两组词的韵母。例如：

shí zhǐ 食指	shí shī 实施	zhī shi 知识	zhī chí 支持	shì chǐ 市尺	zhǐ shì 指示	shì shí 事实
shí rì 时日	chì shí 赤石	shì zhí 市值	zhǐ chǐ 咫尺	shǐ shī 史诗	zhǐ zhì 纸质	shì chī 试吃
shī zhí 失职	chǐ zhī 豉汁	zhì zhǐ 制止	shì shí 适时	chí chí 迟迟	shì shì 逝世	zhì shǐ 致使
zhī shì 芝士	chī shi 吃食	shí shī 石狮	shǐ shí 史实	shī shì 失事	shì shī 誓师	rì shí 日蚀

3. 卷舌元音韵母

er：卷舌、央、中、不圆唇元音。

发音要领：发音时，口腔在半开半闭之间；先将舌面平放，中央部位稍稍隆起；在发央元音 [ə] 的同时，舌尖轻轻往上卷起，舌尖接近硬腭前部。

这个音只能自成音节，单独使用，不与任何一个辅音声母拼合，也不与任何一个元音结合。er 是用两个字母表示的单元音音素。其中的 e 表示发音时的舌位，r 表示一个卷舌动作，r 仅仅是一个描述性的符号，而不是辅音声母。

注意：发音时容易有方音色彩，er 发音结束时舌尖对着硬腭而不是抵住硬腭。南方地区的人发这个音较难读准，要多加练习，否则将影响儿化韵的发音。例如：

ér nǚ	ér qiě	ǒu ěr	èr jiǎ	ěr shú	ěr liào	ěr hǎi
儿女	而且	偶尔	二甲	耳熟	饵料	洱海
xiá ěr	èr shí	ér miáo				
遐迩	二十	鸸鹋				

（二）复元音韵母

复元音韵母是由 2 个或 3 个元音复合而成的。复元音韵母发音时，不是 2 个或 3 个元音的简单相加，而是由前面的元音迅速滑向后面的元音，在滑动的过程中，有过渡音，且气流不断。

复元音韵母发音时，有 1 个元音发音清晰、响亮，是主要发响元音，即韵腹。韵腹一般由舌位较低、开口度较大的元音充当，如：a、o、e。韵腹后面的音是韵尾，它只表示舌位移动的方向，音值不太固定，发音较短较模糊。元音韵尾只有 i、u、ü（ao、iao 的韵尾是 u）。韵腹前面的元音是韵头，韵头介于声母与韵腹之间，也称介音，作韵头的元音有 i、u、ü。2 个元音构成的复韵母，有的缺韵头，有的缺韵尾，只有 3 个元音构成的复韵母才是韵头、韵腹、韵尾齐备。

普通话有 13 个复韵母，根据韵腹所在的位置不同，把它们分为前响、后响、中响三类。

1. 前响复韵母：发音时，前面的元音要发得响亮、清晰、稍长一些，后面的元音发得短些、轻些甚至含混些

ai

发音要领：发音时，首音 a 受后音 i 的影响，处于偏前的位置，口腔开度略小。i 也只是表示舌头移动的方向，实际也到不了 i 的位置。a 音较为清晰响亮，i 音发得轻短较弱。要应避免过度靠前，打开口腔。拼写时调号标在 a 上。例如：

cǎi pái	kāi cǎi	mǎimai	zāi hài	ài dài	dài lái	zhái cài
彩排	开采	买卖	灾害	爱戴	带来	择菜
ái zǎi	pāi mài	dài mǎi	bāi kāi	tài lái	zhài tái	zāi hài
挨宰	拍卖	代买	掰开	泰来	债台	灾害
hǎi tái	kāi sài	gǎi pài	chāi tái	kāi zhāi	chāi tái	ài cái
海苔	开赛	改派	拆台	开斋	拆台	爱财
kāi pāi	zài lái	bái cài	cǎi mǎi	bǎi kāi	ái ái	tài shài
开拍	再来	白菜	采买	摆开	皑'皑	太晒

ei

发音要领：ei 里的 e 实际发音比单元音 e 偏后偏低；ei 里的 i 的舌位比单元音 i 略低，

舌高点略偏后。由于是前响，前面的音素发得要清晰、响亮，后面的音素要发得轻短较弱。拼写时调号标在 e 上。例如：

bèi lěi 蓓蕾	hēi méi 黑煤	mèimei 妹妹	běiměi 北美	měiméi 美眉	bèi lèi 贝类	pèi bèi 配备
fēi zéi 飞贼	běi bèi 北碚	féi měi 肥美	nèi lù 内陆	mèi lì 魅力	pèi jiàn 佩剑	bēi guān 悲观
fēi mǎ 飞马	hēi bǎn 黑板	ái kè 挨剋	tè guì 忒贵	měi fú 每幅	fèi chéng 费城	fèi téng 沸腾
pēi yá 胚芽	fěi bàng 诽谤	méi tán 湄潭	fēi kuài 飞快	lēi jǐn 勒紧	péi tóng 陪同	qì něi 气馁

ao

发音要领：前响复韵母。发音时，ao 中的 a 受到后高元音 o 的影响，a 处于比较靠后的位置，舌位也高一点。o 也同样受到 a 的影响，舌位比单独发音时略低，嘴唇略圆，归音的唇形接近 u。拼写时调号标在 a 上。例如：

bàogào 报告	gāocháo 高潮	zǎocāo 早操	cāoláo 操劳	ào nǎo 懊恼	bàochǎo 爆炒	máo cǎo 茅草
háotáo 嚎啕	hàozhào 号召	cǎobāo 草包	bǎodāo 宝刀	dàocǎo 稻草	màohào 冒号	shāokǎo 烧烤
láobǎo 劳保	táopǎo 逃跑	sāorǎo 骚扰	gàoráo 告饶	pǎodào 跑道	tǎohǎo 讨好	tàoláo 套牢
gāo ào 高傲	bàozào 暴躁	lǎo shào 老少	zhàochāo 照抄	láo dao 唠叨	háomáo 毫毛	pāomáo 抛锚

ou

发音要领：ou 里的 o 比单发时舌高点略后且略高，但 o 的唇形没有单发时圆，双唇略撮，舌尖微触下齿背，舌位 e 在稍后处，o 发得较长且响亮。u 比单发时口腔开度大，但唇形比 u 扁，舌根隆起，发音较短。拼写时调号标在 o 上。

shōugòu 收购	dǒusǒu 抖擞	ōu zhōu 欧洲	chǒu lòu 丑陋	chóumóu 绸缪	dòukòu 豆蔻	gǒuròu 狗肉
hòulóu 后楼	shǒuhòu 守候	shòuhóu 瘦猴	kòushǒu 叩首	shǒutóu 手头	gòulóu 购楼	zǒu shòu 走兽
kǒutóu 口头	zǒu lòu 走漏	hóutóu 喉头	hòuzhōu 后周	tōu lòu 偷漏	tóushǒu 投手	lòu tóu 露头
chóumóu 筹谋	gōushǒu 勾手	shú ròu 熟肉	yī dōu 衣兜	fǒu rèn 否认	pōu xī 剖析	chè zhǒu 掣肘

2. 后响复韵母：前边的元音轻短，只表示舌位从这里启动；后面的元音清晰响亮，时值较长

ia

发音要领：发音时，a 由于受高元音 i 的影响，a 的舌位稍高，口腔开度比单发时稍闭；终止位置比央 a 舌位偏前。同样 i 也会受舌面、央、低央音 a 的影响，舌位稍降，口腔稍高。i 与 a 相比，i 的发音短暂，且极具过渡性；a 的发音响亮饱满，时值较长。拼写时调号标在 a 上。自成音节时，将 i 改写为 y。例如：

huí jiā 回家	qià qiǎo 恰巧	jiā jià 加价	qǐng jià 请假	jiǎ yá 假牙	yǎ sú 雅俗	jiā rén 家人
jià zhí 价值	xià cì 下次	xiá cī 瑕疵	qiā jià 掐架	jiā jiǎng 嘉奖	xià jià 下架	xiá lù 狭路

pō jiā	bù jiǎ	jiē qià	xià mén	wǎn xiá	yà zhōu	liǎ rén
颇佳	不假	接洽	厦门	晚霞	亚洲	俩人
gē jià	hù jiǎ	lì xià	yā yā	yě yā	fā yá	guān qiǎ
搁架	护甲	立夏	丫丫	野鸭	发芽	关卡

ie

发音要领：ie 里的 e 是前、半低、不圆唇元音 ê。发音时，舌位半低，比 ei 中 e 的略低一点；不圆唇。i 的发音较为短暂，ê 的发音较为响亮。拼写时调号标在 e 上，自成音节时将 i 改写为 y。例如

tiē qiè	jiè xié	jié yè	jiě jie	miē xie	xián jiē	xié zhù
贴切	借鞋	结业	姐姐	乜斜	衔接	协助
qiē piàn	jié hé	píng jiè	yīn jié	bìng qiě	liè shì	shè liè
切片	结合	凭借	音节	并且	烈士	涉猎
níng jié	xié guì	qiè xǐ	fā xiè	páng xiè	xié bāng	jiē duàn
凝结	鞋柜	窃喜	发泄	螃蟹	鞋帮	阶段
qié zi	jiě fàng	tuán jié	bú xiè	mǐn jié	wēi xié	yē lǔ
茄子	解放	团结	不懈	敏捷	威胁	耶鲁

ua

发音要领：发音时，a 的口形比单发时稍圆，口腔稍开；受 u 的影响，终止位置比央 a 稍偏后。u 的口形稍开，舌位稍降。u 的发音短暂，a 的发音较为响亮。拼写时调号标在 a 上，自成音节时将 u 改写为 w。例如：

wà zi	xiānhuār	kuājiǎng	shuā yá	guàhuà	huà jià	zhuāzhù
袜子	鲜花儿	夸奖	刷牙	挂画	画架	抓住
wā méi	héngkuà	liángguā	fánhuá	nǚ wā	dāoguǎ	huá chuán
挖煤	横跨	凉瓜	繁华	女娲	刀剐	划船
lěi kuǎ	bái wà	wǎ lì	mànhuà	yǔ guā	suànguà	huà shù
累垮	白袜	瓦砾	漫画	雨刮	算卦	桦树
qīng wā	xiàohua	huàxué	guǎrén	kuàyuè	wánshuǎ	guà zi
青蛙	笑话	化学	寡人	跨越	玩耍	褂子

uo

发音要领：发音时，uo 里的 o 比单发时口腔稍闭，唇形稍圆。uo 里的 u 比单发时的唇形略大，但发得轻短，o 发得响而长。发 uo 时一定要强调发音动程，合口后，迅速打开口腔，要避免发成单韵母。拼写时调号标在 o 上，自成音节时将 u 改写为 w。例如：

duōshao	guò qù	tuǒ tiē	kāi kuò	cuō tuó	cuò luò	wǒ guó
多少	过去	妥贴	开阔	蹉跎	错落	我国
zhuó lù	shuòguǒ	tuō luò	luò tuo	tuó luó	guòhuǒ	huó zhuō
着陆	硕果	脱落	骆驼	陀螺	过火	活捉
luō suo	wò chuò	luò zuò	zuòguò	huǒguō	kuòchuò	duó bǎo
啰嗦	龌龊	落座	做过	火锅	阔绰	夺宝
pāi tuō	nuò ruò	ē nuó	nuóyòng	luó xuán	tuò kuān	nángkuò
拍拖	懦弱	婀娜	挪用	螺旋	拓宽	囊括

üe

发音要领：üe 里的 e 与 ie 中的 e 同属一元音，即为 ê。u 较轻短，ê 响而长。发音时注意撮口后，打开口腔。拼写时调号标在 e 上，自成音节时前加 y。例如：

shānyuè	shàngxué	yīn yuè	yuēdìng	jué sè	què shí	yuē lüè
山岳	上学	音乐	约定	角色	确实	约略
jué xué	xuěyuè	quèyuè	yuèquē	gōngquè	xué kē	jué mì
绝学	雪月	雀跃	月缺	宫阙	学科	绝密

nánxué 难学	shāngquè 商榷	jué wù 觉悟	duàn jué 断绝	miào jué 妙诀	bō xuē 剥削	quēhàn 缺憾
jué tǔ 掘土	wàngquè 忘却	bàoxuě 暴雪	kuì jué 溃决	dí què 的确	shù xué 数学	wú yuè 吴越

3. 中响复韵母：前后两个元音轻短，中间的元音清晰响亮

iao

发音要领：发音时，在 ao 的基础上增加了 i（韵头）到 a 的发音过程，iao 中的 a 舌位比 ao 中稍高且唇形略扁，这是受到了 i 的影响。i 的舌位比单元音 i 更高，与上腭接近甚至稍有摩擦，故之称为“半元音”。i 发得轻短，a 发得响亮，最后趋向 u 的部位，以 u 的唇形结束。iao 的发音动程较宽，唇形舌位的变化较大，拼写时调号标在 a 上。iao 自成音节时，改 i 为 y，i 读为半元音，拼写时调号标在 a 上。

qiǎomiào 巧妙	miáotiao 苗条	xiāoyáo 逍遥	xiǎoniǎo 小鸟	yǎotiǎo 窈窕	yǎodiào 咬掉	xiàoliào 笑料
diàoxiāo 吊销	miǎobiǎo 秒表	tiáoliào 调料	diàoqiáo 吊桥	jiàotiáo 教条	liáoxiào 疗效	miǎo xiǎo 渺小
xiǎoqiáo 小瞧	piāoyáo 飘摇	xiāotiáo 萧条	qiāodiào 敲掉	tiào jìn 跳进	biàndiào 变调	miào táng 庙堂
piàokuǎn 票款	hóngqiáo 虹桥	biǎoyǎn 表演	liáo hé 辽河	jué qiào 诀窍	xiàoguǒ 效果	qiáo shǒu 翘首

iou

发音要领：发音时，舌位由较紧的 i（韵头）向后向低过渡；o 音后舌面向软腭升起，圆唇；韵尾 u 表示元音活动的方向。对于口腔稍窄的人来说，注意口腔开度，以及尾音 u 的唇形，以保持字音的准确度。iou 自成音节时，改 i 为 y，调号标在 o 上，i 读为半元音；与辅音声母拼合时，省写为 iu，调号标在末尾的 u 上，发音时要保证主要元音的饱满、响亮和时长。

niú yóu 牛油	liú yóu 流油	yōu xiù 优秀	liǔ shù 柳树	yōu jiǔ 悠久	liú xiù 刘秀	qiū yóu 秋游
qiú jiù 求救	huāngmiù 荒谬	qiū líng 丘陵	jiù yè 就业	liú pài 流派	xiù lóu 绣楼	xiū dìng 修订
bàng qiú 棒球	mǐ jiǔ 米酒	nèi jiù 内疚	zhēn jiǔ 针灸	qiú pí 裘皮	nán qiú 难求	wéi xiū 维修
bēn liú 奔流	róng qiú 绒球	pà xiū 怕羞	bì jiū 必究	jīn qiū 金秋	tàn jiū 探究	qiú fàn 囚犯

uai

发音要领：在 ai 的基础上增加了一段由韵头 u 到 a 的发音动程，由于受到圆唇音 u 的影响，uai 里的 a 变得稍圆。发音时，u 发得轻短，a 发得响亮，最后趋向 i 的部位，整个发音过程和唇形舌位变化较大。uai 自成音节时，要将 u 改写为 w，调号标在 a 上。例如：

huáichuāi 怀揣	shuāiruò 衰弱	nèi wài 内外	kuài lè 快乐	guǎipiàn 拐骗	huái yí 怀疑	chuàirén 踹人
zhuàizhù 拽住	wāi lǐ 歪理	pái wài 排外	bǎnkuài 板块	qīngshuài 轻率	yuánshuài 元帅	chuǎi duó 揣度
huái hé 淮河	guàishòu 怪兽	guāiguai 乖乖	jiàngshuài 将帅	guǎidiǎn 拐点	luànshuǎi 乱甩	huái shù 槐树
shuāi jié 衰竭	chuǎi cè 揣测	shuāijiāo 摔跤	guài xiá 怪侠	tǒngshuài 统帅	tuō zhuài 拖拽	jiǎo huái 脚踝

uei

发音要领：发音时，ei 的前面加上了一段由 u 到 e 的发音动程，舌位从后高元音 u 启动，由后及前，先降后升，前舌面向硬腭上升，不圆唇，韵尾 i 表示元音的活动方向。自成音节时，若声调是阴平或阳平，e 减弱至近于消失；前拼声母若为舌尖音，如：z、c、s、zh、ch、sh、r，再加上阴平、阳平调，其中的 e 衰减得更厉害。uei 在零声母音节中，要将 u 改写为 w，调号标在 e 上；非零声母音节中省写为 ui，调号标在末尾的 i 上，发音时要注意 e 的韵腹地位，谨防读丢。例如：

shuǐwèi 水位	wēixiǎn 危险	shuìjiào 睡觉	suī rán 虽然	chuī huī 吹灰	guī duì 归队	huì duì 汇兑
huǐ zuì 悔罪	zhuīwěi 追尾	tuī wěi 推诿	huì huī 会徽	tuì shuì 退税	kuí wěi 魁伟	wèi suì 未遂
kuì tuì 溃退	wèiduì 卫队	zuǐ suì 嘴碎	huì cuì 荟萃	zhuìhuǐ 坠毁	huī duī 灰堆	huí wèi 回味
wěipài 委派	kuī jiǎ 盔甲	guì fēi 贵妃	huì pǔ 惠普	kuī tàn 窥探	huī huáng 辉煌	wū guī 乌龟

（三）鼻音韵母

由元音加鼻辅音韵尾构成。发音时，发音器官由元音的发音状态向鼻音状态逐渐变动，鼻音成分逐渐增加，最后完全变为鼻音。

鼻韵母有 16 个，包括前韵母 8 个和后鼻韵母 8 个，都能自成音节。

1. 前鼻韵母

由元音加前鼻韵尾构成。发音时，所有的前鼻韵母都有一个共同特点，即发音结束时，舌尖与上齿龈接触，气流从鼻腔过，同时鼻腔持续成声。

an

发音要领：发音时，an 中的 a 的舌位由于受前鼻韵尾 n 的影响，a 处于比较靠前的位置，a 为前低不圆唇元音；n 的归音部位比它充当声母时的阻碍部位稍后。拼写时调号标在 a 上。

鼻韵母音节在语流中由于受到前后音节协同发音的影响，往往会丢失鼻尾辅音而使主要元音鼻化，但在我们练习阶段必须归音到鼻辅音上。

hànshān 汗衫	zhǎn lǎn 展览	sǎnmàn 散漫	dàn lán 淡蓝	ān rán 安然	àn dàn 暗淡	gǎnrǎn 感染
fānbǎn 帆板	lán bǎn 篮板	màntán 漫谈	nánkān 难堪	pāntán 攀谈	pánchan 盘缠	hán zhàn 寒战
kāntàn 勘探	gāndǎn 肝胆	fàn làn 泛滥	zhànfàn 战犯	àn bǎn 案板	pánshān 蹒跚	bàn àn 办案
càn làn 灿烂	lán gān 栏杆	cānzàn 参赞	hánshān 寒山	bān lán 斑斓	dāngàn 单干	lán shān 阑珊

en

发音要领：发音时，由央 e 的舌位开始发音；e 的舌位比单元音时靠前，舌头处于静止的位置，先发纯口音的央 e，接着舌位升高，随着 e 音的结束，舌尖随即前伸，顶住上齿龈；软腭下降，气流从鼻腔中流出，归音到鼻辅音 n 上。拼写时调号标在 e 上。发音时注意与 eng 这个后鼻音韵母的区别。例如：

gēnběn 根本	fènhèn 愤恨	fēnshén 分神	běnrén 本人	shěnshèn 审慎	shēnchén 深沉	rènzhēn 认真
ménzhěn 门诊	běnzhēn 本真	shēnpén 深盆	hěnchén 很沉	chéngēn 尘根	zhènfèn 振奋	hènrén 恨人
rènshen 妊娠	fènmèn 愤懑	fěnchén 粉尘	shēnzhèn 深圳	shénzhēn 神针	běnfēn 苯酚	rénmen 人们
rénshēn 人参	juéchén 绝尘	huògēn 祸根	dànhén 弹痕	wéikěn 围垦	pěnggén 捧哏	yú bèn 愚笨

in

发音要领：发音时，舌尖抵住下齿背发出 i 音，然后舌尖上举顶住上齿龈，同时软腭下降，气流从鼻腔中流出。实际运用中，i 的开口度要适当扩大，以增加声音的圆润度，即所谓"窄音宽读"。拼写时调号标在 i 上。例如：

qīn jìn 亲近	pīn yīn 拼音	jìn xīn 尽心	qīn xìn 亲信	bīn lín 濒临	jīn yín 金银	jǐn lín 紧邻
pín mín 贫民	yīn pín 音频	yīn qín 殷勤	qín jìn 秦晋	xīn jìn 新近	yǐn jìn 引进	yǐn pǐn 饮品
lín yīn 林荫	yīn qīn 姻亲	jìn qīn 近亲	xīn qín 辛勤	jǐn liàng 尽量	xīn rán 欣然	qín pǔ 琴谱
qīn pèi 钦佩	rù qīn 入侵	zhěn xìn 枕芯	chén jìn 沉浸	chōu jīn 抽筋	qǐn shì 寝室	bīn guǎn 宾馆

ün

发音要领：发音时，先发圆唇撮口的 ü，但唇形没有单发音时那么圆，舌面接近硬腭；紧接着舌尖前伸抵上齿龈，软腭下垂，气流从鼻腔出，注意后面不要升得太高，以免产生摩擦噪音。拼写时调号标在 ü 上。例如：

jūn xùn 军训	jūn yún 均匀	yīng jùn 英俊	jùn xiàn 郡县	qūnxún 逡巡	xì jūn 细菌	yùn dòng 运动
yúnyún 芸芸	xūntáo 熏陶	jùn qiào 俊俏	xùn sè 逊色	xúnzhǎo 寻找	qún mó 群魔	jūn wáng 君王
qún zi 裙子	yúnquè 云雀	yùncáng 蕴藏	yùn mǔ 韵母	pāi yùn 拍晕	xùnnán 殉难	qiānxùn 谦逊
xúnwèn 询问	zūn xún 遵循	gōngxūn 功勋	tōngxùn 通讯	xūn zhì 熏制	zhōngxún 中旬	yán jùn 严峻

ian

发音要领：an 韵母前加了一个轻短的韵头 i 结合而成。发音时，舌尖先由前高位的 i 逐渐下降，降到前半低位的 a[ε]，拉开立起，口腔也随之撑开，这个 a 处于比较前且比较高的位置；口腔展开后，舌尖迅速与上齿龈接触，气流从鼻腔过，同时鼻腔持续成声。在实际运用中注意往返动程要宽，活动范围稍大些。拼写时调号标在 a 上；自成音节时，改 i 为 y。例如：

diànxiàn 电线	jiǎnbiàn 简便	piānjiàn 偏见	xiānyàn 鲜艳	biànliǎn 变脸	jiǎnmiǎn 减免	jiǎn diǎn 检点
diànjiān 垫肩	biānyán 边沿	niánxiàn 年限	miǎntiǎn 腼腆	miántián 棉田	liánmián 连绵	xiǎn yǎn 显眼
xiānjìng 仙境	qiānlián 牵连	chuīyān 炊烟	xián qì 嫌弃	qiánlóng 潜龙	qiánkūn 乾坤	xián yáng 咸阳
xián lè 弦乐	xiànjǐng 陷阱	tiānqiàn 天堑	jiān bèi 兼备	pèi jiàn 佩剑	jiǎn zhǐ 剪纸	biān jí 编辑

üan

发音要领：在前鼻音韵母 an 韵前加了一个轻短的韵头 ü 结合而成。发音时，ü 的舌位较高且靠前，唇形较圆；a 的舌位与 ian 中一致，都是前 a[ε]。实际运用时应注意撮口圆唇。自成音节时，前加 y，并且去掉 ü 上两点，写作：yuan。拼写时调号标在 a 上。例如：

yuánquán 源泉	quánmiàn 全面	quán lì 权利	yuánquān 圆圈	xuānyuán 轩辕	yuǎnyuǎn 远远	xuān zhàn 宣战
juànliàn 眷恋	xuǎn jǔ 选举	quánjiǎo 拳脚	xuānhuá 喧哗	quǎn fèi 犬吠	xuàn mù 炫目	quán shì 诠释
xuánxué 玄学	juàn dài 倦怠	quànshuō 劝说	xuán yá 悬崖	juànyǒng 隽永	zhèngquàn 证券	xuànyùn 眩晕
juān kè 镌刻	xuànrǎn 渲染	juān xiù 娟秀	xuānnào 喧闹	jiǎ quán 甲醛	xuán wō 旋涡	juān kuǎn 捐款

uan

发音要领：发音时，在 an 韵前加了一个轻短韵头 u 结合而成，这里 a 的舌位比单发时稍微靠前，a 为前低不圆唇元音 [a]。自成音节时要将 u 改写为 w，调号标在 a 上。例如：

guànchuān 贯穿	ruǎnduàn 软缎	zhuānduàn 专断	zhuǎnwān 转弯	chuánhuàn 传唤	wǎnzhuǎn 婉转	wàn duān 万端
hái kuǎn 还款	huànsuàn 换算	suānruǎn 酸软	huànguān 宦官	luàncuàn 乱窜	huǎn pō 缓坡	guān yǔ 关羽
kuǎn dài 款待	duànliàn 锻炼	tuányuán 团圆	nuǎn liú 暖流	luàn mǎ 乱码	luánshēng 孪生	kuān dù 宽度
huānténg 欢腾	guàn dǐ 罐底	huánrào 环绕	huǎn jiě 缓解	huàn jué 幻觉	guànshuǐ 灌水	kāi shuàn 开涮

uen

发音要领：发音时，先发 u，舌头抬高接近软腭，圆唇，发得轻短；之后舌面逐渐向前、低降移，唇形渐开，到央 e；紧接着，舌尖前伸抵上齿龈，软腭下降，气流从鼻腔中流出。语流中注意圆唇开始，注意口腔开度的保持。中间的 e 元音是过渡性的，在非零声母音节中，中间的 e 被省略掉，写成 un，调号标在 u 上；自成音节时，改 u 为 w，写为 wen，调号标在 e 上。例如：

chūnsǔn 春笋	hún tun 馄饨	wēnshùn 温顺	kūn lún 昆仑	lún dūn 伦敦	hùndùn 混沌	wēncún 温存
lùn wén 论文	cūn liè 皴裂	cǔnduó 忖度	sǔn rén 损人	dūndiǎn 蹲点	tūn mò 吞没	lún luò 沦落
gùnbàng 棍棒	gǔn lún 滚轮	kùnhuò 困惑	hūn mí 昏迷	yōuhún 幽魂	dùnxíng 遁形	tún jī 囤积
hǎi tún 海豚	tún bǎo 屯堡	hūn yīn 婚姻	fàn kùn 犯困	qiánkūn 乾坤	kǔnbǎng 捆绑	shǔn xī 吮吸

2. 后鼻韵母

由元音加上后鼻辅音韵尾构成。发音时，所有的后鼻韵都有一个共同的特点，即发音结束时，舌头后缩抬高舌根，顶住软腭，气流从鼻腔中过。

ang

发音要领：发音时，ang 中的 a 受后鼻韵尾 ng 的影响，a 处于比较后的位置，a 为后低不圆唇元音 [ɑ]。a 的口腔开度大于单发音的 a，发音时既要主动抬高舌根，又要注意软腭的主动下降，口鼻均有气息流出。例如：

fāngzhēn	hǎi fáng	dāng xīn	tángcháo	bāngmáng	cāngmáng	chǎng shāng
方针	海防	当心	唐朝	帮忙	苍茫	厂商
shàngfǎng	fàngdàng	hángdang	lángdāng	zhàngfáng	mángcháng	táng láng
上访	放荡	行当	锒铛	账房	盲肠	螳螂
lángfáng	tāngpén	píngtǎng	nángzhǒng	bō làng	zá gāng	kāng kǎi
廊坊	汤盆	平躺	囊肿	波浪	砸缸	慷慨
ràng bù	sāng yè	cāng shǔ	pīngpāng	máng rán	fǎng zhī	láng háo
让步	桑叶	仓鼠	乒乓	茫然	纺织	狼嚎

eng

发音要领：由央 e 开始，发音时，e 的舌位比单发音时偏前且低，然后舌根后缩与软腭接触，此时软腭下垂，气流从鼻腔中流出。实际运用时，为增加声音响度，应增大口腔开度。例如：

péngchéng	zhēngténg	zēngshēng	dēngshéng	chéngshēng	chěngnéng	fēng zheng
鹏程	蒸腾	增生	灯绳	成声	逞能	风筝
zhēngchéng	lěngfēng	shěngchéng	gènglěng	fèngcheng	chéngshèng	fēng dēng
征程	冷风	省城	更冷	奉承	乘胜	丰登
chéngxiàn	fā lèng	péngyou	měng liè	bèng jí	mó ceng	pēng jī
呈现	发愣	朋友	猛烈	蹦极	磨蹭	抨击
sēng lǚ	céngjīng	héngxíng	héngxīng	kēngqiāng	gēngyún	bēng jǐn
僧侣	曾经	横行	恒星	铿锵	耕耘	绷紧

ong

发音要领：发音时，o 的发音与发单韵母 o 不同，它在 u 与 o 之间，口腔开度比 u 的开度稍大，时程较短，然后舌根接触软腭，口腔通路封闭，发出鼻音，要注意它与 ueng 的区别。例如：

gōnggòng	lóngdōng	hóngzhōng	zhōngkōng	tōngróng	kōngtǒng	zǒng gōng
公共	隆冬	洪钟	中空	通融	空桶	总攻
cóngróng	lǒngtǒng	chōngdòng	kǒnglóng	tóngkǒng	nóngzhòng	lóng dòng
从容	笼统	冲动	恐龙	瞳孔	浓重	龙洞
wú tóng	hōnglóng	hóngzhǒng	tónggōng	hōngmíng	hóng hú	kòng zhì
梧桐	轰隆	红肿	童工	轰鸣	鸿鹄	控制
gōng láo	dīngdōng	tònghèn	línglóng	gōngjìng	kōnghóu	tóng zǐ
功劳	叮咚	痛恨	玲珑	恭敬	箜篌	桐梓

ing

发音要领：发音时，舌面接近硬腭先发出 i，然后舌头后缩，舌根与软腭接触，口腔关闭，气流从鼻腔流出。归韵时，由于受前音 i 的影响，韵尾的位置比 ang、eng、ong 中的位置稍微靠前；不能发成 i＋eng，实际运用中注意与 in 的区别。自成音节时，前加 y，写为 ying，调号标在 i 上。例如：

níngjìng	qīngtīng	jīngyíng	míngxīng	bìngxíng	bīnglíng	píng dìng
宁静	倾听	晶莹	明星	并行	冰凌	评定
jīngyíng	lǐngqíng	jīngmíng	língxìng	mǐngdǐng	xíngjǐng	míngjìng
经营	领情	精明	灵性	酩酊	刑警	明镜
píngjǐng	qǐngyīng	xíngjìng	xìngmíng	xíngxīng	qīngmíng	qīng yíng
瓶颈	请缨	行径	姓名	行星	清明	轻盈
qīngtīng	qīngtíng	dìngxíng	língxíng	xìngmìng	yíngpíng	líng dīng
倾听	蜻蜓	定型	菱形	性命	荧屏	伶仃

iang

发音要领：由 ang 韵前加了一个轻短的韵头 i 结合而成。发音时 iang 韵母的发音动程较宽，ang 受到了 i 的影响，a 的唇形稍扁。调号标在 a 上。自成音节时，写为 yang。例如：

xiàngyáng	liàngxiàng	xiāngjiāng	qiángjiāng	jiǎngxiàng	jiàngxiāng	yáng xiàng
向 阳	亮 相	湘 江	强 将	奖 项	酱 香	洋 相
xiángjiàng	xiǎngxiàng	yāngyāng	xiāngyáng	liángxiǎng	liàngqiàng	liǎng xiāng
降 将	想 象	泱 泱	襄 阳	粮 饷	踉 跄	两 厢
qiāngxiǎng	xiǎngliàng	jiǎng lì	xiǎng lè	xiāngbāo	píngjiǎng	hù xiāng
枪 响	响 亮	奖 励	享 乐	箱 包	评 奖	互 相
jiàngrén	xiāngféng	qiángruò	yǎnjiǎng	yánjiāng	lóngxiáng	shēng jiāng
匠 人	相 逢	强 弱	演 讲	岩 浆	龙 翔	生 姜

iong

发音要领：发音时 i 韵头由于受圆唇 o 影响，唇形由扁趋圆，接近于 u，与 j、q、x 组成音节时，注意在发音开始时就要撮口，否则影响使用的清晰度。调号标在 o 上。自成音节时，写为 yong。例如：

jiǒngjiǒng	gē yǒng	xióngwěi	yóuyǒng	sǒngyǒng	zhōngyōng	zhòng yòng
炯 炯	歌 咏	雄 伟	游 泳	怂 恿	中 庸	重 用
zhōngyǒng	yǒngyuè	yōnggōng	yōngróng	yōngzhǒng	qióngxiōng	dōng yǒng
忠 勇	踊 跃	佣 工	雍 容	臃 肿	穷 凶	冬 泳
xiōngzhōng	dǒngyǒng	qiónglóng	xiōngkǒu	jiǒng pò	xiōnghàn	xiōng nú
胸 中	董 永	穹 窿	胸 口	窘 迫	凶 悍	匈 奴
qióngjiāng	gǒuxióng	yōngbào	pēnyǒng	cányǒng	yōng lǎn	yōng jū
琼 浆	狗 熊	拥 抱	喷 涌	蚕 蛹	慵 懒	痈 疽

ueng

发音要领：发音时，先发一个轻短的 u，然后接着发 eng。实际运用时注意合口音 u 的圆唇，尤其在普通话测试的第一题中，不能发成唇齿音；在连续语流中，u 是个半元音。

在普通话中，ueng 不能与任何辅音声母相拼，只能出现在零声母音节中，写为 weng，调号标在 e 上。例如：

lǎo wēng	wèng ān	wēngwēng	wèngcài	wěng yù	wèng bí
老 翁	瓮 安	嗡 嗡	蕹 菜	蓊 郁	齆 鼻

§ 需要注意的问题：

（1）单元音的发音要定型。

单元音发音时，口腔内的舌位和外部唇形要自始至终保持相对稳定，谨防产生动程发成复元音，特别是 ü、-i（前）、-i（后）这 3 个元音，要多加练习。

（2）前音后发、后音前发，窄音宽发、宽音窄发。

所谓前音后发、后音前发，其目的在于发音时把所有元音都往口腔的中部靠，以克服前音偏尖、偏薄，后音偏暗、偏死的弊病，从而发出饱满、集中、结实的声音，达到艺术语言的表达要求。

所谓窄音宽发，即想方设法寻找窄元音在口腔里的最大共鸣，使声音更加圆润而富有弹性。而宽音窄发则是要求在发 a 这样的开口度最大的宽元音时，适当控制，以保持漂亮的口型。

（3）元音 a 和 e 的位置变化。

在普通话语音中，不同音节里的元音 a 和 e 的位置各自有微小的差别。虽然差别微小，但是明显影响着发音。

由于受前后音的影响，韵母 a 的发音位置有细微变化：在 a、ia、ua 等韵母里的 a，位置在中央，是央 a，国际音标 [ɑ]，如：发达、假牙、花袜；在韵母 ai、an、uan 中，a 的发音位置稍微偏前，国际音标 [a]、如：白菜、慢慢；在韵母 ian、üan 中，a 的发音位置更靠前，是前 a，国际音标 [ε]，如：前面、源泉；在韵母 ao、iao、ang、iang、uang 中，a 的发音位置比前面 3 种情况都靠后，是后 a，国际音标 [ɑ]，如：高潮、苗条、帮忙、向阳、狂妄。

e 在单独发音时是正常位置，即后 e 的位置，在 eng 里也是这个位置。在 ei、en 里由于受 i 和 n 的影响，发的是前 e，如：北美、深圳。ou 中的这个开始的 o，实际上是接近前 e 的位置，唇形要比 e 圆些，如：欧洲、牛油。

掌握好这些发音要领，就能够在快速的发音吐字过程中，更准确，更灵巧。

（4）发好复元音韵母。

复元音韵母的发音，口腔内有动程，构成复元音韵母的 2 个或 3 个元音之间的音色渐变，音素过渡讲究自然、连贯，要注意复元音的整体性。复元音中几乎每个元音的音质都与它作为单元音时的音位有所不同，这种变形是正常的，要仔细体会这些变形。主要元音要发得响亮，首音要定位准确，尾音要趋向鲜明、收得住。

（5）注意几组零声母音节的发音。

这是指 i 行、ü 行、u 行的韵母自成音节时的绝大多数零声母音节，包括①组的 yi、ye、ya、yao、you、yan、yin、yang、ying、yu、yue、yuan、yun、yong 及②组的 wa、wai、wei、wan、wen、wang、weng 等。①组的零声母音节发音时，首音是一个半元音。②组的零声母音节发音时，要注意合口音 u 的圆唇，尤其在普通话测试的第一题中，不能发成唇齿音；在连续语流中，首音实际上多读为半元音。

三、声调的发音

声调是音节的高低升降变化。由于汉语的一个音节基本上就是一个汉字，所以声调又叫字调。声调和声母、韵母一样，具有区别意义的作用。例如：“练习”（liàn xi）和“联系”（lián xi），它们的声韵发音完全相同，其意义的区别完全靠声调来表示。

声调是由音节的高低、升降、曲直等各种音高变化形成的。音高的变化是由声带的松紧决定的。声带绷紧，一定时间内振动的次数多，声音就高；声带放松，一定时间内振动的次数少，声音就低。

声调的变化有两个特点：一是声调的音高是相对的，二是声调的高低升降变化是滑动的，不是跳跃的。

调值是声调的实际读法，也就是具体的高低升降形式。汉语大多数方言有四种或五种音高变化形式。

描写汉语的调值，一般采用“五度标记法”。“五度标记法”是用 5 个数码（1、2、3、4、5）表示从低到高（低、半低、中、半高、高）的 5 种音高变化的方法。为了直观，通常用图形来表示。首先立一竖线，平均分成五度；再在竖线的左边用从左至右的线条来表示声调的高低升降变化。线条的起点、终点和转折点可以用度数来标明，表示调值。

调类是声调的分类。同一调值的字，归为一类，有几种调值就有几个调类。调类的名称是沿用古汉语的调类名称。古汉语有“平、上、去、入”4 个调类，后来这 4 个调类按声母的清浊又各分为阴、阳两类，演变出阴平、阳平、阴上、阳上、阴去、阳去、阴入、阳入 8 个调类。现代汉语包括普通话在内的各方言的调类都是由这 8 个调类分化或合并而成的，但是调类在现代汉语各方言中分合情况不尽相同。因此，会出现这样的情况：不同方言里，调类相同，调值却常常不同。

普通话的声调有四个基本调值，即有四个调类，依次称为阴平、阳平、上声、去声，即平时所说的一声、二声、三声、四声。它们的调值分别是：

1. 阴平：调值 55，发音时音高由 5 度到 5 度

chūn	tiān	gāo	shān	kāi	lā	wā	yā	shāng	zhōu
春	天	高	山	开	拉	挖	丫	商	周
wēi	wēi	ān	sī	dēng	guāng	chā	yāng	xī	xiāng
危	微	安	思	灯	光	插	央	西	香
dōng	fāng	jiāng	sū	chūn	fēn	cān	jiā	fēng	bēi
东	方	江	苏	春	分	餐	家	风	杯

2. 阳平：调值 35，发音时音高由 3 度到 5 度

jí	shí	wén	míng	cái	huá	áo	xiáng	bái	táng
及	时	文	明	才	华	翱	翔	白	糖
xié	tiáo	tuán	yuán	huá	qiáo	háng	xíng	jí	lín
协	调	团	圆	华	侨	航	行	吉	林
gé	yán	míng	cí	xíng	róng	chí	táng	yáng	chéng
格	言	名	词	形	容	池	塘	羊	城

3. 上声：调值 2114，发音时音高由度降到 1 度再升到 4 度

měi	hǎo	lǐ	xiǎng	dǎ	sǎo	zǒng	lǐ	guǒ	pǐn
美	好	理	想	打	扫	总	理	果	品
duǎn	pǎo	zhǔ	dǎo	wǔ	dǎo	yǎn	jiǎng	shěn	gǎo
短	跑	主	导	舞	蹈	演	讲	审	稿
dǎo	yǔ	yǎ	diǎn	cǎi	fǎng	jǐng	diǎn	fǔ	yǎng
岛	屿	雅	典	采	访	景	点	抚	养

4. 去声：调值 51，发音时音高由 5 度降到 1 度

jì	xù	wù	zhì	àn	shì	ào	miào	bì	huà
继	续	物	质	暗	示	奥	妙	壁	画
lù	huà	huì	shuài	shì	jiè	hàn	zì	zuò	mèng
绿	化	汇	率	世	界	汉	字	做	梦
yòng	diàn	shuì	jiào	bì	yè	gòu	wù	cì	xiù
用	电	睡	觉	毕	业	购	物	刺	绣

普通话四种声调的调值和调号用五度标记法表示为：

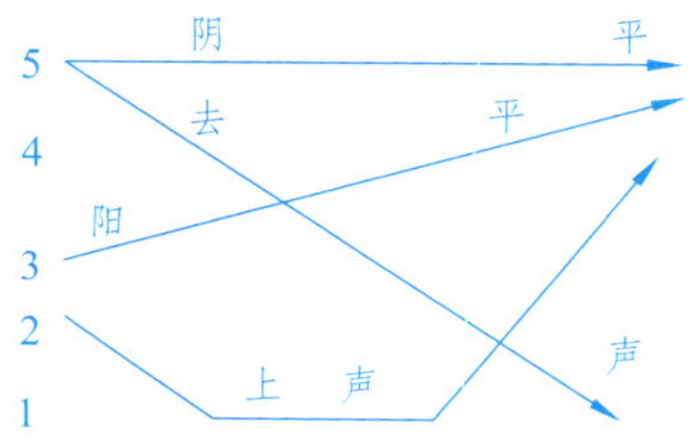

标调方式按如下口诀记忆：

ɑ、o、e、i、u、ü 标调时按顺序；i 上标调去掉点，i、u 并排标后边。

在汉语六个主要元音中，发音最响亮的是 ɑ，依次下去是 o、e、i、u、ü。碰到 i、u 并排的音节如 iu、ui，就标在最后一个元音上。调号若标在 i 上，i 上面的点应该省去，轻声不标调号。

发音训练（配合手势教学法进行）

（1）阴平＋阳平＋上声＋去声（按单音节字的要求来读，每个音节都要读满、读到位，上声音节读全上）。

shēn	móu	yuǎn	lǜ	qiān	chuí	bǎi	liàn
深	谋	远	虑	千	锤	百	炼
fēng	diào	yǔ	shùn	yīng	míng	guǒ	duàn
风	调	雨	顺	英	明	果	断
zhōng	huá	yǔ	diào	gāo	yáng	qǐ	jiàng
中	华	语	调	高	扬	起	降
suān	tián	kǔ	là	sān	guó	yǎn	yì
酸	甜	苦	辣	三	国	演	义
shān	míng	shuǐ	xiù	fēi	cháng	hǎo	kàn
山	明	水	秀	非	常	好	看

（2）阳平、上声训练。

① 去声＋阳平。

shàngxué	wèn tí	guò lai	wèi lái	zì jué	dì tú	mì jué	shùn cóng
上 学	问 题	过 年	未 来	自 觉	地 图	秘 诀	顺 从
dànbái	dòngliáng	bèi ké	bù jú	jìng dí	kuàng shí	guì lín	cì huái
蛋 白	栋 梁	贝 壳	布 局	劲 敌	矿 石	桂 林	刺 槐
qì yóu	rè qíng	mù tóng	zhènróng	gào bié	hànyán	dà lián	bàn suí
汽 油	热 情	牧 童	阵 容	告 别	汗 颜	大 连	伴 随

② 阳平＋阳平＋阳平。

zhāoyángqiáo	pá qiáng zéi	wáng jú méi	lín hóngyáng	máobáiyáng	tánhuángchuáng
朝 阳 桥	爬 墙 贼	王 菊 梅	林 红 阳	毛 白 杨	弹 簧 床
fú róngguó	mí hóutáo	yuánmíngyuán	ní shí liú	lián hé guó	qián tái cí
芙 蓉 国	猕 猴 桃	圆 明 园	泥 石 流	联 合 国	潜 台 词
ér tóngtuán	tóngréntáng	lóng tái tóu	liú yáng hé	fánghán fú	chóngyáng jié
儿 童 团	同 仁 堂	龙 抬 头	浏 阳 河	防 寒 服	重 阳 节

③ 阳平＋上声。

yáng liǔ	hóngshuǐ	míng lǐ	píngguǒ	cháshuǐ	chúnjiǎn
杨 柳	洪 水	明 理	苹 果	茶 水	纯 碱
liú lǎn	zhí fǎ	chéngguǒ	yántǎo	lián chǐ	chún pǔ
浏 览	执 法	成 果	研 讨	廉 耻	淳 朴
duó qǔ	hú běi	chí huǎn	hányǎng	xué fǔ	ér nǚ
夺 取	湖 北	迟 缓	涵 养	学 府	儿 女
cí diǎn	cháofěng	fú xiǎo	lín xuǎn	lǐ xiǎng	měi hǎo
词 典	嘲 讽	拂 晓	遴 选	理 想	美 好

第三节 普通话基本音节训练

普通话基本音节训练是学习普通话过程中非常关键的一个环节，读准普通话基本音节，就突破了普通话的单音节字词的拼读、掌握了自我正音的标尺和有力的工具。训练时可先进行同调朗读，再进行四声朗读。要反复练习，做到烂熟于心（会认）、烂熟于口（会读）、烂熟于手（会写）。

普通话常用音节约有 400 个，另有包括某些语气词，方言色彩浓重、比较土俗的，或仅限于书面语又不常用的音节：chua、den、dia、nia、nou、eng、shei、kei、lo、yo、o、ê、ei、hm、hng、m、n、ng 等 18 个。

一、开口呼音节（186 个）

	a	o	e	ê	-i	er	ai	ei	ao	ou	an	en	ang	eng
零	a	o	e	ê		er	ai	ei	ao	ou	an	en	ang	eng
b	ba	bo					bai	bei	bao		ban	ben	bang	beng
p	pa	po					pai	pei	pao	pou	pan	pen	pang	peng
m	ma	mo	（me）				mai	mei	mao	mou	man	men	mang	meng
f	fa	fo						fei		fou	fan	fen	fang	feng
d	da		de				dai	dei	dao	dou	dan		dang	deng
t	ta		te				tai		tao	tou	tan		tang	teng
n	na		ne				nai	nei	nao		nan	nen	nang	neng
l	la	lo	le				lai	lei	lao	lou	lan		ang	leng
g	ga		ge				gai	gei	gao	gou	gan	gen	gang	geng
k	ka		ke				kai		kao	kou	kan	ken	kang	keng
h	ha		he				hai	hei	hao	hou	han	hen	hang	heng
zh	zha		zhe		zhi		zhai	zhei	zhao	zhou	zhan	zhen	zhang	zheng
ch	cha		che		chi		chai		chao	chou	chan	chen	chang	cheng
sh	sha		she		shi		shai	shei	shao	shou	shan	shen	shang	sheng
r			re		ri				rao	rou	ran	ren	rang	reng
z	za		ze		zi		zai	zei	zao	zou	zan	zen	zang	zeng
c	ca		ce		ci		cai		cao	cou	can	cen	cang	ceng
s	sa		se		si		sai		sao	sou	san	sen	sang	seng

注：

（1）“零”表示“零声母”，-i 为舌尖元音韵母。

（2）me（么）本是 mo，在轻音节时弱化为 me。不计数，加括号（ ）列入表格备用。

（3）shei 是“谁”口语又音，已常被 shui 代替。不计数，加括号（ ）列入表格备用。

（4）o、ê 等音节只在语气词中出现，不列入。因此，未列出单韵母 o、ê。o、ê 一般出现在韵母 uo、ie、ue 中。

说明：

从开口呼音节表可以看出：包含音节数目最多；声母 j、q、x 不同开口呼韵母相拼；舌尖元音属于开口呼音节，只同舌尖前音声母 z、c、s 和舌尖后音声母 zh、ch、sh、r 相拼；er 独立自成音节，不和任何声母相拼；尖中音声母 d、t、n、l 不拼韵母 en（nen“嫩”视为例外，den“扽”除外）；韵母 eng 除代表一个极不常用的“鞥”外，不独立成音节。

二、齐齿呼音节（83 个）

	i	a	ie	iao	iou	ian	in	iang	ing
零	yi	ya	ye	yao	you	yan	yin	yang	ying
b	bi		bie	biao		bian	bin		bing
p	pi		pie	piao		pian	pin		ping
m	mi		mie	miao	miu	mian	min		ming
d	di		die	diao	diu	dian			ding
t	ti		tie	tiao		tian			ting
n	ni		nie	niao	niu	nian	nin	niang	ning
l	li	lia	lie	liao	liu	lian	lin	liang	ling
j	ji	jia	jie	jiao	jiu	jian	jin	jiang	jing
q	qi	qia	qie	qiao	qiu	qian	qin	qiang	qing
x	xi	xia	xie	xiao	xiu	xian	xin	xiang	xing

说明：

从齐齿呼音节表可以看出：齐齿呼韵母不同声母舌尖前音 z、c、s 和舌尖后音 zh、ch、sh、r 及舌面后音 g、k、h 以及齿唇音 f 相拼；韵母 ia、ing 不同声母双唇音 b、p、m 和舌尖中音 d、t、n、l 相拼；声母 d、t 不同韵母 in 相拼。

三、合口呼音节（113 个）

	u	ua	uo（o）	uai	uei	uan	uen	uang	ueng（ong）
零	wu	wa	wo	wai	wei	wan	wen	wang	weng
b	bu								
p	pu								
m	mu								
f	fu								
d	du		duo		dui	duan	dun		dong
t	tu		tuo		tui	tuan	tun		tong
n	nu		nuo			nuan	nun		nong
l	lu		luo			luan	lun		long
g	gu	gua	guo	guai	gui	guan	gun	guang	gong
k	ku	kua	kuo	kuai	kui	kuan	kun	kuang	kong
h	hu	hua	huo	huai	hui	huan	hun	huang	hong
zh	zhu	zhua	zhuo	zhuai	zhui	zhuan	zhun	zhuang	zhong
ch	chu	chua	chuo	chuai	chui	chuan	chun	chuang	chong

sh	shu	shua	shuo	shuai	shui	shuan	shun	shuang	
r	ru	rua	ruo		rui	ruan	run		rong
z	zu		zuo		zui	zuan	zun		zong
c	cu		cuo		cui	cuan	cun		cong
s	su		suo		sui	suan	sun		song

说明：

从合口呼音节表可以看出：合口呼韵母不同舌面前音声母 j、q、x 相拼；双唇音声母只同韵母 u、uo（o）相拼；舌尖中音声母 d、t、n、l 不同韵母 ua、uai、uang 相拼；声母 n、l 只同韵母 ei 相拼，不同韵母 uei 相拼。而声母 d、t 只同韵母 ui 相拼，不同韵母 ei 相拼（dei 只有一个“得”字）；舌尖前音声母 z、c、s 不同韵母 ua、uai、uang 相拼；ong 属于合口呼，一定要前拼辅音声母，不能独立构成音节；ueng 则只能独立构成音节，不同任何辅音声母相拼。

四、撮口呼音节（24 个）

	ü	üe	üan	ün	iong
零	yü	yüe	yüan	yün	yong
n	nü	nüe			
l	lü	lüe			
j	ju	jue	juan	jun	jiong
q	qu	que	quan	qun	qiong
x	xu	xue	xuan	xun	xiong

说明：

从撮口呼音节表可以看出：包含音节最少；辅音声母同撮口呼韵母相拼的只有 j、q、x、n、l；声母 n、l 只同韵母 ü、üe 相拼，不同韵母 üan、ün、iong 相拼；iong 属于撮口呼韵母。

第四节　普通话声母、韵母、声调的辨正

一、声母辨正

从声母系统来看，各地方言与普通话有出入的地方主要表现在：

（1）舌尖前音 z、c、s 与舌尖后音 zh、ch、sh 不分（即通常所说的平翘舌不分）；

（2）鼻音 n 与边音 l 不分；

（3）唇齿音 f 与舌根音 h 不分；

（4）舌面音 j、q、x 与舌根音 g、k、h 不分、与 z、c、s 不分、与 zh、ch、sh 不分等；

（5）将零声母音节读成辅音声母。

（一）区分舌尖前音 z、c、s 与舌尖后音 zh、ch、sh

1. 辨正方法

（1）从发音部位上进行区别。

z、c、s 与 zh、ch、sh 这两组声母的发音区别是由发音部位造成的。

舌尖前音的发音部位是舌尖和上门齿背，而舌尖后音的发音部位是舌头前部和硬腭的最前端。

（2）利用声旁字进行类推。

如“正”，以“正”为声旁构成的形声字都是舌尖后音声母。

例如：“征、政、证、整、症、怔”等字的声母为 zh。

再如“兹”的声母是舌尖前音 z，以“兹”为声旁的形声字声母基本上都是舌尖前音。

例如：zī 滋嵫孳　　cí 磁慈鹚糍

（3）利用声韵配合规律记忆。

舌尖前音声母 z、c、s 不与 ua、uai、uang 这三个韵母相拼，而舌尖后音声母 zh、ch、sh 则可以。舌尖后音声母 sh 不与 ong 韵母相拼，而舌尖前音声母 s 则可与之相拼。

（4）采取记少不记多的方法加强记忆。

普通话中平舌音大大少于翘舌音，在记忆时，可重点记忆 z、c、s 声母的字。例如：

① 贼作祟，私自钻，凑足罪，总送死。

② 曹叟搓操索，孙子坐在左。此次最粗糙，匆匆总搓错。

③ 姊随嫂，操作早。曾撕笋，才擦灶。催锁仓，速采桑。蚕丝卒，村子足。

④ 臧僧宿草寺，岁岁自洒扫。择粟做素餐，松侧栽松枣。

（5）普通话中没有 [z] 声母，方言中读 [z] 声母的字需改读普通话 r 声母。

2. 练习及记忆

Z

代表字：

子 zǐ：　孜 zī　仔 zǐ　籽 zǐ　字 zì　（存 cún）　仔 zǎi

匝 zā：　砸 zá　咂 zā

宗 zōng：综 zōng　棕 zōng　踪 zōng　鬃 zōng　粽 zòng

卒 zú：　醉 zuì　（碎 suì）

责 zé：　啧 zé　渍 zì　（债 zhài）

自 zì：　咱 zán

兹 zī：　滋 zī　孳 zī　（糍 cí）　（慈 cí）

祖 zǔ：　租 zū　诅 zǔ　阻 zǔ　组 zǔ

资 zī：　谘 zī　姿 zī　恣 zī

尊 zūn：　遵 zūn　樽 zūn　鳟 zūn

曾 zēng：增 zēng　憎 zēng　甑 zèng　赠 zèng

赞 zàn：　攒 zǎn　趱 zǎn

澡 zǎo：　藻 zǎo　噪 zào　燥 zào　躁 zào　（臊 sào）
臧 zāng：藏 zàng（cáng）
择 zé：　泽 zé
最 zuì：　撮（cuō）、zuǒ
梓 zǐ：　宰 zǎi　滓 zǐ　（辞 cí）
奏 zòu：　揍 zòu　（凑 còu）
左 zuǒ：　佐 zuǒ
坐 zuò：　座 zuò　唑 zuò　（挫 cuò）　（锉 cuò）

非代表字：

走 zǒu　钻 zuān　嘴 zuǐ　罪 zuì　做 zuò　灾 zāi　再 zài　在 zài　葬 zàng
凿 zāo　枣 zǎo　皂 zǎo　仄 zè　贼 zéi　锃 zèng　姊 zǐ　扎 zā　杂 zá
载 zǎi、zài　族 zú　栽 zāi　邹 zōu　作 zuō、zuò　暂 zàn　怎 zěn
脏 zāng　蚤 zǒu　赃 zāng　总 zǒng　足 zú　则 zé　早 zǎo

C

代表字：

才 cái：　材 cái　财 cái　（豺 chái）
采 cǎi：　彩 cǎi　睬 cǎi　踩 cǎi　菜 cài
参 cān、cēn：惨 cǎn　（渗 shèn）
仓 cāng：沧 cāng　苍 cāng　舱 cāng　（创 chuāng）
曹 cáo：　嘈 cáo　漕 cáo　槽 cáo　（糟 zāo）（遭 zāo）
岑 cén：　涔 cén
曾 céng：蹭 cèng
此 cǐ：　疵 cī　雌 cí　（柴 chái）（紫 zǐ）
次 cì：　瓷 cí
兹 cí：　慈 cí　磁 cí　鹚 cí　糍 cí
从 cóng：枞 cōng　丛 cóng　（怂 sōng）（耸 sǒng）
匆 cōng：葱 cōng　（偬 zōng）
崔 cuī：　催 cuī　摧 cuī　璀 cuǐ
寸 cùn：　村 cūn　忖 cǔn　（衬 chèn）（肘 zhǒu）（纣 zhòu）
差（参差）cī：搓 cuō　磋 cuō　蹉 cuō
粹 cuì：　翠 cuì　瘁 cuì　淬 cuì　悴 cuì　萃 cuì
擦 cā：　蔡 cài　（察 chá）
测 cè：　侧 cè
词 cí：　伺 cì　祠 cí
错 cuò：　措 cuò　醋 cù

挫 cuò：　痤 cuó　脞 cuó　锉 cuò

非代表字：

粗 cū　存 cún　裁 cái　操 cāo　次 cì　糙 cāo　凑 còu　淙 cóng　刺 cì
赐 cì　撮 cuō　汆 cuān　脆 cuì　猜 cāi　餐 cān　残 cán　蚕 cán　灿 cán
册 cè　策 cè　孱 chán　惭 cán　粲 càn　操 cāo　藏 cáng　促 cù　簇 cù
醋 cù　蹴 cù　聪 cōng　囱 cōng　窜 cuàn　草 cǎo　层 céng　攒 cuán　篡 cuàn

S

代表字：

思 sī：　腮 sāi　鳃 sāi　锶 sī
塞 sāi、sài、sè：噻 sāi　赛 sài　（寨 zhài）
散 sǎn、sàn：馓 sǎn　撒 sā、sǎ
桑 sāng：搡 sǎng　嗓 sǎng
搔 sāo：　骚 sāo
斯 sī：　厮 sī　撕 sī　嘶 sī
巳 sì：　汜 sì　祀 sì
四 sì：　泗 sì　驷 sì
司 sī：　伺 sì　饲 sì　嗣 sì　（词 cí）
松 sōng：忪 sōng　讼 sòng　颂 sòng
怂 sǒng：耸 sǒng
速 sù：　悚 sǒng　竦 sǒng　涑 sù　簌 sù　嗽 sòu　（漱 shù）
叟 sǒu：　搜 sōu　嗖 sōu　馊 sōu　飕 sōu　艘 sōu　嫂 sǎo　（瘦 shòu）
素 sù：　嗉 sù　愫 sù
宿 sù：　缩 sù、suō
粟 sù：　僳 sù
塑 sù：　溯 sù　（朔 shuò）
隋 suí：　髓 suǐ
遂 suì、suí：隧 suì　邃 suì
孙 sūn：　荪 sūn　狲 sūn
梭 suō：　唆 suō　睃 suō　酸 suān
索 suǒ：　嗦 suō
琐 suǒ：　唢 suǒ　锁 suǒ

非代表字：

仨 sā　飒 sà　萨 sà　丧 sāng、sàng　伞 sǎn　洒 sǎ　蒜 suàn　臊 sāo、sào
扫 sǎo　缫 sāo　涩 sè　瑟 sè　色 sè　夙 sù　啬 sè　森 sēn
死 sǐ　寺 sì　蛳 sī　私 sī　所 suǒ　肆 sì　嵩 sōng　送 sòng

宋 sòng　诵 sòng　似 sì（shì）　擞 sǒu　碎 suì　僧 sēng　随 suí　俟 sì
叁 sān　损 sǔn　算 suàn　娑 suō　虽 suī　苏 sū　酥 sū　俗 sú　笋 sǔn
肃 sù　祟 suì　岁 suì　穗 suì

（二）分清鼻音声母 n 和边音声母 l

声母 n、l 不分的现象主要出现在我国中部、南部地区，但各地的具体表现不一样：有的是有 l 无 n，有的是有 n 无 l，还有的是两者混用或选择使用。

1. 辨正方法

（1）从发音上区分。

n 与 l 在口腔中的发音部位是基本相同的，所用发音方法也基本相同，根本的不同是气流通道。发 n 时，须软腭和小舌下垂，舌尖抵住上齿龈，舌身放开，舌面铺平，将口腔中的气流通道完全封死，打开气流到鼻腔的通道。发 l 时，须软腭和小舌上抬，堵塞通往鼻腔的通道；舌尖虽然也抵住上齿龈，但比 n 的部位要偏后，舌尖立起，舌身收紧、收窄、中部下凹，让舌头两侧留出空隙作为气流的通道。

（2）利用声旁字类。

例如：农 nóng：浓侬脓哝　　令 lìng：领零岭玲铃龄伶聆泠苓

（3）利用声韵配合规律记忆。

n 一般不与韵母 in 相拼，如果韵母读 in，声母很可能是 l。如“林淋琳啉霖临邻磷麟嶙遴辚膦瞵粼廪懔檩凛蔺躏”等声母均为 l，只有一个例外字“您（nín）”。

n 一般不与韵母 ou 相拼，如果韵母读 ou，声母很可能是 l。如“漏娄楼偻蒌喽髅耧搂篓嵝镂瘘”等字声母均为 l，只有一个例外字“耨（nòu）”。

（4）采取记少不记多的方法强化记忆。

相比而言，鼻音 n 声母的字少，因而可以把记忆的重点放在记 n 声母的字上，例如：

① 女弄泥泞男捏鸟，你娘恼怒撵你恼。

② 农奴怒难耐，哪能拿牛奶？

2. 练习及记忆

n 代表字：

那 nà、nā、nèi：哪 nǎ、něi、né　娜 nà、nuó　挪 nuó
内 nèi：　呐 nà　纳 nà　钠 nà　衲 nà　讷 nè
奈 nài：　萘 nài　捺 nà
乃 nǎi：　艿 nǎi　奶 nǎi　氖 nǎi　（仍 réng）
南 nán：　喃 nán　楠 nán　腩 nǎn
囊 náng、nāng：囔 nāng　馕 náng、nǎng　攮 nǎng
奴 nú：　呶 náo　努 nǔ　怒 nù　驽 nú　弩 nǔ
挠 náo：　蛲 náo　铙 náo

脑 nǎo： 恼 nǎo 瑙 nǎo
尼 ní： 呢 ní 怩 ní 泥 ní、nì 旎 nǐ 昵 nì 妮 nī 铌 ní
倪 ní： 霓 ní 鲵 ní 睨 nì
你 nǐ： 您 nín
拈 niān： 粘 zhān、nián 黏 nián 鲇 nián
念 niàn： 捻 niǎn 埝 niàn
辇 niǎn： 撵 niǎn
娘 niáng： 酿 niàng
鸟 niǎo： 茑 niǎo 袅 niǎo
捏 niē： 涅 niè
聂 niè： 镊 niè 蹑 niè 嗫 niè
臬 niè： 镍 niè
宁 níng、nìng： 拧 níng、nǐng、nìng 咛 níng 狞 níng 柠 níng 泞 nìng
妞 niū： 扭 niǔ 忸 niǔ 纽 niǔ 钮 niǔ
农 nóng： 侬 nóng 哝 nóng 浓 nóng 脓 nóng
诺 nuò： 喏 nuò 锘 nuò
懦 nuò： 糯 nuò
难 nán、nàn： 傩 nuó

非代表字：

拿 ná 耐 nài 囡 nān 赧 nǎn 孬 nāo 淖 nào 闹 nào 馁 něi 嫩 nèn 能 néng
逆 nì 腻 nì 匿 nì 溺 nì 拟 nǐ 蔫 niān 廿 niàn 年 nián 碾 niǎn 啮 niè
凝 níng 佞 nìng 恁 nèn 女 nǚ 男 nán 暖 nuǎn 孽 niè 弄 nòng 牛 niú

（三）分清唇齿音声母 f 与舌根音声母 h

有的方言没有 f 声母，如“发 fā”读成“huā”，“方 fāng”读成“huāng”等。有的方言 f 声母与 h 声母的字相混，如“会 huì”读成“fèi”，“混 hùn”被读成“fèn”；“户 hù”读成“fù”，“胡 hú”读成“fú”。

1. 辨正方法

（1）从发音上区别。

f、h 的发音方法相同，都是清擦音，区别是发音的部位不同：f 的发音部位是上齿和下唇内沿，h 的发音部位是舌面舌根和软腭。

（2）利用声旁字类推。

例如： 方 fāng：芳房防肪妨访纺仿放 荒 huāng：慌谎

（3）利用声韵配合规律记忆。

在普通话中，f 声母只拼开口呼韵母和合口呼韵母中的单韵母 u。

当 f 声母的字被方言读成 h 声母后，其韵母就由原来的开口呼变成合口呼，标志是原韵母前面添加了一个韵头 u。如普通话的“方法 fāngfǎ”，方言读成“huānghuǎ”。很多方言将普通话的 feng 音节读成 hong 音节，如“风 fēng”读成“hōng”。

（4）采取记少不记多的方法加强记忆。

相比而言，f 声母的字少，h 声母的字多，因此，应把记忆的重点放在记 f 声母的字上，特别是记 f 声母的声旁字。

2. 练习与记忆

（1）hu 音节常用字：

乎 hū：呼轷滹

胡 hú：葫猢湖瑚糊蝴糊鹕醐

斛 hú：槲

户 hù：护沪

忽 hū：唿惚　囫 hú

狐 hú：弧

虎 hǔ：唬琥

非代表字：

壶 hú　核 hú　鹄 hú　浒 hǔ　互 hù　怙 hù

hu 与 fu 对比练习：

弧—扶	壶—福	护—复	呼—孵	胡—佛
户—附	湖—伏	互—父	虎—斧	糊—服
传呼—船夫	湖水—凫水	互利—富丽	弧度—幅度	虎背—斧背
胡想—浮想	洪湖—洪福	互援—复员	救护—舅父	

（2）h 声母常用字：

化 huà：　华 huá　哗 huá　花 huā　铧 huá　桦 huà

滑 huá：　猾

话 huà：　活 huó

坏 huài：　还（hái）怀 huái　环 huán

寰 huán：　圜

奂 huàn：　换唤涣焕痪

浣 huàn：　鲩　脘 wǎn

荒 huāng：慌　谎 huǎng

皇 huáng：凰隍徨惶湟煌蝗

黄 huáng：潢磺簧

晃 huǎng、huàng：幌 huǎng

灰 huī：　诙恢

货 huò

回 huí：茴洄蛔　徊 huái

悔 huǐ：诲 huǐ　晦 huì

会 huì：荟绘烩桧（guì）

彗 huì：慧

惠 huì：蕙

昏 hūn：婚阍

混 hùn、hún：馄 hún

火 huǒ：伙

或 huò：惑

霍 huò：藿

镬 huò：蠖

非代表字：

划 huà	画 huà	淮槐踝 huái	欢獾 huān
洹桓 huán	缓 huǎn	宦患幻豢 huàn	豁 huō、huò
和 huó、huò	获祸霍 huò	麾徽 huī	毁 huǐ
卉汇讳贿秽喙 huì	肓 huāng	恍 huǎng	魂 hún

（四）分清舌面音 j、q、x 与舌根音 g、k、h，不要将 ji、qi、xi 读成尖音

南方方言中将一些声母为 j、q、x 的音节读成 g、k、h 声母，例如：

项 xiàng → hàng　　巷 xiàng → hàng　　鞋 xié → hái　　蟹 xiè → hǎi

街 jiē → gāi　　解 jiě → gǎi　　介 jiè → gài　　戒 jiè → gài

尖音是指 z、c、s 声母与齐齿呼韵母、撮口呼韵母拼成音节。如将小姐 xiǎo jiě 读作 siǎo ziě、积极 jī jí 读作 zī zí，这种读法又叫“女国音”，常见于青年女性。传统的汉语是有尖音的，在戏曲唱腔中依然保留。现代汉语中取消了尖音，我们在发音时要克服尖音色彩。

另外，在一些方言之中，一部分撮口呼韵母字，如“全、泉、选、雪、薛、俊、迅”等字的声母读作 z、c、s，韵母转为合口呼；而“足、宿、俗”等字，普通话读 z、s 声母，方言却读 j、x 声母。

练习与记忆：

j：街道　阶梯　解除　皆知　戒指　界限　介绍　届时　窖酒　戒备　牛角

q：敲打　卡住　地壳　镶嵌　掐住

x：项链　小巷　衔接　咸味　鞋子　机械

（五）读准零声母音节

普通话中的零声母字在一些方言里被读成辅音声母字，如开口呼零声母字“安、昂、爱、袄”等，被读成舌根鼻音 ng[ŋ] 声母。再如合口呼零声母字“五、午、吴、捂、物、乌”等，被读成唇齿浊擦音 v[v] 声母。一部分齐齿呼零声母字“研、义、艺、验、业”等，在一些方言里被读成舌尖中鼻音 n 声母；“眼、咬、哑、鸭”等被读成舌根鼻音 ng[ŋ] 声母。在有的方言中，原本 rong 音节的字被读成零声母音节 yong，如“容、荣、融、茸、戎”等字。

练习与记忆：

1. 在普通话里 rong 音节只有阳平声，凡读阴平、上声、去声的应是零声母音节，例外极少。如：

阴平：yōng　拥庸墉慵镛鳙雍臃壅饔邕

阳平：róng　容溶熔蓉榕荣嵘蝾戎绒狨融茸肜

上声：yǒng　永泳咏甬勇恿涌蛹踊俑

去声：yòng　用佣

例外字：喁 yóng　冗 rǒng

yong 音节的声旁字有：永、用、甬、雍

rong 音节的声旁字有：容、荣、戎

2. 常用零声母音节

（1）开口呼零声母词语（a、o、e 开头）。

ai	āi qiú 哀求	āi jìn 挨近	ái zhèng 癌症	ǎi xiǎo 矮小	ǎi rán 蔼然	ài hù 爱护	ài shì 碍事	ài mèi 暧昧

an	安徽 ānhuī	氨气 ān qì	谙熟 ānshú	鞍马 ānmǎ	按钮 ànniǔ	案件 ànjiàn	暗算 ànsuàn	黯然 ànrán
ang	肮脏 āngzang	盎司 àng sī						
ao	凹陷 āoxiàn	熬煎 áojiān	翱翔 áoxiáng	鏖战 áozhàn	拗口 àokǒu	傲骨 ào gǔ	奥妙 àomiào	澳门 àomén
ou	讴歌 ōu gē	欧洲 ōuzhōu	殴打 ōu dǎ	呕吐 ǒu tù	偶像 ǒuxiàng	藕粉 ǒufěn	怄气 òu qì	沤肥 òu féi
e	阿谀 ē yú	婀娜 ē nuó	讹诈 é zhà	额角 é jiǎo	恶心 ě xin	厄运 è yùn	遏止 è zhǐ	噩梦 è mèng
en	恩情 ēnqíng	摁扣儿 ènkòu er						
er	儿童 értóng	而且 ér qiě	鸸鹋 ér miáo	偶尔 ǒu ěr	耳垂 ěr chuí	饵料 ěr liào	二胡 èr hú	贰臣 èr chén

（2）齐齿呼零声母词语（i开头）。

i	医生 yī shēng	贻误 yí wù	遗忘 yí wàng	疑云 yí yún	艺苑 yì yuàn	抑扬 yì yáng	驿站 yì zhàn	益处 yì chu
ia	压轴 yāzhòu	押韵 yāyùn	鸭绒 yāróng	牙齿 yáchǐ	天涯 tiānyá	哑剧 yǎ jù	雅致 yǎ zhi	亚麻 yàmá
ian	赝品 yànpǐn							
iang	央求 yāngqiú	秧田 yāngtián	扬弃 yáng qì	阳刚 yánggāng	养护 yǎnghù	氧化 yǎnghuà	仰慕 yǎngmù	怏然 yàngrán
iao	吆喝 yāohe	妖艳 yāoyàn	邀请 yāoqǐng	尧舜 yáoshùn	遥远 yáoyuǎn	杳渺 yǎomiǎo	钥匙 yàoshi	耀眼 yàoyǎn
ie	耶稣 yē sū	椰蓉 yēróng	也是 yě shì	野外 yěwài	业主 yèzhǔ	夜晚 yèwǎn	液体 yè tǐ	谒见 yèjiàn
in	因循 yīnxún	姻缘 yīnyuán	阴暗 yīn àn	音乐 yīnyuè	淫威 yínwēi	引用 yǐnyòng	归隐 guīyǐn	印证 yìnzhèng
in	应该 yīnggāi	英雄 yīngxióng	盈利 yíng lì	欢迎 huānyíng	影迷 yǐngmí	聪颖 cōngyǐng	应运 yìngyùn	映衬 yìngchèn
iou	幽雅 yōuyǎ	优胜 yōushèng	犹豫 yóuyù	石油 shíyóu	旅游 lǚ yóu	友谊 yǒu yì	诱惑 yòuhuò	幼稚 yòuzhì

（3）合口呼零声母词语（u开头）。

u	乌龟 wūguī	诬陷 wūxiàn	无谓 wúwèi	吴语 wú yǔ	侮辱 wǔ rǔ	舞蹈 wǔdǎo	物理 wù lǐ	雾霭 wù ǎi
ua	挖掘 wājué	低洼 dī wā	蛙泳 wāyǒng	娃娃 wáwa	瓦解 wǎ jiě	佤族 wǎ zú	袜套 wàtào	
uai	歪曲 wāiqū	外观 wàiguān						
uan	弯道 wāndào	豌豆 wāndòu	纨绔 wánkù	玩耍 wánshuǎ	晚年 wǎnnián	婉约 wǎnyuē	万籁 wàn lài	腕力 wàn lì
uang	汪洋 wāngyáng	王牌 wángpái	枉法 wǎng fǎ	网络 wǎngluò	惘然 wǎngrán	旺盛 wàngshèng	妄图 wàng tú	望族 wàng zú
uei	微机 wēi jī	威风 wēifēng	巍峨 wēi é	违法 wéi fǎ	围绕 wéirào	维新 wéixīn	猥琐 wěisuǒ	慰问 wèiwèn
uen	温存 wēncún	瘟疫 wēn yì	文化 wénhuà	纹路 wén lù	闻名 wénmíng	紊乱 wěnluàn	稳健 wěnjiàn	问鼎 wèndǐng
ueng	翁仲 wēngzhòng	蓊郁 wěng yù	瓮城 wèngchéng	蕹菜 wèngcài	齆鼻 wèng bí	滃江 wěngjiāng		

（4）n声母与齐齿呼韵母相拼音节声旁字类推表（一、二、三、四声分别用①、②、③、④表示）。

尼 ní	①妮 ②泥伲坭怩铌 ③旎 ④昵	你 n	nin ②您
粘 nián	①拈 ②黏鲇	念 niàn	②鲶 ③捻
娘 niáng	④酿	鸟 niǎo	③茑袅
涅 niè	①捏 ④陧	臬 niè	④镍
聂 niè	④镊嗫颞蹑	孽 niè	④蘖
宁 níng	②宁拧柠狞咛聍 ③拧 ④宁拧泞	扭 niǔ	①妞 ③纽钮狃忸

二、韵母辨正

（一）找出方言与普通话有巨大差异的韵母，消除学说普通话过程中在韵母上的主要障碍

在初学阶段，要找出最能体现方音色彩的韵母，予以摒弃，主要有以下几种情况：

（1）防止把 eng、ueng 读成 ong 韵母，牢记 ong 不能构成零声母音节。

（2）读准并区分 i 和 ü。

（3）防止将 üe 与 iao 韵母读成 üo、io 或其他音。

（4）分清单元音韵母 u、o 和复元音韵母 ou。

（5）防止将 e 读成 ê、o、uo 或其他音。

（6）防止丢失韵头 i、u 和添加韵头 u。

练习与记忆：

bǐ yù	bì xū	pī yǔ	mí yǔ	dǐ yù	dì qū	tǐ yù	lǐ yù	lǐ yú	jǐ xǔ
比喻	必须	批语	谜语	抵御	地区	体育	礼遇	鲤鱼	几许
jì xù	jì lǜ	qí qū	qí yú	xì jù	jù tǐ	jǔ lì	jù lí	jù qí	jū jī
记叙	纪律	崎岖	其余	戏剧	具体	举例	距离	聚齐	狙击
qū tǐ	qǔ dì	xū nǐ	xù yì	lǚ lì	yǔ jì	yù jì	yǔ qí	yù qī	yǔ yǐ
躯体	取缔	虚拟	蓄意	履历	雨季	预计	与其	预期	予以

zuǐ jǐn	zuì jìn	zuìkuí	zuì yì	cuīmián	cuīcán	cuì lǜ	cuì jù	cuìhuǒ	cuìbái
嘴紧	最近	罪魁	醉意	催眠	摧残	翠绿	萃聚	淬火	粹白
cuìliàng	suīrán	suí jìng	suí cháo	suí cóng	gǔ suǐ	guǐ suì	suì yuàn	suìdào	suìrén shì
脆亮	虽然	绥靖	隋朝	随从	骨髓	鬼祟	遂愿	隧道	燧人氏
duī qì	duìzhàng	duì liè	duìxiàn	tuīràng	tuí mǐ	tuǐ jiǎo	tuìsuō	tuìbiàn	tuì sè
堆砌	对仗	队列	兑现	推让	颓靡	腿脚	退缩	蜕变	褪色

lūn quán	lún dù	lún lǐ	lún luò	lùn biàn	hú lún	jīng lún	kūn lún	zūn jìng	zūn xún
抡拳	轮渡	伦理	沦落	论辩	囫囵	腈纶	昆仑	尊敬	遵循
zūn yú	cūn liè	cūnzhuāng	cúnchǔ	cǔnduó	sūn nǚ	sǔnyǎn	sǔnhào	sǔn jī	dūndiǎn
鳟鱼	皴裂	村庄	存储	忖度	孙女	榫眼	损耗	笋鸡	蹲点
dūnwèi	dūnhòu	dūn bù	dùnpái	dùn shì	dùnwù	liángdùn	tūn shì	túnkěn	húntun
吨位	敦厚	墩布	盾牌	遁世	顿悟	粮囤	吞噬	屯垦	馄饨
hǎitún	tún bù	tùn qù	dǎ dǔn er	hùndùn	qīngdùn	lún tāi	lún yǔ	kùnhuò	
海豚	臀部	褪去	打盹儿	混沌	清炖	轮胎	论语	困惑	

duōshao	duǒ bì	duòluò	shí duo	tuō fú	tuóniǎo	tuǒshàn	tuò qì	nuóyòng	nuòyán
多少	躲避	堕落	拾掇	托福	鸵鸟	妥善	唾弃	挪用	诺言

nuò fū 懦夫	niǎonuó 袅娜	luōsuo 啰嗦	luówǎng 罗网	luǒ lù 裸露	luòshí 落实	guó jí 国籍	guǒxié 裹胁	guò yù 过誉	kuòzhāng 扩张
kuòhào 括号	kuòbié 阔别	kuòqīng 廓清	huōkǒu 豁口	huóxuè 活血	huǒ shí 伙食	huòdá 豁达	zhuō liè 拙劣	zhuóxiǎng 着想	zhuójué 卓绝
chuō jì 戳记	chuòyuē 绰约	zhuóshēng 擢升	chuòxué 辍学	shuō fú 说服	shuòfēng 朔风	shuòguǒ 硕果	shǎnshuò 闪烁	zuōfang 作坊	zuótiān 昨天
zuǒzhèng 佐证	zuòcán 柞蚕	cuōshāng 磋商	cuōbǎn 搓板	cuó é 嵯峨	cuòshī 措施	suōshǐ 唆使	suōyǐng 缩影	suǒhuì 索贿	nèiwài 内外
qì něi 气馁	léi zhui 累赘	léi tíng 雷霆	léi shè 镭射	lěi qiú 垒球	lěi jìn 累进	lěi luò 磊落	lèi tái 擂台	lèi hén 泪痕	lèi bié 类别
láo lèi 劳累	kuǐ lěi 傀儡	bǎo lěi 堡垒	lián lei 连累	lěi dú 累牍	jiě mèi 姐妹				

gē bì 戈壁	gē qǔ 歌曲	gē shě 割舍	gè tǐ 个体	gè zì 各自	kēbān 科班	kē lì 颗粒	hē hù 呵护	hé ǎi 和蔼	hé cháng 何尝
hé liú 河流	hé huā 荷花	hé fǔ 阖府	hè xìn 贺信	hè zài 荷载	kěnéng 可能	kě wàng 渴望	kē kè 苛刻	géténg 葛藤	kēpeng 磕碰
gé shi 格式	gé xīn 革新	gélóu 阁楼	gēbo 胳膊	késou 咳嗽	kè bó 刻薄	kè zuò 客座	hè zī 赫兹	hè méi 褐煤	zhédié 折叠
zhé fú 蛰伏	zhé jū 谪居	chèwù 彻悟	chèzhǒu 掣肘	chèxiāo 撤销	zhèxiē 这些	shéhào 折耗	shèxiàng 摄像	zé rèn 责任	xuǎn zé 选择
zé guó 泽国	zè shēng 仄声	cèfēng 册封	cè yì 侧翼	cèdìng 测定	cè yǐn 恻隐	cèhuà 策划	sè máng 色盲	sè zhì 涩滞	sè suō 瑟缩
sè zé 塞责	zhēgài 遮盖	chēzhé 车辙	chě pí 扯皮	shēqiàn 赊欠	shěshēn 舍身	shè jì 社稷			

juéxīn 决心	jué zé 抉择	juéduì 绝对	jué jìn 掘进	jué qǐ 崛起	juéshuò 矍铄	jué qǔ 攫取	juēzuǐ 撅嘴	juéwèi 爵位	juézhà 谲诈
quēhàn 缺憾	shàngquè 上阕	qué zi 瘸子	quèbù 却步	quèyuè 雀跃	quèqiáo 鹊桥	quèshí 确实	shāngquè 商榷	gōngquè 宫阙	xuē zi 靴子
xuēxìng 薛姓	xuéwèi 穴位	xuéxiào 学校	xuétóu 噱头	xuěchǐ 雪耻	xuě yú 鳕鱼	xuè yā 血压	xì xuè 戏谑	nüèdài 虐待	lüèwēi 略微
lüèduó 掠夺	yuēdìng 约定	yuèfèn 月份	yuènán 越南	yuè dú 阅读	yuè ěr 悦耳	yuècài 粤菜			

jiǎoliào 脚镣	yàoxiè 药械	jiǎochǐ 角尺	jiǎo dù 角度	jiǎoluò 角落	jiǎomó 角膜	jiǎopiào 角票	jiǎozhì 角质	bìnjiǎo 鬓角	shìjiǎo 视角
shānjiǎo 山角	sānjiǎo 三角	hàojiǎo 号角	qiángjiǎo 墙角	kǒujiǎo 口角	jī jiǎo 犄角	jiājiǎo 夹角	guǎijiǎo 拐角	shuìjiào 睡觉	jiā qiǎo er 家雀儿
jiáoshé 嚼舌	jiáo zi 嚼子	yàoshi 钥匙	yào zi 疟子						

juézhú 角逐	jué sè 角色	zhǔjué 主角	pèijué 配角	chǒujué 丑角	dànjué 旦角	jǔ jué 咀嚼	juéchá 觉察	juéde 觉得	juéwù 觉悟
juéxǐng 觉醒	máquè 麻雀	kǒngquè 孔雀	yúnquè 云雀	quèbān 雀斑	nüè jí 疟疾	jǔ jué 咀嚼	suǒyuè 锁钥		

（二）读准并分清前、后鼻音韵母

1. 辨正方法

（1）发准前、后鼻音韵母。这是核心、是关键，读准是最重要的。

（2）掌握正确的发音方法，防止发出鼻化韵。

（3）利用声旁字类推区分前、后鼻音韵母字。

（4）利用声韵配合规律。

2. 练习与记忆

（1）-n 韵尾的发音练习。

舌面前部抵住硬腭前部形成阻碍，阻挡气流从口腔通过，让气流从鼻腔通过，发 -n。

（2）-ng 韵尾的发音练习。

舌身后退，舌面后部抬起，贴近软腭，软腭下降，打开鼻腔通道，紧接着舌根与软腭接触，封闭鼻腔通道，让气流从鼻腔透出，形成鼻音 -ng。

（3）韵母和词语练习。

an-ang	ān fàng 安放	cánsāng 蚕桑	dāndāng 担当	jìn háng 近航	fǎnkàng 反抗	fánmáng 繁忙	gān zàng 肝脏
	hānchàng 酣畅	nánfāng 南方	tánchàng 弹唱	zànshǎng 赞赏	zhān fáng 毡房		
ang-an	bàngwǎn 傍晚	chàngtán 畅谈	chángshān 长衫	dāngrán 当然	fāng àn 方案	fángchǎn 房产	gāngbǎn 钢板
	hángbān 航班	shāngcán 伤残	shāngfàn 商贩	zàng lán 藏蓝	zhàng dān 账单		
en-eng	běnnéng 本能	bēnténg 奔腾	fēnzhēng 纷争	gēnfēng 跟风	rén shēng 人生	shénshèng 神圣	shēn céng 深层
	zhēn zhèng 真正						
eng-en	chéngběn 成本	chéngzhèn 城镇	chéngkěn 诚恳	chéngrèn 承认	dēngmén 登门	féngrèn 缝纫	lěngmén 冷门
	néngrén 能人	hénggèn 横亘	shěngfèn 省份	shèngrèn 胜任			
in-ing	jìn xíng 进行	jìn qíng 尽情	mínjǐng 民警	mínqíng 民情	pìn qǐng 聘请	pǐnmíng 品茗	xīn líng 心灵
	xīn xīng 新兴	xīn xíng 新型	yīn yǐng 阴影	yín xìng 银杏	yǐn qíng 引擎		
ing-in	dìng yīn 定音	jīng xīn 精心	língmǐn 灵敏	lǐng jīn 领巾	píngmín 平民	píng xìn 平信	qīng xīn 倾心

（4）前鼻音与后鼻音韵母声旁字类推表。

①：an、ian、uan、üan 与 ang、iang、uang 韵母声旁字类推表。

an 韵母字（一、二、三、四声分别用①、②、③、④表示）

安 ān　①氨鞍桉③铵④胺桉案

半 bàn　④拌伴绊　pan ④判叛畔泮袢

班 bān　①斑瘢

盘 pán　②盘

番 fān　①燔翻藩蕃（～茄）幡②蕃（～息）燔蹯

凡 fán　①帆②钒矾④梵

反 fǎn　③返④饭贩畈　ban ①扳③阪阪板版钣

满 mǎn　①②瞒③螨

曼 màn　②馒谩（欺骗）鳗④慢漫蔓谩（～骂）墁幔缦熳镘

赞 zàn　③攒（积～）趱④瓒　cuan ②攒（～动）

暂 zàn　④錾

参 cān　③惨 san 毵③糁　例外：shen ①糁

三 sān　①三

散 sǎn（sàn）　③馓④霰

单 dān　①郸殚瘅箪③掸④弹（～药）惮　tan ②蝉婵禅（～杖）④禅（～让）

旦 dàn　①担（～心）③胆疸④但担（重～）　tan ③袒钽

炭 tàn　④碳

难 nán　tan ①滩摊瘫

南 nán　②喃楠③腩蝻

兰 lán　②栏拦④烂

蓝 lán　②篮褴④滥

阑 lán　②澜谰斓镧

览 lǎn　③缆揽榄

占 zhān（zhàn）　①沾毡粘（～贴）④战站　shan ①苫（草～子）④苫（～布）
dian ④阽坫玷　nian ①拈②粘（同"黏"）黏鲇

詹 zhān　①瞻谵　shan ④赡　yan ②檐

展 zhǎn　③辗搌

斩 zhǎn　③崭　can ②惭　zan ④暂錾

产 chǎn　③铲

山 shān　①舢④汕讪疝　xian ①仙氙籼　can ④灿

杉 shān　①衫钐（金属元素）④钐（～刀）

珊 shān　①删姗跚

善 shàn　④膳缮鄯蟮鳝

扇 shàn　①煽④骟

然 rán　②燃

冉 rǎn　②蚺髯③苒

干 gān（gàn）　①肝竿杆（旗～）矸③赶杆（～秤）秆④旰　kan ①刊

甘 gān　①柑坩苷泔疳④绀　qian ②钳④嵌

勘 kān　①堪戡

坎 kǎn　③砍莰

ian 韵母字

烟 yān　①咽（～喉）胭④咽（下～）

焉 yān　①鄢嫣　nian ①蔫

炎 yán　③琰④焱　dan ④淡　tan ②谈

延 yán　②蜒筵
严 yán　③俨④酽
彦 yán　②颜④谚
奄 yǎn　①淹腌阉崦③掩罨　an ①庵鹌③俺埯
宴 yàn　③偃郾鼹④晏堰
扁 biǎn（piān）①编蝙煸鳊③匾碥褊④遍　pian ①偏篇翩犏②蹁③谝④骗
便 biàn　①鞭　pian ②缏
辩 biàn　④辨辫
棉 mián　②绵
免 miǎn　③勉冕娩
面 miàn　③缅腼湎
典 diǎn　③碘
店 diàn　①掂③踮④惦
田 tián　dian ④甸佃钿
念 niàn　③捻④垫
连 lián　②莲涟裢鲢③琏④链
廉 lián　②镰濂臁蠊
练 liàn　④炼　jian ③拣
间 jiān（jiàn）③简锏（杀手～）裥④涧锏（～条）
兼 jiān　①蒹搛缣鹣　qian ①谦④歉　xian ②嫌　zhuan ④赚
戋 jiān　①笺④践贱溅饯　qian ②钱③浅　zhan ③（要～）盏
柬 jiǎn　④谏
建 jiàn　④键健楗犍毽腱踺
见 jiàn　③枧笕④舰　xian ③蚬④现苋岘　guan ①观（参～）④观（道～）
千 qiān　①迁仟扦钎阡芊④纤（～夫）　xian ①纤（～维）
佥 qiān　①签　jian ③检俭硷捡睑④剑　lian ③脸敛裣蔹④潋殓　xian ③险
前 qián　jian ①煎湔③剪翦谫④箭
先 xiān　①酰③冼筅跣④宪
闲 xián　②娴鹇痫
咸 xián　jian ①缄③减碱　han ③喊

uan 韵母字

完 wán　②玩烷③皖莞（～尔）　guan ③莞（东～地名）　huan ④浣鲩
纂 zuǎn　④攥　cuan ④篡
窜 cuàn　①蹿撺镩
段 duàn　④锻缎椴煅
端 duān　tuan ①湍　zhuan ①颛　chuan ②遄③喘

峦 luán　②滦孪娈脔娈栾鸾銮　bian ④变
专 zhuān　①砖③转（～变）啭④转（～台）传（～记）　chuan ②传（～达）
tuan ②抟
川 chuān　①氚④钏
官 guān　①棺倌③管馆
贯 guan　④惯
灌 guàn　④罐鹳　huan ①（～子）獾　quan ②（～骨）颧
宽 kuān　①髋
寰 huán　②缳鬟圜④擐
奂 huàn　④换焕唤涣痪

üan 韵母字

爰 yuán　②援媛瑗　huan ②锾③缓
元 yuán　②园芫沅鼋③远④院垸　ruan ③阮朊
员 yuán　②圆　yun ②郧③陨殒　xun ①勋埙
原 yuán　②源原螈④愿
袁 yuán　②猿辕
苑 yuàn　①鸳眢④怨
娟 juān　①捐鹃涓④狷绢
卷 juǎn（juàn）③锩④倦圈（～养）　quan ①圈（圆～）②拳蜷 鬈⑧绻④券
全 quán　②醛痊诠荃辁铨筌
宣 xuān　①喧暄萱煊揎④渲楦碹
玄 xuán　②痃④眩泫炫铉　xian ②弦

ang 韵母字

邦 bāng　①帮梆③绑
旁 páng　①膀（～肿）②膀（～胱）滂螃磅（～礴）③耪　bang ③榜膀（翅～）
④傍磅（～秤）谤膀（吊～子）镑
方 fāng　①芳坊邡（牌～）枋钫②房妨肪坊（作～）鲂③访纺仿舫④放
莽 mǎng　③漭蟒
臧 zāng　zang ④藏　cang ②藏
仓 cāng　①苍舱沧伧　chuang ①创疮④创怆　qiang ①枪戗抢（～撞）跄
③抢（～夺）④呛戗炝跄
桑 sāng　③嗓搡磉颡
当 dāng（dàng）①裆铛③挡④档
党 dǎng　③谠　tang ③傥
堂 táng　②膛樘镗　cheng ①瞠
唐 táng　②糖塘搪溏瑭螗醣

囊 náng　　①囔②馕③攮馕曩

章 zhāng　　①樟彰漳鄣獐嫜璋蟑④障幛嶂瘴

丈 zhàng　　④仗杖

昌 chāng　　①猖菖娼鲳阊④唱倡

长 cháng　　①伥②苌④怅　zhang ①张③涨④涨账帐

商 shāng　　①墒熵

尚 shàng　　③赏④绱⑤裳　tang ②棠③淌躺倘④趟　zhang ③掌

chang ②常裳徜③敞惝氅

冈 gāng　　①刚钢纲③岗

缸 gāng　　①肛④杠　kang ②扛

康 kāng　　①糠慷

亢 kàng　　④抗炕伉闶钪　hang ②航杭沆颃　keng ①坑吭

iang 韵母字

央 yāng　　①秧殃鸯泱鞅④鞅怏

羊 yáng　　②洋佯徉烊（熔化）蛘③养氧痒④样烊（打～）恙漾

扬 yáng　　②杨炀疡　chang ②肠场（打～）③场（市～）④畅　shang ①殇觞

tang ①汤④烫

良 liáng　　②粮踉　niang ②娘④酿　lang ②狼琅廊榔阆锒稂螂③朗④莨浪蒗

凉 liáng　　②椋④晾谅

将 jiāng（jiàng）　①浆（豆～）③蒋奖桨④浆（～糊）酱　qiang ①锵

疆 jiāng　　①僵缰礓

墙 qiáng　　②蔷嫱樯

强 qiáng（qiǎng）①镪③镪襁

襄 xiāng　　①镶骧　rang ①嚷（大声～）②瓤禳穰③嚷（吵～）壤攘

向 xiàng　　③响饷　shang ③晌垧

uang 韵母字

亡 wáng　　④忘妄　mang ②忙芒盲茫邙硭氓　meng ②氓虻

庄 zhuāng　　①桩

壮 zhuàng　　①装妆④状

撞 zhuàng　　④僮幢　chuang ②幢

霜 shuāng　　①孀

光 guāng　　①咣胱桄④桄

广 guǎng　　③犷　kuang ④矿旷邝圹纩

匡 kuāng　　①诓筐④框眶

荒 huāng　　①慌③谎

黄 huáng　　②簧磺潢璜癀蟥　heng ②横（～竖）④横（蛮～）

皇 huáng　②蝗煌惶凰隍徨湟遑篁鳇

晃 huǎng（huàng）③幌

② en、eng 和 in、ing 声旁字类推表。

en 韵母字

恩 ēn　①蒽④摁

贲 bēn　pen ①喷　fen ④愤偾鲼

本 běn　①奔（～跑）锛③苯④笨奔（投～）

分 fēn　①纷芬吩酚氛②棼鼢汾③粉④份忿　bin ①玢　pin ②贫

门 mén　①闷（～热）②扪钔④闷（沉～）焖⑤们

真 zhēn　③缜④镇　chen ①嗔　shen ④慎

珍 zhēn　③诊疹　chen ④趁

贞 zhēn　①侦祯桢浈帧

辰 chén　②晨宸　zhen ④振震　shen ①娠④蜃

申 shēn　①伸砷绅呻②神③审婶④胂　chen ①抻

深 shēn　chen ①琛

甚 shèn　④椹（同“葚”）葚（桑～儿）　chen ②谌　zhen ①椹（同“砧”）

人 rén　④认

壬 rén　②任（姓～）③荏④任（～务）妊饪衽

刃 rèn　③忍④韧纫仞

艮 gěn（gèn）　①根跟②哏④茛　ken ③垦恳④裉　hen ②痕③很狠④恨
yin ②银垠龈

亘 gèn　huan ②桓　yuan ②垣　例外：heng ②恒

肯 kěn　③啃

eng 韵母字

朋 péng　②棚硼鹏堋　beng ①崩绷（～带）嘣③绷（～脸）④蹦绷（～亮）

彭 péng　①嘭②膨澎蟛

蒙 mēng（méng，měng）　②檬朦礞艨③蠓

瞢 méng　②甍③懵

孟 mèng　③猛锰蜢艋

风 fēng　①疯枫砜③讽④凤

蜂 fēng　①峰锋烽②逢缝（～制）④缝（～隙）　peng ②蓬篷

曾 zēng　①增憎罾④赠缯甑　ceng ①噌④蹭　seng ①僧

登 dēng　①噔蹬镫（器皿）簦④瞪凳嶝磴镫（马～）澄（～沙）
cheng ②澄（～澈）

眷 téng　②腾滕藤

楞 lèng　②塄④愣

争 zhēng　①挣（～扎）睁狰峥铮筝④挣（～脱）诤铮

正 zhēng（zhèng）①征怔（忡）钲症（～结）③整④政证症（～状）怔（发呆）

cheng ②惩

丞 chéng　zheng ①蒸③拯

成 chéng　②城诚铖晟　sheng ④晟

呈 chéng　②程埕酲③逞　ying（～）郢

乘 chéng　sheng ④剩嵊

生 sheng　①牲甥笙④胜　xing ④性姓

扔 rēng　②仍

更 gēng（gèng）①更（～改）③梗埂哽绠鲠④更（～加）

jing ①粳　ying ④硬

庚 gēng　①赓

亨 hēng　①哼　peng ①烹

衡 héng　②蘅

in 韵母字

因 yīn　①茵姻洇铟

音 yīn　①喑④窨　xin ①歆　an ④暗谙揞黯

宾 bīn　①滨缤傧镔槟④摈殡膑髌鬓　pīn ②嫔　例外：bing ①槟

频 pín　②颦

民 mín　②岷苠珉缗③抿泯

林 lín　②淋（～浴）霖啉琳④淋（～盐）

磷 lín　②麟鳞嶙遴辚膦瞵粼

斤 jīn　④近靳　qin ②芹　xin ①欣昕忻　例外：ting ①听

今 jīn　①衿④妗　qin ①衾②琴芩　yin ②吟

堇 jǐn　③谨馑廑瑾槿觐　qin ②勤

禁 jīn（jìn）　①襟④噤

尽 jǐn（jìn）　④烬荩赆

禽 qín　②擒噙檎

秦 qín　②嗪溱蓁

辛 xīn　①锌　qin ①亲（～戚）　xin ①新薪　例外：qing ④亲（～家）

心 xīn　①芯

ing 韵母字

婴 yīng　①樱缨撄嘤璎鹦罂③瘿

英 yīng　①瑛

膺 yīng　①膺

营 yíng　①莺②萤荧莹滢茔萦潆蓥（～经，四川地名）

	xing ②荥（～阳，河南地名）
盈 yíng	②楹
嬴 yíng	②嬴瀛
并 bìng	①屏（～营）③屏（～气）饼摒　ping ②瓶屏（～风）
	beng ④迸　例外：pian ②骈胼　pin ①拼姘
丙 bǐng	③炳柄邴④病
禀 bǐng	例外：lin ③凛廪懔檩
平 píng	②评苹萍坪枰鲆　peng ①抨砰怦
名 míng	②铭茗③酩
冥 míng	②螟溟暝瞑
丁 dīng	①钉（铁～）盯叮仃玎町耵酊③顶④钉（～纽扣）　ting ①厅汀
定 dìng	④锭啶腚碇
亭 tíng	②停葶婷
廷 tíng	②庭蜓霆莛③挺艇梃铤④梃
宁 níng（nìng）	②拧（～毛巾）柠狞咛聍③拧（～螺丝）④泞拧（脾气真～）
灵 líng	②棂
凌 líng	②陵菱绫鲮　leng ②棱
令 lìng	②零铃龄玲伶羚苓泠囹⑨领岭④呤　leng ③冷
	例外：lin ①拎②邻　lian ②怜
经 jīng	①茎③颈（～椎）④径痉泾径弪胫劲（～旅）
	geng ③颈（脖～儿）　qing ①轻氢　xing ②陉　ting ①烃
	例外：jin ④劲（干～）
京 jīng	①惊鲸　qing ②黥
井 jǐng	③阱肼
景 jǐng	③憬　ying ③影
竟 jìng	境镜獍
敬 jìng	③警儆　qing ②擎檠
青 qīng	①清蜻鲭②情晴氰③请鲭④箐　jing ①精睛菁腈④静净靖婧
顷 qǐng	①倾　ying ③颖颍
星 xīng	①腥惺猩③醒
行 xíng	④荇　heng ②桁珩　hang ②绗
刑 xíng	②型硎形邢　jing ①荆
幸 xìng	④悻

（三）读准复元音韵母

（1）掌握普通话韵母的结构特点，牢记并读准普通话中的 13 个复元音韵母。

（2）注意复元音韵母的动程。

三、声调辨正

在一些方言中，声调较为复杂，存在一个特殊的声调：入声。西南官话中以下四类字的声调是一致的：①刮割桌八；②桥夺别十；③法甲铁笔；④纳恰色立。

但是在普通话中，他们却分属阴平、阳平、上声、去声四种声调。这就是所谓入声字，入声字来源于古汉语入声（见表 2.1）。

表 2.1 常用古入声字普通话声调归类简表

普通话声调	常用中古入声字
阴平 55	只（一～）织汁吃失湿逼劈霹滴剔踢激缉（通～）击积唧七戚漆缉（～鞋口）吸膝锡悉昔惜夕息熄析晰蜥一壹揖扑督秃突凸窟哭忽出叔屋鞠掬曲（弯～）屈八抹（～布）发（出～）答（～应）搭踏（～实）塌拉垃扎（～针）插杀刹（～车）扎（包～）咂擦撒（～手）夹（～子）掐瞎押鸭压刮刷挖拨剥泊（湖～）泼摸咄掇托脱捋郭豁～口桌捉拙戳说作～坊撮搁胳疙割鸽磕瞌喝蛰～人憋鳖瞥撇（～开）跌贴帖（妥～）捏揭接疖结（～果子）切（～开）歇蝎楔噎撅缺薛削剥（～约）日拍摘拆塞（瓶～儿）勒（～紧）黑（剥～皮儿）雀（～子）削（～弱）粥
阳平 35	值直职执植殖侄石十实识食拾蚀鼻荸笛敌狄翟荻的（～确）及辑集级急即吉籍棘藉亟疾习袭席媳檄仆弗佛（仿～）拂服伏福幅辐蝠匐读毒独渎犊牍斛囫逐竹烛竺术（白～）熟（成～）赎孰庶塾足族卒俗局菊桔拔跋罚乏筏阀扎（挣～）炸（油～）闸轧（～钢）察砸杂夹颊荚辖侠匣狎滑猾伯勃博薄（～弱）泊柏（～林）脖驳亳搏渤钵帛箔膜佛（～祖）度（猜～）夺铎国帼着（～装）灼浊啄琢卓镯擢濯琢（～磨）昨得德隔格革阁骼咳壳合核涸劾阂盒壑菏颌蛰折哲辙辄谪舌折（～耗）则责择泽额别蹩迭叠碟蝶谍喋牒结节杰截捷劫洁拮睫竭截桀协胁携挟决诀抉绝觉（～悟）爵嚼（咀～）谲（角～）色厥撅獗掘崛攫珏学穴噱白宅翟没（～有）贼着（～火）勺芍轴（～心）妯熟
上声 214	尺笔劈（～柴）匹癖脊乞乙卜朴蹼骨谷属蜀辱曲（歌～）法砝塔獭眨甲钾胛岬索葛渴褶恶（～心）瘪撇苤（～蓝）铁帖（～子）血（出～了）雪百柏（～树）色（掉～）北角（～落）脚
去声 51	掷质秩帜挚炙室窒式适释饰拭弑日必壁毕碧辟（复～）璧愎辟（开～）密蜜觅秘的（目～）惕逆溺栗利例力立历粒隶厉沥绩瘠鲫迹寂契泣迄隙溢亦译益翼疫抑役屹逸邑轶绎驿不瀑曝目木幕穆牧沐复腹覆绿录陆鹿禄碌赂戮麓漉梏酷祝筑触矗畜（～生）黜绌束术述入缛促簇宿速粟肃塑溯夙恶（可～）物勿绿率律剧畜续旭毓育欲遇狱浴发理（～沓）踏榻拓～碑纳呐衲钠捺腊辣蜡栅煞卅萨恰洽吓轧划（～分）刷袜薄（～荷）迫魄粕珀没末默墨漠脉沫寞莫茉抹（～面子）拓诺落烙洛络珞扩括阔廓或获霍惑豁绰辍龊啜硕烁朔妁铄弱若作祚柞沃斡龌幄握特忒忑讷乐勒～索各客克刻嗑恪赫褐鹤吓恐一蔗浙彻撤澈掣设摄歙涉热仄色塞瑟涩啬恶厄扼轭萼鳄愕鄂腭鹗遏帖（字～）聂蹑嗫镊涅啮孽蘖镍列烈裂劣猎冽切窃怯妾屑亵燮液谒叶业页曳咽（呜～）疟虐谑略掠确雀缺却鹊确阙阕血（鲜～）乐（音～）月越跃岳阅粤悦钥锁～刖脉（～搏）麦肋钥（～匙）药六

由于语音的演变，古入声在普通话和方言中有不同的发展，普通话派入了四声。在普通话中，①组为阴平，②组为阳平，③组为上声，④组为去声。在一些方言中，有的把这四组字读入阳平，有的读为入声。所以，对方言中的阳平字，要尤其注意，这些字在普通话中读为阴平、阳平、上声、去声的可能性都存在。

入声字在普通话中归入哪个声调，是无规律可循的，我们只能逐一地记住。下面我们即分为阴平、阳平、上声、去声四类练习入声字。常用字必须逐一记住。

1. 普通话读入阴平的入声字

第八	捌拾	发展	杀害	组织	叔叔	脱离	桌子	笨拙	说明
房屋	突然	哭泣	忽然	出去	约定	缺点	答应	插手	刹车
活泼	疙瘩	胳膊	鸽子	搁笔	割断	湿润	摘要	拆散	逼迫
擦洗	刷子	拨款	剥削	湖泊	勒紧	打击	积极	激烈	七律
呼吸	分析	压力	接收	扑克	吃亏	失败	拍卖	黑夜	第一

2. 普通话读入阳平的入声字

到达	答案	观察	复杂	大伯	职务	十分	石油	识别	实践
严格	贝壳	合理	执行	直接	急忙	集中	区别	节约	结果
协会	仆人	服从	幸福	独立	局面	坚决	觉悟	科学	选拔
得到	道德	原则	负责	革命	白色	敌人	鼻子	及格	积极
舌头	哲学	盒子	核对	夺取	熟人	充足	民族	国家	生活

3. 普通话读入上声的入声字

方法	尺寸	百般	北方	给以	歌曲	柏油	狭窄	绳索	抹黑
占卜	朴素	家属	嘱托	巴蜀	请帖	马匹	屋脊	乞丐	乙等
甲等	葛优	渴望	恶心	一撇	骨骼	山谷	雪白	宝塔	眨眼
钢笔	铁路	流血	角落	脚步					

4. 普通话读入去声的入声字

洽谈	压迫	末尾	陌生	特殊	教育	侵略	了却	的确	月亮
快乐	音乐	各个	克服	刻苦	作风	掌握	规律	绿灯	继续
深入	迅速	落后	或者	收获	物体	木工	目标	复杂	手术
热烈	一切	事业	叶子	药品	力量	历史	立刻	利益	消灭
教室	日子	吃肉	必须	密切	客人	建设	热情	色彩	质量

《义务教育语文课程常用字表》（见表 2.2）共收常用汉字 3500 个，根据它们在当代各类汉语阅读材料中的出现频率和汉字教学的需要，又分成两个字表。

要求：①注音后朗读，读准并记忆；先掌握字表一，再掌握字表二；②反复练习，做到烂熟于口（会读）、烂熟于手（会写）、烂熟于心（会认、会用），从音、形、义、用几方面全面掌握。

表 2.2 义务教育语文课程常用字表常用字表

字表 一（2500）

A

阿	啊	哎	哀	唉	埃	挨	癌	矮	艾	爱	碍	安	氨	俺
岸	按	案	暗	昂	凹	熬	傲	奥	澳					

B

八	巴	叭	吧	拔	把	坝	爸	罢	霸	白	百	柏	摆	败
拜	班	般	颁	斑	搬	板	版	办	半	伴	扮	瓣	邦	帮
膀	傍	棒	包	胞	宝	饱	保	堡	报	抱	豹	暴	爆	卑
杯	悲	碑	北	贝	备	背	倍	被	辈	奔	本	崩	逼	鼻
比	彼	笔	币	必	毕	闭	辟	碧	蔽	壁	避	臂	边	编
蝙	鞭	扁	便	变	遍	辨	辩	标	表	别	宾	滨	冰	兵
丙	柄	饼	并	病	拨	波	玻	剥	播	脖	伯	驳	泊	勃
博	搏	膊	薄	卜	补	捕	不	布	步	部				

C

擦	猜	才	材	财	裁	采	彩	踩	菜	蔡	参	餐	残	蚕
惨	灿	仓	苍	舱	藏	操	曹	槽	草	册	侧	测	策	层
叉	插	查	茶	察	差	拆	柴	缠	产	阐	颤	昌	长	肠
尝	偿	常	厂	场	畅	倡	唱	抄	超	巢	朝	潮	吵	炒
车	扯	彻	撤	尘	晨	臣	沉	陈	衬	称	趁	撑	成	呈
承	诚	城	乘	惩	程	橙	吃	池	驰	迟	持	匙	尺	齿
斥	赤	翅	充	冲	虫	崇	抽	仇	绸	愁	筹	酬	丑	瞅
臭	出	初	除	厨	础	储	楚	处	触	川	穿	传	船	喘
串	窗	床	闯	创	吹	垂	锤	春	纯	唇	醇	词	瓷	慈
辞	磁	雌	此	次	刺	从	匆	葱	聪	丛	凑	粗	促	催
脆	翠	村	存	寸	措	错								

D

搭	达	答	打	大	呆	代	带	待	袋	逮	戴	丹	单	担
胆	旦	但	诞	弹	淡	蛋	氮	当	挡	党	荡	刀	导	岛
倒	蹈	到	盗	道	稻	得	德	的	灯	登	等	邓	凳	瞪
低	堤	滴	迪	敌	笛	底	抵	地	弟	帝	递	第	颠	典

点 电 店 垫 淀 殿 雕 吊 钓 调 掉 爹 跌 叠 蝶
丁 叮 盯 钉 顶 订 定 丢 东 冬 懂 动 冻 洞 都
抖 陡 豆 斗 督 毒 读 独 堵 赌 杜 肚 度 渡 端
短 段 断 锻 堆 队 对 吨 敦 蹲 盾 顿 多 夺 朵
躲

E

俄 鹅 额 恶 饿 鳄 恩 儿 而 尔 耳 二

F

发 乏 伐 罚 阀 法 帆 番 翻 凡 烦 繁 反 返 犯
泛 饭 范 贩 方 坊 芳 防 妨 房 肪 仿 访 纺 放
飞 非 啡 菲 肥 废 沸 肺 费 分 纷 芬 坟 粉 份
奋 愤 粪 丰 风 枫 封 疯 峰 锋 蜂 冯 逢 缝 凤
奉 佛 否 夫 肤 孵 弗 伏 扶 服 浮 符 幅 福 辐
蝠 抚 府 辅 腐 父 付 妇 负 附 复 赴 副 傅 富
赋 腹 覆

G

该 改 钙 盖 溉 概 干 甘 杆 肝 赶 敢 感 刚 岗
纲 缸 钢 港 高 搞 稿 告 戈 哥 胳 鸽 割 歌 阁
革 格 葛 隔 个 各 给 根 跟 更 耕 工 弓 公 功
攻 供 宫 恭 巩 拱 共 贡 勾 沟 钩 狗 构 购 够
估 咕 姑 孤 菇 古 谷 股 骨 鼓 固 故 顾 瓜 刮
挂 拐 怪 关 观 官 冠 馆 管 贯 惯 灌 罐 光 广
归 龟 规 硅 轨 鬼 柜 贵 桂 滚 棍 郭 锅 国 果
裹 过

H

哈 孩 海 害 含 函 寒 韩 罕 喊 汉 汗 旱 杭 航
毫 豪 好 号 浩 耗 呵 喝 合 何 和 河 核 荷 盒
贺 褐 赫 鹤 黑 嘿 痕 很 狠 恨 哼 恒 横 衡 轰
哄 红 宏 洪 虹 鸿 侯 喉 猴 吼 后 厚 候 乎 呼
忽 狐 胡 壶 湖 葫 糊 蝴 虎 互 户 护 花 华 哗
滑 化 划 画 话 桦 怀 淮 坏 欢 还 环 缓 幻 唤
换 患 荒 慌 皇 黄 煌 晃 灰 恢 挥 辉 徽 回 毁
悔 汇 会 绘 惠 慧 昏 婚 浑 魂 混 活 火 伙 或
货 获 祸 惑 霍

J

击 饥 圾 机 肌 鸡 积 基 迹 绩 激 及 吉 级 即
极 急 疾 集 辑 籍 几 己 挤 脊 计 记 纪 忌 技

际 剂 季 既 济 继 寂 寄 加 夹 佳 家 嘉 甲 贾
钾 价 驾 架 假 嫁 稼 尖 坚 间 肩 艰 兼 监 减
剪 检 简 碱 见 件 建 剑 健 舰 渐 践 鉴 键 箭
江 姜 将 浆 僵 疆 讲 奖 蒋 匠 降 交 郊 娇 浇
骄 胶 焦 礁 角 脚 搅 叫 轿 较 教 阶 皆 接 揭
街 节 劫 杰 洁 结 捷 截 竭 姐 解 介 戒 届 界
借 巾 今 斤 金 津 筋 仅 紧 锦 尽 劲 近 进 晋
浸 禁 京 经 茎 惊 晶 睛 精 鲸 井 颈 景 警 净
径 竞 竟 敬 境 静 镜 纠 究 九 久 酒 旧 救 就
舅 居 局 菊 橘 举 矩 句 巨 拒 具 俱 剧 惧 据
距 聚 卷 倦 决 绝 觉 掘 嚼 军 君 均 菌 俊 峻

K

卡 开 凯 慨 刊 堪 砍 看 康 抗 炕 考 烤 靠 科
棵 颗 壳 咳 可 渴 克 刻 客 课 肯 坑 空 孔 恐
控 口 扣 枯 哭 苦 库 裤 酷 夸 跨 块 快 宽 款
狂 况 矿 亏 葵 愧 溃 昆 困 扩 括 阔

L

垃 拉 啦 喇 腊 蜡 辣 来 莱 赖 兰 拦 栏 蓝 篮
览 懒 烂 滥 郎 狼 廊 朗 浪 捞 劳 牢 老 乐 勒
雷 蕾 泪 类 累 冷 愣 厘 梨 离 莉 犁 璃 黎 礼
李 里 哩 理 鲤 力 历 厉 立 丽 利 励 例 隶 粒
俩 连 帘 怜 莲 联 廉 脸 练 炼 恋 链 良 凉 梁
粮 两 亮 辆 量 辽 疗 聊 僚 了 料 列 劣 烈 猎
裂 邻 林 临 淋 磷 灵 玲 凌 铃 陵 羚 零 龄 领
岭 令 另 溜 刘 流 留 硫 瘤 柳 六 龙 笼 隆 垄
拢 楼 漏 露 卢 芦 炉 鲁 陆 录 鹿 碌 路 驴 旅
铝 履 律 虑 率 绿 氯 滤 卵 乱 掠 略 伦 轮 论
罗 萝 逻 螺 裸 洛 络 骆 落

M

妈 麻 马 玛 码 蚂 骂 吗 嘛 埋 买 迈 麦 卖 脉
蛮 满 曼 慢 漫 忙 芒 盲 茫 猫 毛 矛 茅 茂 冒
贸 帽 貌 么 没 枚 玫 眉 梅 媒 煤 霉 每 美 妹
门 闷 们 萌 盟 猛 蒙 孟 梦 弥 迷 谜 米 泌 秘
密 蜜 眠 绵 棉 免 勉 面 苗 描 秒 妙 庙 灭 民
敏 名 明 鸣 命 摸 模 膜 摩 磨 蘑 魔 抹 末 沫
陌 莫 漠 墨 默 谋 某 母 亩 牡 姆 拇 木 目 牧
墓 幕 慕 穆

N

拿 哪 内 那 纳 娜 钠 乃 奶 奈 耐 男 南 难 囊
恼 脑 闹 呢 嫩 能 尼 泥 你 拟 逆 年 念 娘 酿
鸟 尿 捏 您 宁 凝 牛 扭 纽 农 浓 弄 奴 努 怒
女 暖 挪 诺

O

哦 欧 偶

P

爬 帕 怕 拍 排 牌 派 攀 盘 判 叛 盼 庞 旁 胖
抛 炮 跑 泡 胚 陪 培 赔 佩 配 喷 盆 朋 棚 蓬
鹏 膨 捧 碰 批 披 皮 疲 脾 匹 屁 譬 片 偏 篇
骗 漂 飘 瓢 票 拼 贫 频 品 平 评 凭 苹 屏 瓶
萍 坡 泼 颇 婆 迫 破 剖 扑 铺 葡 蒲 朴 浦 普
谱

Q

七 妻 栖 戚 期 欺 漆 齐 其 奇 歧 骑 棋 旗 企
岂 启 起 气 弃 汽 契 砌 器 恰 千 迁 牵 铅 谦
签 前 钱 潜 浅 遣 欠 枪 腔 强 墙 抢 悄 敲 乔
桥 瞧 巧 切 茄 且 窃 亲 侵 秦 琴 禽 勤 青 氢
轻 倾 清 情 晴 顷 请 庆 穷 丘 秋 蚯 求 球 区
曲 驱 屈 躯 趋 取 娶 去 趣 圈 全 权 泉 拳 犬
劝 券 缺 却 雀 确 鹊 裙 群

R

然 燃 染 嚷 壤 让 饶 扰 绕 惹 热 人 仁 忍 认
任 扔 仍 日 绒 荣 容 溶 熔 融 柔 肉 如 儒 乳
辱 入 软 锐 瑞 润 若 弱

S

撒 洒 萨 塞 赛 三 伞 散 桑 嗓 丧 扫 嫂 色 森
僧 杀 沙 纱 刹 砂 傻 啥 晒 山 杉 衫 珊 闪 陕
扇 善 伤 商 赏 上 尚 梢 烧 稍 少 绍 哨 舌 蛇
舍 设 社 射 涉 摄 申 伸 身 深 神 审 婶 肾 甚
渗 慎 升 生 声 牲 胜 绳 省 圣 盛 剩 尸 失 师
诗 施 狮 湿 十 什 石 时 识 实 拾 蚀 食 史 使
始 驶 士 氏 世 市 示 式 事 侍 势 视 试 饰 室
是 适 逝 释 收 手 守 首 寿 受 兽 售 授 瘦 书
抒 叔 枢 殊 疏 舒 输 蔬 熟 暑 署 鼠 薯 术 束
述 树 竖 数 刷 耍 衰 摔 甩 帅 双 霜 爽 谁 水

税 睡 顺 瞬 说 丝 司 私 思 斯 撕 死 四 寺 似
饲 松 耸 宋 送 颂 搜 艘 苏 俗 诉 肃 素 速 宿
塑 酸 蒜 算 虽 随 髓 岁 遂 碎 穗 孙 损 笋 缩
所 索 锁

T

他 她 它 塌 塔 踏 胎 台 抬 太 态 泰 贪 摊 滩
坛 谈 潭 坦 叹 炭 探 碳 汤 唐 堂 塘 糖 躺 趟
涛 掏 逃 桃 陶 淘 萄 讨 套 特 疼 腾 藤 梯 踢
啼 提 题 蹄 体 替 天 添 田 甜 填 挑 条 跳 贴
铁 厅 听 廷 亭 庭 停 蜓 挺 艇 通 同 桐 铜 童
统 桶 筒 痛 偷 头 投 透 突 图 徒 涂 途 屠 土
吐 兔 团 推 腿 退 吞 托 拖 脱 驼 妥 拓 唾

W

哇 娃 挖 蛙 瓦 歪 外 弯 湾 丸 完 玩 顽 挽 晚
碗 万 汪 亡 王 网 往 忘 旺 望 危 威 微 为 围
违 唯 惟 维 伟 伪 尾 纬 委 萎 卫 未 位 味 胃
谓 喂 慰 魏 温 文 纹 闻 蚊 吻 稳 问 翁 窝 我
沃 卧 握 乌 污 屋 无 吴 吾 五 午 伍 武 舞 务
物 误 悟 雾

X

夕 西 吸 希 析 息 牺 悉 惜 晰 稀 溪 锡 熙 嘻
膝 习 席 袭 媳 洗 喜 戏 系 细 隙 虾 瞎 峡 狭
辖 霞 下 吓 夏 厦 仙 先 纤 掀 鲜 闲 弦 贤 咸
衔 嫌 显 险 县 现 线 限 宪 陷 献 腺 乡 相 香
厢 湘 箱 详 祥 翔 享 响 想 向 巷 项 象 像 橡
削 消 萧 硝 销 小 晓 孝 效 校 笑 些 歇 协 胁
斜 谐 携 鞋 写 泄 泻 卸 屑 械 谢 蟹 心 辛 欣
新 信 兴 星 猩 刑 行 型 醒 杏 姓 幸 性 凶 兄
匈 胸 雄 熊 休 修 羞 朽 秀 绣 袖 须 虚 需 徐
许 序 叙 畜 绪 续 嗅 蓄 宣 玄 悬 旋 选 穴 学
雪 血 寻 巡 询 循 训 讯 迅

Y

压 呀 鸦 鸭 牙 芽 崖 哑 雅 亚 咽 烟 淹 延 严
言 岩 沿 炎 研 盐 颜 衍 掩 眼 演 厌 宴 艳 验
焰 雁 燕 央 扬 羊 阳 杨 洋 仰 养 氧 痒 样 腰
邀 摇 遥 咬 药 要 耀 爷 也 冶 野 业 叶 页 夜
液 一 伊 衣 医 依 仪 夷 宜 姨 移 遗 疑 乙 已

以 矣 蚁 椅 义 亿 忆 艺 议 亦 异 役 抑 译 易
疫 益 谊 逸 意 溢 毅 翼 因 阴 音 吟 银 引 饮
蚓 隐 印 应 英 婴 鹰 迎 盈 营 蝇 赢 影 映 硬
哟 拥 永 泳 勇 涌 用 优 忧 幽 悠 尤 由 犹 邮
油 游 友 有 又 右 幼 诱 于 予 余 鱼 娱 渔 愉
愚 与 宇 羽 雨 语 玉 吁 育 郁 狱 浴 预 域 欲
喻 寓 御 裕 遇 愈 誉 豫 元 员 园 原 圆 袁 援
缘 源 远 怨 院 愿 曰 约 月 岳 钥 悦 阅 跃 越
云 匀 允 孕 运 晕 韵 蕴

Z

杂 砸 灾 栽 宰 载 再 在 咱 暂 赞 脏 葬 遭 糟
早 枣 藻 灶 皂 造 噪 燥 躁 则 择 泽 责 贼 怎
曾 增 赠 渣 扎 眨 炸 摘 宅 窄 债 沾 粘 展 占
战 站 张 章 涨 掌 丈 仗 帐 胀 账 障 招 找 召
兆 赵 照 罩 遮 折 哲 者 这 浙 针 侦 珍 真 诊
枕 阵 振 镇 震 争 征 挣 睁 蒸 整 正 证 郑 政
症 之 支 汁 芝 枝 知 织 肢 脂 蜘 执 直 值 职
植 殖 止 只 旨 址 纸 指 趾 至 志 制 治 质 致
智 置 中 忠 终 钟 肿 种 仲 众 重 州 舟 周 洲
轴 宙 皱 骤 朱 株 珠 诸 猪 蛛 竹 烛 逐 主 属
煮 嘱 住 助 注 贮 驻 柱 祝 著 筑 抓 爪 专 砖
转 赚 庄 桩 装 壮 状 撞 追 准 捉 桌 着 仔 兹
姿 资 滋 籽 子 紫 字 自 宗 综 棕 踪 总 纵 走
奏 租 足 族 阻 组 祖 钻 嘴 最 罪 醉 尊 遵 昨
左 作 坐 座 做

字表 二（1000）

A

蔼 隘 庵 鞍 黯 肮 拗 袄 懊

B

扒 芭 疤 捌 跋 靶 掰 扳 拌 绊 梆 绑 榜 蚌 谤
磅 镑 苞 褒 雹 鲍 狈 悖 奔 笨 绷 泵 蹦 匕 鄙
庇 毙 痹 弊 璧 贬 匾 辫 彪 憋 鳖 瘪 彬 斌 缤
濒 鬓 秉 禀 菠 舶 渤 跛 簸 哺 怖 埠 簿

C

睬 惭 沧 糙 厕 蹭 茬 岔 豺 掺 搀 禅 馋 蝉 铲
猖 敞 钞 嘲 澈 忱 辰 铛 澄 逞 秤 痴 弛 侈 耻
宠 畴 稠 锄 雏 橱 矗 揣 囱 疮 炊 捶 椿 淳 蠢

戳 绰 祠 赐 醋 簇 窜 篡 崔 摧 悴 粹 搓 撮 挫

D

瘩 歹 怠 贷 耽 档 叨 捣 祷 悼 蹬 嘀 涤 缔 蒂

掂 滇 巅 碘 佃 甸 玷 惦 奠 刁 叼 迭 谍 碟 鼎

董 栋 兜 蚪 逗 痘 睹 妒 镀 缎 兑 墩 盹 囤 钝

咄 哆 踱 垛 堕 舵 惰 跺

E

讹 娥 峨 蛾 扼 鄂 愕 遏 噩 饵 贰

F

筏 矾 妃 匪 诽 吠 吩 氛 焚 忿 讽 敷 芙 拂 俘

袱 甫 斧 俯 脯 咐 缚

G

尬 丐 柑 竿 尴 秆 橄 赣 冈 肛 杠 羔 膏 糕 镐

疙 搁 蛤 庚 羹 埂 耿 梗 蚣 躬 汞 苟 垢 沽 辜

雇 寡 卦 褂 乖 棺 逛 闺 瑰 诡 癸 跪

H

亥 骇 酣 憨 涵 悍 捍 焊 憾 撼 翰 夯 嚎 皓 禾

烘 弘 弧 唬 沪 猾 徊 槐 宦 涣 焕 凰 惶 蝗 簧

恍 谎 幌 卉 讳 诲 贿 晦 秽 荤 豁

J

讥 叽 唧 缉 畸 箕 稽 棘 嫉 妓 祭 鲫 冀 颊 奸

歼 煎 拣 俭 柬 茧 捡 荐 贱 涧 溅 槛 缰 桨 酱

椒 跤 蕉 侥 狡 绞 饺 矫 剿 缴 窖 酵 秸 睫 芥

诫 藉 襟 谨 荆 兢 靖 窘 揪 灸 玖 韭 臼 疚 拘

驹 鞠 桔 沮 炬 锯 娟 捐 鹃 绢 眷 诀 倔 崛 爵

钧 骏 竣

K

咖 揩 楷 勘 坎 慷 糠 扛 亢 拷 铐 坷 苛 磕 蝌

垦 恳 啃 吭 抠 叩 寇 窟 垮 挎 筷 筐 旷 框 眶

盔 窥 魁 馈 坤 捆 廓

L

睐 婪 澜 揽 缆 榄 琅 榔 唠 姥 涝 烙 酪 垒 磊

肋 擂 棱 狸 漓 篱 吏 沥 俐 荔 栗 砾 痢 雳 镰

敛 粱 谅 晾 寥 嘹 撩 缭 瞭 咧 琳 鳞 凛 吝 赁

躏 拎 伶 聆 菱 浏 琉 馏 榴 咙 胧 聋 窿 娄 搂

篓 陋 庐 颅 卤 虏 赂 禄 吕 侣 屡 缕 峦 抡 仑

沦 啰 锣 箩 骡

M

蟆 馒 瞒 蔓 莽 锚 卯 昧 媚 魅 氓 朦 檬 锰 咪
靡 眯 觅 缅 瞄 渺 藐 蔑 皿 闽 悯 冥 铭 谬 馍
摹 茉 寞 沐 募 睦 暮

N

捺 挠 瑙 呐 馁 妮 匿 溺 腻 捻 撵 碾 聂 孽 拧
狞 柠 泞 钮 脓 疟 虐 懦 糯 殴 鸥 呕 藕

P

趴 啪 耙 徘 湃 潘 畔 乓 螃 刨 袍 沛 砰 烹 彭
澎 篷 坯 劈 霹 啤 僻 翩 撇 聘 乒 坪 魄 仆 菩
圃 瀑 曝

Q

柒 凄 祈 脐 崎 鳍 乞 迄 泣 掐 洽 钳 乾 黔 谴
嵌 歉 呛 跷 锹 侨 憔 俏 峭 窍 翘 撬 怯 钦 芹
擒 寝 沁 卿 蜻 擎 琼 囚 岖 渠 痊 瘸

R

冉 瓤 壬 刃 纫 韧 戎 茸 蓉 榕 冗 揉 蹂 蠕 汝
褥 蕊 闰

S

腮 叁 搔 骚 臊 涩 瑟 鲨 煞 霎 筛 删 煽 擅 赡
裳 晌 捎 勺 奢 赦 呻 绅 沈 笙 甥 矢 屎 恃 拭
柿 嗜 誓 梳 淑 赎 蜀 曙 恕 庶 墅 漱 蟀 拴 栓
涮 吮 烁 硕 嗽 嘶 巳 伺 祀 肆 讼 诵 酥 粟 溯
隋 祟 隧 唆 梭 嗦 琐

T

蹋 苔 汰 瘫 痰 谭 檀 毯 棠 膛 倘 淌 烫 滔 誊
剔 屉 剃 涕 惕 恬 舔 迢 帖 彤 瞳 捅 凸 秃 颓
蜕 褪 屯 豚 臀 驮 鸵 椭

W

洼 袜 豌 宛 婉 惋 皖 腕 枉 妄 偎 薇 巍 帷 苇
畏 尉 猬 蔚 瘟 紊 嗡 涡 蜗 呜 巫 诬 芜 梧 蜈
侮 捂 鹉 勿 戊

X

昔 犀 熄 蟋 徙 匣 侠 暇 馅 羡 镶 宵 潇 箫 霄
嚣 淆 肖 哮 啸 蝎 邪 挟 懈 芯 锌 薪 馨 衅 腥
汹 锈 戌 墟 旭 恤 酗 婿 絮 轩 喧 癣 炫 绚 渲
靴 薛 勋 熏 旬 驯 汛 逊 殉

Y

丫	押	涯	衙	讶	焉	阎	蜒	檐	砚	唁	谚	堰	殃	秧
鸯	漾	夭	吆	妖	尧	肴	姚	窑	谣	舀	椰	腋	壹	怡
贻	胰	倚	屹	邑	绎	姻	茵	荫	殷	寅	淫	瘾	莺	樱
鹦	荧	莹	萤	颖	佣	庸	咏	踊	酉	佑	迂	淤	渝	隅
逾	榆	舆	屿	禹	芋	冤	鸳	渊	猿	苑	粤	耘	陨	酝

Z

哉	赃	凿	蚤	澡	憎	咋	喳	轧	闸	乍	诈	栅	榨	斋
寨	毡	瞻	斩	盏	崭	辗	栈	绽	彰	樟	杖	昭	沼	肇
辙	蔗	贞	斟	疹	怔	狰	筝	拯	吱	侄	帜	挚	秩	掷
窒	滞	稚	衷	粥	肘	帚	咒	昼	拄	瞩	蛀	铸	拽	撰
妆	幢	椎	锥	坠	缀	赘	谆	卓	拙	灼	茁	浊	酌	啄
琢	咨	姊	揍	卒	佐									

第五节 普通话语流音变

我们在进行言语活动时，不是孤立地发出一个个音节，而是把音节组成一连串自然的“语流”。在语流中，连着念的音素、音节或声调有时会发生变化，这就是音变。普通话的语流音变包括变调、轻声、儿化、语气词“啊”的变读。

一、变 调

在语流中，有些音节的声调起了一定的变化，与单读时调值不同，这种变化叫变调。变调主要有以下几种：

（一）上声的变调

在单念或在句中、句尾停顿时念本调。变调方式有两种：

1. 上非相连变半上（上声 + 非上声）

上声在阴平、阳平、去声、轻声前变读为“半上”，调值由 2114 变为 21。

（1）上 + 阴。

普通　打开　老师　火车　紧张　许多　主张　展开　始终　有关

（2）上 + 阳。

本来　比如　点名　女人　果然　可能　检查　假如　水泥　草原

（3）上 + 去。

宝贵　美丽　反对　讨论　广大　可爱　讲义　使用　总算　眼泪

（4）上 + 轻。

打听　点心　里边　嘴巴　眼睛　主人　早晨　马虎　姐姐　奶奶

2. 上上相连变阳平（上声 + 上声）

两个上声字相连，前一个上声字变读阳平，调值由 2114 变为 35。

影响　草场　古典　语法　粉笔　广场　舞蹈　领导　美好　表演

另外，在原为上声的轻声字音前，有两种情况：有的变半上，如上述 1（4）；有少数的变阳平，如：

打点　跑跑　把手　小姐　哪里　扫扫　讲讲

如果连念的上声字不止两个，则可以根据词的搭配意义适当分组，按上述规律变调。如：

单双格：	李 组 长	好 领 导
	21 35 2114	21 35 2114
双单格：	虎 骨 酒	领 导 好
	35 35 2114	35 35 2114
四字连用：	岂 有 此 理	酒 馆 老 板
	35 21 35 2114	35 21 35 2114

（二）“一”“不”的变调

（1）“一”“不”单念或用在词句末尾，以及“一”在序数中，声调不变，读本调。如：

一、二、三　万一　统一　第一　表里如一　不　就不

（2）“一”“不”的变调以去声为参照，去声前读阳平，非去声前读去声。

① 在去声前。

一万　一律　一遍　不对　不论　不要

② 在非去声前。

阴平前：一只　一般　不吃　不听

阳平前：一年　一轮　不来　不妨

上声前：一把　一尺　不理　不懂

（三）重叠形容词的变调

重叠形容词有多种形式，其读法各不相同，主要有 AA 式、ABB 式和 AABB 式三种。

1. AA 式

AA 式形容词是指单音形容词的重叠形式，重叠部分如果儿化，不管原来是什么声调，都要变成阴平，如：好好儿的、慢慢儿地、早早儿、远远儿的。重叠部分如果不儿化则不用变调，如：好好先生、大大的眼睛。

2. ABB 式

ABB 式形容词在口语中的使用频率比较高，如：绿油油、慢腾腾、红彤彤等。其后两个音节多数读为阴平，但有一部分不能变调为阴平而只能读原调，如：金灿灿、红艳艳、空洞洞、白皑皑、气昂昂。从《现代汉语词典》（第 5 版）的修订情况可以看出总的趋势是，ABB 式形容词有读原调的趋势。《现代汉语词典》（第 5 版）完全变读的只有“红彤彤、

黄澄澄、文绉绉、骨碌碌、香喷喷、亮铮铮”等 6 条。

3. AABB 式

AABB 式形容词是指双音节形式词的重叠形式，如“干干净净”“整整齐齐”等。这类形容词在口语中可变调也可不变调，现在一般趋向于不变；如果变调，第二个 A 读轻声，BB 读阴平，如“硬硬朗朗”。

重叠形容词的变调训练

1. AA 式

第二个音节读原调	第二个音节儿化并读阴平
bǎobǎo de 饱饱的	bǎobāor de 饱饱儿的
hǎohǎoxiānsheng 好好先生	hǎohāor de 好好儿的
mǎnmǎn de 满满地	mǎnmānr de 满满儿的
mànmàn de 慢慢地	mànmānr de 慢慢儿的
yuǎnyuǎn de 远远的	yuǎnyuānr de 远远儿的

2. ABB 式（BB 不能变调，根据《现代汉语词典》整理）

báimángmáng 白茫茫	chìluǒluǒ 赤裸裸	chìtiáotiáo 赤条条	è hěnhěn 恶狠狠	gū línglíng 孤零零	guāngcàncàn 光灿灿
guāngshǎnshǎn 光闪闪	hēi chénchén 黑沉沉	hēi mángmáng 黑茫茫	hóngyànyàn 红艳艳	huángcàncàn 黄灿灿	huī chénchén 灰沉沉
jīn càncàn 金灿灿	jīn shǎnshǎn 金闪闪	kōngdàngdàng 空荡荡	kōngdòngdòng 空洞洞	lè táotáo 乐陶陶	lèi liánlián 泪涟涟
liàngshǎnshǎn 亮闪闪	mènchénchén 闷沉沉	míngshǎnshǎn 明闪闪	nuǎnróngróng 暖融融	nuǎnyángyáng 暖洋洋	píngzhǎnzhǎn 平展展
qì ángáng 气昂昂	wùchénchén 雾沉沉	xǐ yángyáng 喜洋洋	xiāng fù fù 香馥馥	yuán gǔ gǔ 圆鼓鼓	yuángǔngǔn 圆滚滚
zhí tǐngtǐng 直挺挺					

另：

（1）“空落落”一词所查辞书标注为kōngluòluò，我们以为这是一个方言词，可读为：空落落（kōnglàolào）。

（2）白皑皑、软绵绵两词《现代汉语规范词典》标注为非阴平：白皑皑（bái ái ái）、软绵绵（ruǎn mián mián），各种辞书的标注不统一，学界现在一般趋向于不变调。

二、轻　声

（一）什么是轻声

轻声是普通话的一种特殊音变，是在一定条件下读得又轻又短的调子。它的主要特点是发音时音长变短，音强变弱，但并非“轻”得听不清发音

（二）怎样读轻声

一般情况下，只需掌握轻声词语朗读的总体要求即可：短、轻、模糊。读轻声的那个音节时值要短，音强上要轻，音色上要模糊（靠近央 e，如：杯子、萝卜）。

轻声音节的调值若严格要求有四种形式，分别为阴平 + 轻声（2 度）、阳平 + 轻声（3 度）、上声 + 轻声（4 度）、去声 + 轻声（1 度）。一般只需掌握两种形式：

（1）当前一个音节的声调为阴平、阳平、去声时，轻声音节的调形为短促的低降调，调值为 31，如读“师傅、棉花、爸爸”等。

（2）当前一个音节是上声时，轻声音节的调形为短促的高平调，调值为 44，如读“奶奶、婶婶”等。

（三）哪些音节应该读轻声

（1）名词的后缀“子、儿、头、悠、巴、么”等和表示复数的“们”：

桌子　椅子　儿子　花儿　鱼儿　风儿　枕头　馒头　木头
同学们　我们　咱们　人们　晃悠　忽悠　下巴　嘴巴　什么

（2）助词“的、地、得、着、了、过”和语气词“吧、吗、呢、啊”等：

我们的　飞快地　走得动　盼望着　好了　去过　放心吧　对吗　作业呢
真行啊

（3）叠音词和动词的重叠形式后面的字：

弟弟　娃娃　宝宝　星星　看看　听听　想想　商量商量

（4）用在名词、代词后面表示方位的语素或词：

船上　报纸上　树下　脚底下　家里　这边　那边

（5）用在动词、形容词后面表示趋向的词：

进来　出去　站起来　躺下去　跑回来　溜出去

（6）量词“个”：

这个　那个　一个劲儿

以上六类是有规律可循的，还有一类是无规律可循而普通话中又必须读轻声的词语，如：

窗户　聪明　棉花　柴火　眼睛　耳朵　下巴　亲家

这一类只能通过练读和死记硬背方能掌握。

练习与记忆：

普通话常用必读轻声词语

ài ren 爱人	àn zi 案子	bā zhang 巴掌	bǎ zi 把子	bà ba 爸爸	bái jing 白净	bān zi 班子
bǎn zi 板子	bāngshou 帮手	bāng zi 梆子	bǎng zi 膀子	bàngchui 棒槌	bàng zi 棒子	bāo fu 包袱
bāohan 包涵	bāo zi 包子	bào zi 豹子	bēi zi 杯子	bèi zi 被子	běn shi 本事	běn zi 本子
bí zi 鼻子	bǐ fang 比方	biān zi 鞭子	biǎndan 扁担	biàn zi 辫子	biè niu 别扭	bǐng zi 饼子

bō nong 拨弄	bó zi 脖子	bò ji 簸箕	bǔ ding 补丁	bù yóu de 不由得	bú zài hu 不在乎	bù zi 步子
bù fen 部分	cái feng 裁缝	cái zhu 财主	cāngying 苍蝇	chāi shi 差事	cháihuo 柴火	cháng zi 肠子
chǎng zi 厂子	chǎng zi 场子	chē zi 车子	chēng hu 称呼	chí zi 池子	chǐ zi 尺子	chóng zi 虫子
chóu zi 绸子	chú le 除了	chútou 锄头	chùsheng 畜生	chuāng hu 窗户	chuí zi 锤子	cì wei 刺猬
còu he 凑合	cūn zi 村子	dā la 耷拉	dā ying 答应	dǎ ban 打扮	dǎ dian 打点	dǎ fa 打发
dǎ liang 打量	dǎ suan 打算	dǎ ting 打听	dà fang 大方	dà ye 大爷	dài fu 大夫	dài zi 带子
dài zi 袋子	dān ge 耽搁	dān wu 耽误	dān zi 单子	dǎn zi 胆子	dàn zi 担子	dāo zi 刀子
dào shi 道士	dào zi 稻子	dēnglong 灯笼	dī fang 提防	dí zi 笛子	dǐ zi 底子	dì dào 地道
dì fang 地方	dì di 弟弟	diǎn xin 点心	diào zi 调子	dīng zi 钉子	dōng jia 东家	dōng xi 东西
dòngjing 动静	dòngtan 动弹	dòu fu 豆腐	dòu zi 豆子	dū nang 嘟囔	dù zi 肚子	duàn zi 缎子
duì fu 对付	duì tou 对头	duì wu 队伍	duō me 多么	é zi 蛾子	ér zi 儿子	ěr duo 耳朵
fàn zi 贩子	fáng zi 房子	fèn zi 份子	fēngzheng 风筝	fēng zi 疯子	fú qi 福气	fǔ zi 斧子
gài zi 盖子	gānzhe 甘蔗	gǎn zi 杆子	gàn shi 干事	gàng zi 杠子	gāoliang 高粱	gāo yao 膏药
gǎo zi 稿子	gào su 告诉	gē da 疙瘩	gē ge 哥哥	gē bo 胳膊	gē zi 鸽子	gé zi 格子
gè zi 个子	gēn zi 根子	gēntou 跟头	gōng fu 工夫	gōng zi 弓子	gōnggong 公公	gōng fu 功夫
gōu zi 钩子	gū gu 姑姑	gū niang 姑娘	gǔ zi 谷子	gǔ tou 骨头	gù shi 故事	guǎ fu 寡妇
guà zi 褂子	guài wu 怪物	guān xi 关系	guān si 官司	guàntou 罐头	guàn zi 罐子	guī ju 规矩
guī nü 闺女	guǐ zi 鬼子	guì zi 柜子	gùn zi 棍子	guō zi 锅子	guǒ zi 果子	há ma 蛤蟆
hái zi 孩子	hán hu 含糊	hàn zi 汉子	hángdang 行当	hé tong 合同	hé shang 和尚	hé tao 核桃
hé zi 盒子	hónghuo 红火	hóu zi 猴子	hòutou 后头	hòudao 厚道	hú li 狐狸	hú qin 胡琴
hú tu 糊涂	huángshang 皇上	huǎng zi 幌子	hú luó bo 胡萝卜	huó po 活泼	huǒhou 火候	huǒ ji 伙计
hù shi 护士	jī ling 机灵	jǐ liang 脊梁	jì hao 记号	jì xing 记性	jiā zi 夹子	jiā huo 家伙
jià shi 架势	jià zi 架子	jià zhuang 嫁妆	jiān zi 尖子	jiǎn zi 茧子	jiǎn zi 剪子	jiàn shi 见识
jiàn zi 毽子	jiāng jiu 将就	jiāoqing 交情	jiǎo zi 饺子	jiàohuan 叫唤	jiào zi 轿子	jiē shi 结实
jiē fang 街坊	jiě fu 姐夫	jiě jie 姐姐	jiè zhi 戒指	jīn zi 金子	jīngshen 精神	jìng zi 镜子
jiù jiu 舅舅	jú zi 橘子	jù zi 句子	juàn zi 卷子	ké sou 咳嗽	kè qi 客气	kòng zi 空子
kǒu dai 口袋	kǒu zi 口子	kòu zi 扣子	kū long 窟窿	kù zi 裤子	kuàihuo 快活	kuài zi 筷子

kuàng zi 框子	kùnnan 困难	kuò qi 阔气	lǎ ba 喇叭	lǎ ma 喇嘛	lán zi 篮子	lǎn de 懒得
làngtou 浪头	lǎo po 老婆	lǎo shi 老实	lǎo tài tai 老太太	lǎo tóu zi 老头子	lǎo ye 老爷	lǎo zǐ 老子
lǎo lao 姥姥	léi zhui 累赘	lí ba 篱笆	lǐ tou 里头	lì qi 力气	lì hai 厉害	lì luo 利落
lì suo 利索	lì zi 例子	lì zi 栗子	lì ji 痢疾	lián lei 连累	lián zi 帘子	liáng kuai 凉快
liáng shi 粮食	liǎngkǒu zi 两口子	liào zi 料子	lín zi 林子	líng zi 翎子	lǐng zi 领子	liū da 溜达
lóng zi 聋子	lóng zi 笼子	lú zi 炉子	lù zi 路子	lún zi 轮子	luó bo 萝卜	luó zi 骡子
luò tuo 骆驼	mā ma 妈妈	má fan 麻烦	má li 麻利	má zi 麻子	mǎ hu 马虎	mǎ tóu 码头
mǎimai 买卖	mài zi 麦子	mántou 馒头	mánghuo 忙活	mào shi 冒失	mào zi 帽子	méimao 眉毛
méiren 媒人	mèimei 妹妹	méndao 门道	mī feng 眯缝	mí hu 迷糊	miàn zi 面子	miáo tiao 苗条
miáo tou 苗头	míngtang 名堂	míng zi 名字	míngbai 明白	mó gu 蘑菇	mó hu 模糊	mù jiang 木匠
mù tou 木头	nà me 那么	nǎi nai 奶奶	nánwei 难为	nǎo dai 脑袋	nǎo zi 脑子	néng nai 能耐
nǐ men 你们	niàndao 念叨	niàn tou 念头	niáng jia 娘家	niè zi 镊子	nú cai 奴才	nǚ xu 女婿
nuǎnhuo 暖和	nüè ji 疟疾	pāi zi 拍子	pái lou 牌楼	pái zi 牌子	pánsuan 盘算	pán zi 盘子
pàng zi 胖子	páo zi 狍子	pén zi 盆子	péngyou 朋友	péng zi 棚子	pí qi 脾气	pí zi 皮子
pǐ zi 痞子	pì gu 屁股	piān zi 片子	pián yi 便宜	piàn zi 骗子	piào zi 票子	piào liang 漂亮
píng zi 瓶子	pó jia 婆家	pó po 婆婆	pū gai 铺盖	qī fu 欺负	qí zi 旗子	qián tou 前头
qián zi 钳子	qié zi 茄子	qīn qi 亲戚	qín kuai 勤快	qīngchu 清楚	qìng jia 亲家	qǔ zi 曲子
quān zi 圈子	quántou 拳头	qún zi 裙子	rè nao 热闹	rén jia 人家	rénmen 人们	rèn shi 认识
rì zi 日子	rù zi 褥子	sāi zi 塞子	sǎng zi 嗓子	sǎo zi 嫂子	sàozhou 扫帚	shā zi 沙子
shǎ zi 傻子	shàn zi 扇子	shāngliang 商量	shàng si 上司	shàngtou 上头	shāobing 烧饼	sháo zi 勺子
shào ye 少爷	shào zi 哨子	shé tou 舌头	shēn zi 身子	shén me 什么	shěn zi 婶子	shēng yi 生意
shēngkou 牲口	shéng zi 绳子	shī fu 师父	shī fu 师傅	shī zi 虱子	shī zi 狮子	shí jiang 石匠
shí liu 石榴	shí tou 石头	shí hou 时候	shí zài 实在	shí duo 拾掇	shǐ huan 使唤	shì gu 世故
shì de 似的	shì qing 事情	shì zi 柿子	shōucheng 收成	shōu shi 收拾	shū shu 叔叔	shū zi 梳子
shū fu 舒服	shū tan 舒坦	shū hu 疏忽	shuǎngkuai 爽快	sī liang 思量	suàn ji 算计	suì shu 岁数
sūn zi 孙子	tā men 他们	tā men 它们	tā men 她们	tái zi 台子	tài tai 太太	tān zi 摊子
tán zi 坛子	tǎn zi 毯子	táo zi 桃子	tè wu 特务	tī zi 梯子	tí zi 蹄子	tiāo ti 挑剔

tiāo zi 挑子	tiáo zi 条子	tiàozao 跳蚤	tiě jiang 铁匠	tíng zi 亭子	tóu fa 头发	tóu zi 头子
tù zi 兔子	tuǒdang 妥当	tuò mo 唾沫	wā ku 挖苦	wá wa 娃娃	wà zi 袜子	wǎnshang 晚上
wěiba 尾巴	wěi qu 委屈	wèi le 为了	wèi zi 位子	wén zi 蚊子	wěndang 稳当	wǒ men 我们
wū zi 屋子	xī han 稀罕	xí zi 席子	xí fu 媳妇	xǐ huan 喜欢	xiā zi 瞎子	xiá zi 匣子
xià ba 下巴	xià hu 吓唬	xiānsheng 先生	xiāng xia 乡下	xiāng zi 箱子	xiàngsheng 相声	xiāo xi 消息
xiǎohuǒ zi 小伙子	xiǎo qi 小气	xiǎo zi 小子	xiàohua 笑话	xiè xie 谢谢	xīn si 心思	xīngxing 星星
xīngxing 猩猩	xíng li 行李	xìng zi 性子	xiōng dì 兄弟	xiū xi 休息	xiù cai 秀才	xiù qi 秀气
xiù zi 袖子	xuē zi 靴子	xuéwen 学问	yā tou 丫头	yā zi 鸭子	yá men 衙门	yǎ ba 哑巴
yān zhi 胭脂	yāntong 烟筒	yǎnjing 眼睛	yàn zi 燕子	yāng ge 秧歌	yǎnghuo 养活	yàng zi 样子
yāo he 吆喝	yāojing 妖精	yào shi 钥匙	yē zi 椰子	yé ye 爷爷	yè zi 叶子	yí bèi zi 一辈子
yī fu 衣服	yī shang 衣裳	yǐ zi 椅子	yì si 意思	yín zi 银子	yǐng zi 影子	yìngchou 应酬
yòu zi 柚子	yuānwang 冤枉	yuàn zi 院子	yuèbing 月饼	yuèliang 月亮	yún cai 云彩	yùn qi 运气
zài hu 在乎	zánmen 咱们	zǎoshang 早上	zěn me 怎么	zhā shi 扎实	zhǎ ba 眨巴	zhà lan 栅栏
zhái zi 宅子	zhài zi 寨子	zhāng luo 张罗	zhàng fu 丈夫	zhàngpéng 帐篷	zhàngren 丈人	zhàng zi 帐子
zhāo hu 招呼	zhāopai 招牌	zhēteng 折腾	zhè ge 这个	zhè me 这么	zhěntou 枕头	zhèn zi 镇子
zhī ma 芝麻	zhī shi 知识	zhí zi 侄子	zhǐ jia 指甲	zhǐ tou 指头	zhǒng zi 种子	zhū zi 珠子
zhú zi 竹子	zhǔ yi 主意	zhǔ zi 主子	zhù zi 柱子	zhuǎ zi 爪子	zhuànyou 转悠	zhuāng jia 庄稼
zhuāng zi 庄子	zhuàng shi 壮实	zhuàngyuan 状元	zhuī zi 锥子	zhuō zi 桌子	zì hao 字号	zì zai 自在
zòng zi 粽子	zǔ zong 祖宗	zuó mo 琢磨				

三、儿化

（一）什么是儿化

“儿化”指在音节的末尾附加上一个卷舌动作，使该音节韵母的发音带上卷舌音的色彩。例如“大伙儿”，这里的“伙儿”（huǒr）虽然书写为两个汉字，但并不读作 huǒ'er 两个音节，而是在“伙”的末尾加上一个卷舌动作，使其韵母带上卷舌音的色彩，成为 huǒr 这样一个音节。这种现象叫“儿化”，这样的音节叫儿化音节，儿化音节的韵母即被儿化的韵母叫“儿化韵”。汉语的许多方言都存在儿化音变现象。绝大多数方言的儿化是词语末尾的“儿”同前面音节合音形成的，是一种特殊的音变现象。

（二）怎样读儿化

儿化音变的基本性质是使一个音节的主要元音带上儿化色彩，汉语拼音在音节后加 -r 表示。-r 是儿化韵的形容性符号，不能把它作为一个音素看待。

儿化韵的音变条件取决于韵腹元音是否便于发生卷舌动作，而且儿化音变是从后向前使韵腹、韵尾发生变化，对声母和韵头没有影响。儿化韵的实际读法如下：

1. 直接卷舌

在没有韵尾 -i、-n、-ng，且韵母最后音素为 a、o、e、ê、u 的情况下，直接卷舌。如：

a-ar	刀把儿	在哪儿	号码儿	板擦儿
ia-iar	豆芽儿	皮夹儿	脚丫儿	豆芽儿
ua-uar	梅花儿	牙刷儿	香瓜儿	雪花儿
o-or	山坡儿	粉末儿	薄膜儿	歪脖儿
uo-uor	干活儿	被窝儿	花朵儿	糖果儿
e-er	长个儿	唱歌儿	风车儿	文科儿
ie-ier	树叶儿	台阶儿	菜蝶儿	麦秸儿
üe-üer	丑角儿	木橛儿	空缺儿	皮靴儿
u-ur	眼珠儿	没谱儿	里屋儿	括弧儿
ao-aor	灯泡儿	口罩儿	毡帽儿	小道儿
ou-our	老头儿	网兜儿	小偷儿	顺手儿
iao-iaor	面条儿	火苗儿	填表儿	末了儿
iou-iour	踢球儿	顶牛儿	加油儿	套袖儿

2. 变化后卷舌

（1）丢韵尾卷舌。当韵尾为 -i 和 -n 时，丢弃韵尾，在韵腹的基础上卷舌。如：

ai-ar	冒牌儿	窗台儿	鞋带儿	活塞儿
ei-er	宝贝儿	眼泪儿	摸黑儿	刀背儿
an-ar	被单儿	竹竿儿	菜摊儿	心肝儿
ian-iar	冒烟儿	心眼儿	小辫儿	唱片儿
en-er	赔本儿	脸盆儿	后门儿	评分儿
uei-uer	土堆儿	跑腿儿	小鬼儿	烟灰儿
uen-uer	条文儿	打盹儿	冰棍儿	保准儿
uai（uan）-uar	土块儿	门环儿	打转儿	
üan-üar	汤圆儿	眼圈儿	手绢儿	

（2）合韵尾卷舌。当韵尾为 -ng 时，需将韵尾与韵腹合成鼻化元音，然后卷舌。这类在二甲及其以下档次不做严格要求。如：

ang	肩膀儿	帮忙儿	秘方儿
iang	瓜秧儿	花样儿	官腔儿

uang	眼光儿	蛋黄儿	橱窗儿
eng	门缝儿	板凳儿	现成儿
ing	电影儿	花瓶儿	山名儿
ueng	小瓮儿		
ong	胡同儿	有空儿	
iong	小熊儿		

（3）添韵腹卷舌。在元音 i、ü 的基础上儿化，需再添加韵腹“e”，然后卷舌。如：

i-ier	玩意儿	门鼻儿	眼皮儿	警笛儿
ü-üer	金鱼儿	小雨儿	凑趣儿	毛驴儿

（4）变韵腹卷舌。当韵腹为 -i（前）、-i（后）时，需变作“央 e[ɛ]”再卷舌。如：

-i（前）-er	橘汁儿	没事儿	吃食儿	柳枝儿
-i（后）-er	瓜子儿	识字儿	歌词儿	铁丝儿

（三）哪些音节应该读儿化

1. 有明显儿化标志的

（1）用汉字表示。

在该词后加“儿”，如：抓阄儿、小鸡儿、金鱼儿、小偷儿。

（2）用汉语拼音表示。

在音节后加“r”，如：xiǎo háir、nà mènr、jīn yúr、méi shìr。

2. 无明显儿化标志但习惯上儿化的

书面上虽未加“儿”字，但口语中必须在词尾加卷舌动作，如：去哪 qù nǎr、女孩 nǚ háir、香味 xiāng wèir、聊天 liáotiānr、瓜子 guā zǐr。这类词只能通过练读和死记硬背方能掌握。

练习与记忆：

普通话常用必读儿化词语

dāobàr 刀把儿	hàomǎr 号码儿	xì fǎr 戏法儿	zài nǎr 在哪儿
zhǎochár 找茬儿	dǎ zár 打杂儿	bǎncār 板擦儿	míngpáir 名牌儿
xié dàir 鞋带儿	hú gàir 壶盖儿	xiǎoháir 小孩儿	jiā sāir 加塞儿
kuàibǎnr 快板儿	lǎo bànr 老伴儿	suànbànr 蒜瓣儿	liǎnpánr 脸盘儿
liǎn dànr 脸蛋儿	shōutānr 收摊儿	pénglánr 棚栏儿	bāogānr 包干儿
bǐ gǎnr 笔杆儿	ménkǎnr 门槛儿	yàorfāngr 药方儿	gǎntàngr 赶趟儿
xiāngchángr 香肠儿	guārángr 瓜瓤儿	diào jiàr 掉价儿	yí xiàr 一下儿
dòu yár 豆芽儿	xiǎobiànr 小辫儿	zhàopiānr 照片儿	shànmiànr 扇面儿

chàdiǎnr 差点儿
lā liànr 拉链儿
lòu xiànr 露馅儿
huāyàngr 花样儿
xiàohuar 笑话儿
fànguǎnr 饭馆儿
guǎiwānr 拐弯儿
dǎ huàngr 打晃儿
chūquānr 出圈儿
mō hēir 摸黑儿
gē menr 哥们儿
bié zhēnr 别针儿
xiǎorénr shū 小人儿书
jiā fèngr 夹缝儿
xiǎoxiér 小鞋儿
yí huìr 一会儿
dǎ dǔnr 打盹儿
méizhǔnr 没准儿
shí zǐr 石子儿
jù chǐr 锯齿儿
dù qír 肚脐儿
jiǎoyìnr 脚印儿
ménlíngr 门铃儿
rén yǐngr 人影儿
hé qúnr 合群儿
āi gèr 挨个儿
suì bùr 碎步儿

yì diǎnr 一点儿
màojiānr 冒尖儿
xīn yǎnr 心眼儿
nǎoguār 脑瓜儿
yá shuār 牙刷儿
huǒguànr 火罐儿
hǎowánr 好玩儿
tiānchuāngr 天窗儿
rén yuánr 人缘儿
huāpénr 花盆儿
nà mènr 纳闷儿
yí zhènr 一阵儿
xìngrénr 杏仁儿
bó gěngr 脖颈儿
dànjuér 旦角儿
mò shuǐr 墨水儿
pàngdūnr 胖墩儿
kāi chūnr 开春儿
méi cír 没词儿
jì shìr 记事儿
wán yìr 玩意儿
huāpíng 花瓶儿
yǎnjìngr 眼镜儿
máo lǘr 毛驴儿
mó tèr 模特儿
dǎ gér 打嗝儿
méi pǔr 没谱儿

yǔ diǎnr 雨点儿
kǎnjiānr 坎肩儿
bí liángr 鼻梁儿
dà guàr 大褂儿
yí kuàir 一块儿
luò kuǎnr 落款儿
dà wànr 大腕儿
yānjuǎnr 烟卷儿
zá yuànr 杂院儿
sǎngménr 嗓门儿
hòugēnr 后跟儿
zǒushénr 走神儿
dāorènr 刀刃儿
tí chéngr 提成儿
zhǔjuér 主角儿
wéizuǐr 围嘴儿
shā lúnr 砂轮儿
xiǎowèngr 小瓮儿
tiǎo cìr 挑刺儿
zhēn bír 针鼻儿
yǒu jìnr 有劲儿
dǎ míngr 打鸣儿
dànqīngr 蛋清儿
xiǎo qǔr 小曲儿
dòu lèr 逗乐儿
fàn hér 饭盒儿
xí fur 媳妇儿

liáotiānr 聊天儿
yá qiānr 牙签儿
tòuliàngr 透亮儿
má huār 麻花儿
cháguǎnr 茶馆儿
dǎ zhuànr 打转儿
dànhuángr 蛋黄儿
shǒujuànr 手绢儿
dāobèir 刀背儿
bǎ ménr 把门儿
gāogēnr xié 高跟儿鞋
dà shěnr 大婶儿
gāngbèngr 钢镚儿
bàn jiér 半截儿
pǎotuǐr 跑腿儿
zǒuwèir 走味儿
bīnggùnr 冰棍儿
guā zǐr 瓜子儿
mò zhīr 墨汁儿
diàn dǐr 垫底儿
sòngxìnr 送信儿
tú dīngr 图钉儿
huǒxīngr 火星儿
tán yúr 痰盂儿
chànggēr 唱歌儿
zài zhèr 在这儿
lí húr 梨核儿

lèi zhūr 泪珠儿	yǒushùr 有数儿	guǒdòngr 果冻儿	méndòngr 门洞儿
hú tòngr 胡同儿	chōukòngr 抽空儿	jiǔ zhōngr 酒盅儿	xiǎocōngr 小葱儿
xiǎoxióngr 小熊儿	hóngbāor 红包儿	dēngpàor 灯泡儿	bàndàor 半道儿
shǒutàor 手套儿	jiàohǎor 叫好儿	kǒuzhàor 口罩儿	jué zhāor 绝招儿
kǒushàor 口哨儿	mì zǎor 密枣儿	yú piāor 鱼漂儿	huǒmiáor 火苗儿
pǎodiàor 跑调儿	miàntiáor 面条儿	dòujuér 豆角儿	kāi qiàor 开窍儿
yī dōur 衣兜儿	lǎo tóur 老头儿	niántóur 年头儿	xiǎotōur 小偷儿
ménkǒur 门口儿	niǔ kòur 纽扣儿	xiànzhóur 线轴儿	xiǎochǒur 小丑儿
jiā yóur 加油儿	dǐngniúr 顶牛儿	zhuā jiūr 抓阄儿	miánqiúr 棉球儿
huǒguōr 火锅儿	zuòhuór 做活儿	dà huǒr 大伙儿	yóuchuōr 邮戳儿
xiǎoshuōr 小说儿	bèiwōr 被窝儿	ěr mòr 耳膜儿	fěnmòr 粉末儿

四、语气词“啊”的音变

汉字“啊”可能是语气词，也可能是叹词。作为叹词，“啊”读 a，并可以有阴平、阳平、上声、去声四种不同的声调，分别表达不同的意义。叹词“啊”独立性很强，在使用中从不与其他成分相连，因而不会产生语流音变现象。而语气词“啊”则不能独立使用，总是依附于词句末尾，因而受前一音节最后一个音素收音的影响而发生“增音”变化。“啊”有以下六种变读方式：

（1）当前一音节韵母末尾音素是 a、o、e、ê、i、ü 时，“啊”读 ya，可以写作“啊”或“呀”。如：

回家呀　红花呀　唱歌呀　爬坡呀　快说呀　快点写呀　好好学呀
要注意呀　下雨呀　上来呀　快飞呀　真怪呀　早点睡呀

（2）当前一音节韵母末尾音素是 u（包括 ao、iao 两个韵母）时，“啊”读 wa，可以写作“啊”或“哇”。如：

读书哇　在哪儿住哇　仔细搜哇　去修哇　你走哇　快瞧哇
真糟糕哇　加油哇

（3）当前一音节韵母末尾音素是 -n 时，“啊”读 na，可以写作“啊”或“哪”。如：

好人哪　当心哪　真近哪　打得准哪　好晕哪　快看哪　苍天哪
转哪　还有多远哪

（4）当前一音节韵母末尾音素是 -ng 时，“啊”读 nga，仍写作“啊”。如：

不好唱啊　一样啊　好冷啊　好大的蛋黄啊　他能行啊　老翁啊
放松啊　你好凶啊

（5）当前一音节韵母末尾音素是 -i（后）和 er 时，“啊”读 ra，仍写作“啊”。如：

乖女儿啊　小二啊　真好玩儿啊　果汁啊　别那么固执啊　白吃啊

可耻啊　是啊　作诗啊　今日啊

（6）当前一音节韵母末尾音素是 -i（前）时，“啊”读 za，仍写作“啊”。如：

孩子啊　投资啊　几次啊　有刺啊

第六节 普通话拼读训练

一、单音节拼读训练

（一）基本音节拼音的方法

1. 两拼法

把声母和韵母直接拼合起来。这种方法的要领是“前音（指声母）轻短后音（指韵母）重，两音相连猛一碰”。

c+āo ⟶ cāo　b+iāo ⟶ biāo　d+ān ⟶ dān

在教学实践中，我们一般多采用这种方法拼读。

2. 三拼法

把音节分成声母、介音（韵头）、韵身（韵腹和韵尾的合称）三个部分进行拼合。这种方法的要领是“声短介快韵母响，三音连读很顺当”。

j+i+āng ⟶ jiāng　ch+u+āng ⟶ chuāng　j+ü+ān ⟶ juān　l+i+āo ⟶ liāo

3. 整体认读法

直接读出音节，不需要把音节分成几个部分，然后再进行拼合。这种方法要求必须熟练掌握基本音节，否则无法直呼出来。

（二）音节定调的方法

要读准音节，除了注意声母、韵母的拼合外，还要读准其声调，常用的定调方法有：

1. 数调法

先把声母、韵母拼合在一起，然后从阴平开始按照阴平—阳平—上声—去声的顺序依次数，一直数到目的声调为止。例如：

luò（落）：l+uo ⟶ luō—luó—luǒ—luò　zhǔn（准）：zh+un ⟶ zhūn—zhún—zhǔn

2. 韵身定调法

把声调附着在韵身上，然后再和音节的其他部分进行拼合。例如：

kuài（快）：k+u+ài ⟶ kuài　chuàng（创）：ch+u+àng ⟶ chuàng

3. 韵母定调法

把声调附着在韵母身上，然后再和音节的其他部分进行拼合。例如：

duàn（段）：d+uàn ⟶ duàn　　huáng（黄）：h+uáng ⟶ huáng

4. 音节定调法

把声母和韵母拼合成一个基本音节，在此基础上直接呼出声调。例如：

lán（蓝）：l+an ⟶ lán　　diǎn（点）：d+ian ⟶ diǎn

在教学实践中，我们一般多采用这种方法拼读。

（三）单音节字词练读

注意：

（1）严格按照拼音来拼读。

（2）上声音节读全上。

（3）单音节字词的朗读无轻声、无儿化。

（4）总体要求：准确、响亮、流畅、匀速，音节圆润饱满。

bǎo	sè	diāo	kuān	gǒu	mài	wèng	lǘ	yùn	qū	huài	bèng	mò	huāng
保	涩	刁	宽	狗	迈	瓮	驴	恽	驱	坏	蹦	墨	慌
yóu	rù	zi	bō	rùn	cáng	piē	jiù	shuān	guàng	xué	fù	jūn	dǐ
由	入	子	播	润	藏	瞥	救	闩	逛	学	付	均	抵
xuǎn	liǎ	chán	cùn	pēng	lǐng	xīn	yǒng	kuī	fá	sī	quàn	shěn	chū
癣	俩	蝉	寸	嘭	领	心	涌	亏	罚	司	券	婶	初
tuó	piān	què	juān	lín	zhèng	yé	hōng	zhuā	bìng	qín	miàn	zhǔ	huàn
砣	篇	却	捐	磷	郑	爷	哄	抓	病	秦	面	煮	患
ráo	ōu	rèn	chuǎi	è	wēng	zéi	jiàn	duó	jiàng	kuā	shùn	sāi	xiāng
饶	欧	纫	揣	饿	翁	贼	箭	夺	酱	夸	舜	鳃	相
zé	xiōng	èr	gěng	guì	chí	diào	zhěn	tà	shí	niè	biāo	tòng	gǎng
则	兄	二	梗	跪	池	掉	枕	榻	石	蹑	标	痛	港
diū	kuàng	qiā	sòng	pā	nà	míng	zǎo	fáng	cì	wō	tuì	ái	cǎn
丢	框	掐	宋	啪	那	名	枣	防	次	窝	褪	挨	惨

二、连续语流的拼读

（一）词语练读

注意：

（1）先按单音节拼读要求正字音，再根据语流音变规律拼读。

（2）变调音节标原调读变调。

（3）末尾音节为上声的要读全上。

sēn lín	pīn yīn	sǎo zi	chēzhàn	píngfāng	hú tòng er	fǔ xù jīn	yì chéng bú biàn
森林	拼音	嫂子	车站	平方	胡同儿	抚恤金	一成不变
zhé mo	chēngzàn	lǎng dú	xiá gǔ	zhì qi	bāogān er	guǎnxián lè	mǎ mǎ hu hǔ
折磨	称赞	朗读	峡谷	志气	包干儿	管弦乐	马马虎虎
chuāng hu	chūkǒu	duǎn cù	kè kǔ	cǎoyuán	dǎ gé er	bāo yì cí	jīngjīng yè yè
窗户	出口	短促	刻苦	草原	打嗝儿	褒义词	兢兢业业
guā fēn	fèi téng	huǎngyán	cóng ér	shì juàn	shǒujuàn er	guàn xǐ shì	wéirén chǔ shì
瓜分	沸腾	谎言	从而	试卷	手绢儿	盥洗室	为人处世

（二）作品练读

注意：

（1）先按单音节拼读要求正字音，再根据语流音变规律拼读。

（2）轻声、儿化、语气词“啊”的音变已标注，变调未标注，朗读时要注意。

（3）总体要求：准确、响亮、流畅、自然。

zhè shì rù dōng yǐ lái jiāodōngbàndǎoshang dì yī chángxuě
这是入冬以来，胶东半岛上第一场雪。
xuě fēn fēn yáng yáng xià de hěn dà kāi shǐ hái bàn zhe yī zhènr xiǎo yǔ bù jiǔ jiù zhǐ jiàn dà
雪纷纷扬扬，下得很大。开始还伴着一阵儿小雨，不久就只见大
piàn dà piàn de xuě huā cóng tóng yún mì bù de tiān kōng zhōng piāo luò xià lai dì miàn shang yí huìr jiù
片大片的雪花，从彤云密布的天空中飘落下来。地面上一会儿就
bái le dōng tiān de shān cūn dào le yè li jiù wàn lài jù jì zhǐ tīng de xuě huā sù sù de bù duàn wǎng
白了。冬天的山村，到了夜里就万籁俱寂，只听得雪花簌簌地不断往
xià luò shù mù de kū zhī bèi xuě yā duàn le ǒu ěr gē zhī yī shēngxiǎng
下落，树木的枯枝被雪压断了，偶尔咯吱一声响。
dà xuě zhěng zhěng xià le yī yè jīn tiān zǎo chen tiān fàng qíng le tài yang chū lai le tuī kāi
大雪整整下了一夜。今天早晨，天放晴了，太阳出来了。推开
mén yī kàn hē hǎo dà de xuě a shān chuān hé liú shù mù fáng wū quán dōu zhào shàng le yī
门一看，嗬！好大的雪啊！山川、河流、树木、房屋，全都罩上了一
céng hòu hòu de xuě wàn lǐ jiāng shān biàn chéng le fěn zhuāng yù qì de shì jiè luò guāng le yè zi de
层厚厚的雪，万里江山，变成了粉妆玉砌的世界。落光了叶子的
liǔ shù shang guà mǎn le máo róng róng liàng jīng jīng de yín tiáor ér nà xiē dōng xià cháng qīng de sōng
柳树上挂满了毛茸茸、亮晶晶的银条儿；而那些冬夏常青的松
shù hé bǎi shù shang zé guà mǎn le péng sōng sōng chén diàn diàn de xuě qiúr yī zhèn fēng chuī lái
树和柏树上，则挂满了蓬松松、沉甸甸的雪球儿。一阵风吹来，
shù zhī qīng qīng de yáo huang měi lì de yín tiáo er hé xuě qiú er sù sù de luò xià lai yù xiè shì de xuěmòr
树枝轻轻地摇晃，美丽的银条儿和雪球儿簌簌地落下来，玉屑似的雪末
suí fēng piāo yáng yìng zhe qīng chén de yáng guāng xiǎn chū yī dào dào wǔ guāng shí sè de cǎi hóng
儿随风飘扬，映着清晨的阳光，显出一道道五光十色的彩虹。
dà jiē shang de jī xuě zú yǒu yī chǐ duō shēn rén cǎi shàng qu jiǎo dǐ xia fā chū gē zhī gē zhī de
大街上的积雪足有一尺多深，人踩上去，脚底下发出咯吱咯吱的
xiǎng shēng yī qún qún hái zi zài xuě dì li duī xuě rén zhì xuě qiú er nà huān lè de jiào hǎn shēng bǎ
响声。一群群孩子在雪地里堆雪人，掷雪球儿。那欢乐的叫喊声，把
shù zhī shang de xuě dōu zhèn luò xià lai le
树枝上的雪都震落下来了。
sú huà shuō ruì xuě zhào fēng nián zhè ge huà yǒu chōng fēn de kē xué gēn jù bìng bú shì yī
俗话说：“瑞雪兆丰年。”这个话有充分的科学根据，并不是一
jù mí xìn de chéng yǔ hán dōng dà xuě kě yǐ dòng sǐ yī bù fen yuè dōng de hài chóng róng huà le de
句迷信的成语。寒冬大雪，可以冻死一部分越冬的害虫；融化了的
shuǐ shèn jìn tǔ céng shēn chù yòu néng gōng yìng zhuāng jia shēng zhǎng de xū yào wǒ xiāng xìn zhè yī cháng
水渗进土层深处，又能供应庄稼生长的需要。我相信这一场
shí fēn jí shí de dà xuě yī dìng huì cù jìn míng nián chūn jì zuò wù yóu qí shì xiǎo mài de fēng shōu
十分及时的大雪，一定会促进明年春季作物，尤其是小麦的丰收。

（节选自峻青《第一场雪》）

第七节 普通话测试训练

一、普通话测试简介

普通话水平测试是国家认可的一种技能考试（《普通话水平测试大纲》定性为“标准参

照性考试”）。普通话水平测试是语言运用能力和口语表达能力的综合性测试。它的等级标准分为三级六等，从高到低依次为：一级甲等、一级乙等、二级甲等、二级乙等、三级甲等、三级乙等。这是国家语委颁布的普通话水平测试等级标准，是划分普通话等级的全国统一标准。

【链接】

《普通话水平测试等级标准（试行）》

一 级

甲等　朗读和自由交谈时，语音标准，词语、语法正确无误，语调自然，表达流畅。测试总失分率在3%以内。

乙等　朗读和自由交谈时，语音标准，词语、语法正确无误，语调自然，表达流畅。偶然有字音、字调失误。测试总失分率在8%以内。

二 级

甲等　朗读和自由交谈时，声韵调发音基本标准，语调自然，表达流畅。少数难点音（平翘舌音、前后鼻尾音、边鼻音等）有时出现失误。词语、语法极少有误。测试总失分率在13%以内。

乙等　朗读和自由交谈时，个别调值不准，声韵母发音有不到位现象。难点音（平翘舌音、前后鼻尾音、边鼻音、fu-hu、z-zh-j、送气不送气、i-ü不分、保留浊塞音和浊塞擦音、丢介音、复韵母单音化等）失误较多。方言语调不明显。有使用方言词、方言语法的情况。测试总失分率在20%以内。

三 级

甲等　朗读和自由交谈时，声韵调发音失误较多，难点音超出常见范围，声调调值多不准。方言语调较明显。词语、语法有失误。测试总失分率在30%以内。

乙等　朗读和自由交谈时，声韵调发音失误多，方音特征突出。方言语调明显。词语、语法失误较多。外地人听其谈话有听不懂的情况。测试总失分率在40%以内。

【链接】

《普通话水平测试大纲》

（2004年10月1日实施）

根据教育部、国家语言文字工作委员会发布的《普通话水平测试管理规定》《普通话水平测试等级标准》，制定本大纲。

一、测试的名称、性质、方式

本测试定名为“普通话水平测试”（PUTONGHUA SHUIPING CESHI），缩写为PSC。

普通话水平测试测查应试人的普通话规范程度、熟练程度，认定其普通话水平等级，属于标准参照性考试。本大纲规定测试的内容、范围、题型及评分系统。

普通话水平测试以口试方式进行。

二、测试内容和范围

普通话水平测试的内容包括普通话语音、词汇和语法。

普通话水平测试的范围是国家测试机构编制的《普通话水平测试用普通话词语表》、《普通话水平测试用普通话与方言词语对照表》、《普通话水平测试用普通话与方言常见语法差异对照》、《普通话水平测试用朗读作品》、《普通话水平测试用话题》。

三、试卷构成和评分

试卷包括 5 个组成部分，满分为 100 分。

（一）读单音节字词（100 个音节，不含轻声、儿化音节），限时 3.5 分钟，共 10 分。

1. 目的：测查应试人声母、韵母、声调读音的标准程度。

2. 要求：

（1）100 个音节中，70% 选自《普通话水平测试用普通话词语表》“表一”，30% 选自“表二”。

（2）100 个音节中，每个声母出现次数一般不少于 3 次，每个韵母出现次数一般不少于 2 次，4 个声调出现次数大致均衡。

（3）音节的排列要避免同一测试要素连续出现。

3. 评分：

（1）语音错误，每个音节扣 0.1 分。

（2）语音缺陷，每个音节扣 0.05 分。

（3）超时 1 分钟以内，扣 0.5 分；超时 1 分钟以上（含 1 分钟）扣 1 分。

（二）读多音节词语（100 个音节），限时 2.5 分钟，共 20 分。

1. 目的：测查应试人声母、韵母、声调和变调、轻声、儿化读音的标准程度。

2. 要求：

（1）词语的 70% 选自《普通话水平测试用普通话词语表》“表一”，30% 选自“表二”。

（2）声母、韵母、声调出现的次数与读单音节字词的要求相同。

（3）上声与上声相连的词语不少于 3 个，上声与非上声相连的词语不少于 4 个，轻声不少于 3 个，儿化不少于 4 个（应为不同的儿化韵母）。

（4）词语的排列要避免同一测试要素连续出现。

3. 评分：

（1）语音错误，每个音节扣 0.2 分。

（2）语音缺陷，每个音节扣 0.1 分。

（3）超时 1 分钟以内，扣 0.5 分；超时 1 分钟以上（含 1 分钟），扣 1 分。

（三）选择判断[注]，限时 3 分钟，共 10 分。

1. 词语判断（10 组）。

（1）目的：测查应试人掌握普通话词语的规范程度。

（2）要求：根据《普通话水平测试用普通话与方言词语对照表》，列举 10 组普通话与方言意义相对应但说法不同的词语，由应试人判断并读出普通话的词语。

（3）评分：判断错误，每组扣 0.25 分。

2. 量词、名词搭配（10 组）。

（1）目的：测查应试人掌握普通话量词和名词搭配的规范程度。

（2）要求：根据《普通话水平测试用普通话与方言常见语法差异对照表》，列举 10

个名词和若干量词，由应试人搭配并读出符合普通话规范的 10 组名量短语。

（3）评分：搭配错误，每组扣 0.5 分。

3. 语序或表达形式判断（组）。

（1）目的：测查应试人掌握普通话语法的规范程度。

（2）要求：根据《普通话水平测试用普通话与方言常见语法差异对照表》，列举 5 组普通话和方言意义相对应，但语序或表达习惯不同的短语或短句，由应试人判断并读出符合普通话语法规范的表达形式。

（3）评分：判断错误，每组扣 0.5 分。

选择判断合计超时 1 分钟以内，扣 0.5 分；超时 1 分钟以上（含 1 分钟），扣 1 分。答题时语音错误，每个音节扣 0.1 分，如判断错误已经扣分，不重复扣分。

（四）朗读短文（1 篇，400 个音节），限时 4 分钟，共 30 分。

1. 目的：测查应试人使用普通话朗读书面作品的水平。在测查声母、韵母、声调读音标准程度的同时，重点测查连读音变、停连、语调以及流畅程度。

2. 要求：

（1）短文从《普通话水平测试用朗读作品》中选取。

（2）评分以朗读作品的前 400 个音节（不含标点符号和括注的音节）为限。

3. 评分：

（1）每错 1 个音节，扣 0.1 分；漏读或增读 1 个音节，扣 0.1 分。

（2）声母或韵母的系统性语音缺陷，视程度扣 0.5 分、1 分。

（3）语调偏误，视程度扣 0.5 分、1 分、2 分。

（4）停连不当，视程度扣 0.5 分、1 分、2 分。

（5）朗读不流畅（包括回读），视程度扣 0.5 分、1 分、2 分。

（6）超时扣 1 分。

（五）命题说话，限时 3 分钟，共 30 分。

1. 目的：测查应试人在无文字凭借的情况下说普通话的水平，重点测查语音标准程度、词汇语法规范程度和自然流畅程度。

2. 要求：

（1）说话话题从《普通话水平测试用话题》中选取，由应试人从给定的两个话题中选定 1 个话题，连续说一段话。

（2）应试人单向说话。如发现应试人有明显背稿、离题、说话难以继续等表现时，主试人应及时提示或引导。

3. 评分：

（1）语音标准程度，共 20 分。分六档：

一档：语音标准，或极少有失误。扣 0 分、0.5 分、1 分。

二档：语音错误在 10 次以下，有方音但不明显。扣 1.5 分、2 分。

三档：语音错误在 10 次以下，但方音比较明显；或语音错误在 10 ~ 15 次，有方音但不明显。扣 3 分、4 分。

四档：语音错误在 10 ~ 15 次，方音比较明显。扣 5 分、6 分。

五档：语音错误超过 15 次，方音明显。扣 7 分、8 分、9 分。

六档：语音错误多，方音重。扣 10 分、11 分、12 分。

（2）词汇语法规范程度，共 5 分。分三档：

一档：词汇、语法规范。扣 0 分。

二档：词汇、语法偶有不规范的情况。扣 0.5 分、1 分。

三档：词汇、语法屡有不规范的情况。扣 2 分、3 分。

（3）自然流畅程度，共 5 分。分三档：

一档：语言自然流畅。扣 0 分。

二档：语言基本流畅，口语化较差，有背稿子的表现。扣 0.5 分、1 分。

三档：语言不连贯，语调生硬。扣 2 分、3 分。

说话不足 3 分钟，酌情扣分：缺时 1 分钟以内（含 1 分钟），扣 1 分、2 分、3 分；缺时 1 分钟以上，扣 4 分、5 分、6 分；说话不满 30 秒（含 30 秒），本测试项成绩计为 0 分。

四、应试人普通话水平等级的确定

国家语言文字工作部门发布的《普通话水平测试等级标准》是确定应试人普通话水平等级的依据。测试机构根据应试人的测试成绩确定其普通话水平等级，由省、自治区、直辖市以上语言文字工作部门颁发相应的普通话水平测试等级证书。

普通话水平划分为三个级别，每个级别内划分两个等次。其中：

97 分及其以上，为一级甲等；

92 分及其以上但不足 97 分，为一级乙等；

87 分及其以上但不足 92 分，为二级甲等；

80 分及其以上但不足 87 分，为二级乙等；

70 分及其以上但不足 80 分，为三级甲等；

60 分及其以上但不足 70 分，为三级乙等。

[注] 各省、自治区、直辖市语言文字工作部门可以根据测试对象或本地区的实际情况，决定是否免测“选择判断”测试项。如免测此项，“命题说话”测试项的分值由 30 分调整为 40 分。评分档次不变，具体分值调整如下：

（1）语音标准程度的分值，由 20 分调整为 25 分。

一档：扣 0 分、1 分、2 分。

二档：扣 3 分、4 分。

三档：扣 5 分、6 分。

四档：扣 7 分、8 分。

五档：扣 9 分、10 分、11 分。

六档：扣 12 分、13 分、14 分。

（2）词汇语法规范程度的分值，由 5 分调整为 10 分。

一档：扣 0 分。

二档：扣 1 分、2 分。

三档：扣 3 分、4 分。

（3）自然流畅程度，仍为 5 分，各档分值不变。

二、有关概念的解释

（一）语音错误

指明确地把普通话中的一个音读成另外一个音，或读成非普通话的一个什么音，如把“诗”（shī）读作“思”（sī）。

（二）语音缺陷

指声、韵、调发音部位不够准确，而使语音没有达到标准的程度，介于正确与错误之间。

（三）关于轻声问题

普通话绝大多数双音节词语为中・重格式，三音节一般为中・次轻・重格式。轻声一定出现在词末，以前面音节的声调来定调，而且是完全失去原有声调，形成轻声固有的调子。这个固有调型对判断轻声起重要作用。

去声后的轻声因是降低调，不易区分，逐步走向可轻可不轻，如“气氛”。

重・次轻格式是一种很不稳定的格式，如“西瓜”“聪明”都是可轻可不轻的，称之为“可轻读词语”，意即轻读语感更好。

因为各人语感不同，评分时只判断必读轻声词，其他从宽，可不扣分。对二甲以上的肯定会对次轻作出判断，在朗读和说话项则可扣分。

三、注意事项

（一）总体要求

（1）声音洪亮清晰，发音准确到位，适当把握语速，不要过快或过慢。认读顺序由左至右，横着念。

（2）普通话测试不扣负分，遇到不认识的字，不要轻易放弃，而应大胆尝试，甚至猜读。

（二）各测试项注意事项

各省、自治区、直辖市多免测“选择判断”测试项，将该项分值并入“命题说话”测试项，测试项由 5 项变更为 4 项，最后一项“命题说话”分值调整为 40 分。下面以四项测试项逐项说明。

1. 第一题

（1）上声读作半上记为语音缺陷，逐个扣分。

（2）此项测试不含音变，考生将单音节儿化，不论发音是否正确，都记为错误。

（3）每个音节允许应试人改读一次，并以第二次读音记分，隔音节改读无效；多音字只要准确读出其中一个读音，就算正确；有语境限制的，则必须按要求读出。

2. 第二题

（1）语音错误：除声、韵、调发音错误记为错误外，以下情况也记为错误：

①必读轻声词没有读作轻声；

②“一”“不”或该读变调的上声字没有变调，或变调明显不对；

③该儿化没有儿化，或把儿化韵母读成两个音节（没有儿化的音节，如果儿化合适，发音正确，不扣分）；

（2）语音缺陷：声、韵、调缺陷的确定，同第一题；以下情况也记为缺陷：

①词语的轻重音格式不准确：该读轻声的字，轻度不够；不该读轻声的字有轻化倾向；

②儿化不够准确自然；

③变调不完全到位或不够自然；

④多音节词语连读时（声、韵、调、轻、重音等）发音不完全到位、发音不自然等。

⑤上声单念、在词尾念半上，计缺陷；上声变调如“粉笔”念成（21，35）或“舞蹈”读作（21，51），记为两个错误。

（3）一个词语允许改读一次，并以第二次读音记分，隔词改读无效。

3. 第三题

（1）语音错误：语音错误参照第二项，以下情况也记为错误：

①按规律要读轻声的单音节助词、语气词等未读轻声；

②语气词“啊”未按规律变读；

③重叠形容词中 AA 式儿化时，第二个音节没有变调。

（2）声母或韵母有系统性语音缺陷。

某类声母或韵母至少出现 5 次以上语音缺陷。

（3）语调偏误。

①语流中声调有系统性缺陷；

②句调抑扬失当；

③字词的轻、重音失当，或不自然，且有系统性表现；

④音长不规范；或节奏有忽快忽慢现象；

⑤语气词带有明显的方言痕迹。

（4）朗读不流畅。

①字化（迸字）、词化（迸词）不连贯；

②语速过慢，或较长时间停顿；

③回读。

（5）停连不当。

①词语肢解；

②产生歧义。

（6）说明。

① 语调是所有语音问题的组合。“语调偏误”主要指的是方言语调，尤其是字调，表现突出的是音高和音强。

② 单字调错误在错字项扣分，在语调偏误项仍要扣分，因为字调对语调的影响非常明显。

③ 语速在语调中体现，语速还可体现方言色彩。语速不当在语调中扣分。

4. 第四题

（1）说话不是口头作文，是希望考生发音准确并且有话可说，通过说话体现其规范程度、热练程度。说话不是口才考试，说得再感人也不加分。

（2）语言标准程度的评判，是定量与定性相结合的。依“量”定“档”，依“性”定“分”；测试员根据量化记评来确定该项分值。应试人既要有良好的语感，又要有很高的准确度。

（三）熟悉流程，沉着应考

普通话水平测试采用面试方式进行。每场考试会设若干试场，每个试场有测试员至少两名，工作人员一名。测试员负责成绩评定，工作人员负责辅助性工作，如叫号、抽签、计时、录音等。

四、普通话水平测试对象和等级要求

（1）国家机关工作人员应达到三级甲等以上水平；

（2）教师应达到二级以上水平，其中语文教师、幼儿园教师和对外汉语教学教师应当达到二级甲等以上水平，普通话教师和语音教师应当达到一级水平，幼儿园其他人员应当达到三级甲等以上水平；

（3）播音员、节目主持人和影视话剧演员应当达到一级水平，其中国家省级广播电台、电视台的播音员和节目主持人应当达到一级甲等水平；

（4）公共服务行业从业人员应当达到三级以上水平，其中广播员、解说员、话务员、导游等特定岗位人员应当达到二级以上水平；

（5）高等院校和中等职业技术幼儿园的毕业生应当达到二级以上水平。

第八节 计算机辅助普通话水平测试指导

一、国家计算机辅助普通话水平测试系统简介

国家普通话水平智能测试系统（PSCP）基于教育部、国家语言文字工作委员会发布的《普通话水平测试大纲》，准确地对命题说话之外的所有测试题型进行自动评测，自动检测发音者存在的语音错误和缺陷，对使用者高效提升普通话口语水平具有积极的指导意义。

该系统的目标是建立一套方便的、开放的普通话水平测试平台，实现考生在计算机

前完成普通话水平测试，自动对考生的测试语音进行评测，并对全省的测试员进行分配和管理，实现资源共享，在不改变现有人工测试规范的情况下，更方便地使用计算机进行测试。

该系统应用于普通话水平测试工作中，提高了普通话水平测试效率，降低了测试成本和组织难度，同时也可以开展模拟测试，为考生提供针对性的考前指导。这是我国普通话水平测试手段的根本性改革，也是普通话水平测试工作进程中的历史性跨越。

二、计算机辅助普通话水平测试应试须知

（一）考生须在准考证规定的时间内参加测试

（二）考生需交验准考证和身份证等相关证件

（三）测试流程

1. 报到

考生出示身份证等相关证件进入候测室等候编组，并仔细阅读《计算机辅助普通话水平测试应试指南》和本须知。

2. 备测

（1）考生在考务人员的引导下进入备测室，观看测试流程培训课件，按指定试卷准备考试，准备时间为 10 分钟。

（2）考生不得在试卷上做任何记号。

（3）备测时，应关闭通信工具，不得相互交流。

（4）准备完毕，考生将备测试卷留在原处，在考务人员的引导下进入测试室。

3. 测试

（1）考生在考务人员的引导下进入考场，按指定机房入座。

（2）考生应严格按照计算机辅助测试系统的程序和提示进行操作和测试。

（3）进入测试室不能携带除准考证和身份证以外的任何资料。

（四）测试中注意事项

1. 音量

（1）正式测试前有 30 秒的试音时间，试音及测试时应保持中等音量（即两三个人之间正常交谈时的音量），不宜过大或过小。

（2）测试过程中，考生的音量应与试音时保持一致。

2. 语速

考生测试时应根据测试内容的要求，保持适当的语速，要做到吐字清晰完整，速度恰

当，从容不迫。

3. 关于漏读

（1）考生应注意避免漏读，如有“漏读”，按字扣分。

（2）第一、二题各行字词的颜色已设置成蓝黑相间，以便识别，考生应不分颜色，逐行朗读，避免漏行。朗读短文时应注意语音清晰、语义连贯，防止添字、漏字、改字。

4. 关于重复读

第一、二题测试时，考生因个别字词读错而重复读，计算机评分时会自动识别，不会因为一个字词的重读而影响整体评分。朗读短文时则不能出现重复读的情况，否则，计算机评分时将根据评分标准扣分。

5. 关于第四题“命题说话”

（1）“命题说话”测试项共提供了 30 个话题，考生都应事先准备。

（2）测试时，考生应注意屏幕下方的时间提示条，必须说满三分钟。说话时间不足 3 分钟，酌情扣分；说话时间少于或等于 30 秒，说话项成绩计为 0 分。

（3）如有背稿、离题、简单重复、反复纠错等现象，将按评分标准予以扣分。

6. 关于对象感

测试过程中，部分考生面对计算机可能会产生缺乏交流对象的不适感。考生应调整心态，可假设一位交流对象与之进行交流，帮助克服这种不适感。

7. 关于时间把握

（1）正式测试前，考生有 30 秒的试音时间。

（2）测试时，考生可留意屏幕下方的时间提示条，监控每题的用时状况。

（3）普通话测试分为四个部分：即读单音节字词（限时 3.5 分钟），读多音节词语（限时 2.5 分钟），朗读（限时 4 分钟），说话（限时 3 分钟）。前三题测试的时间很充裕，每项测试结束后，考生可点击右下方的“下一题”按钮，进入下一题测试，第四题说满 3 分钟后系统自动提交。

8. 关于环境影响

（1）考生应集中注意力专注于测试，不要去注意其他情况。

（2）计算机辅助普通话水平测试所选用的话筒具有较强的屏蔽功能，不会影响计算机评分。

9. 关于系统操作

（1）考生应了解本须知及《计算机辅助普通话水平测试操作流程和注意事项》。

（2）计算机已设定程序，操作简便，考生只需按提示操作即可完成测试。

（3）测试时，考生不要进行其他操作，不要拉扯各种连接线，以免影响测试。

10. 关于意外情况处理

测试过程中如遇问题，应及时示意，由工作人员来处理。

11. 关于准考证

考生录入准考证号并核对个人信息后，应将准考证置于桌上，便于工作人员在测试过程中检查。

12. 测试完毕，经工作人员允许方可离开测试室

三、计算机辅助普通话水平测试操作流程和注意事项

计算机辅助普通话水平测试系统指考生采用上机模式参加测试。第一题“读单音节字词”、第二题“读多音节词语”和第三题“朗读短文”由计算机辅助普通话水平测试系统自动评分，第四题“命题说话”由省普通话培训测试中心调配优秀测试员通过网络在线评分。

参加测试前，请仔细阅读以下内容：

（一）佩戴耳机（如图 2.2）

（1）就座后戴上耳机（麦克风在左边），将话筒置于嘴唇前方。

（2）戴好耳机后点击“下一步”按钮。

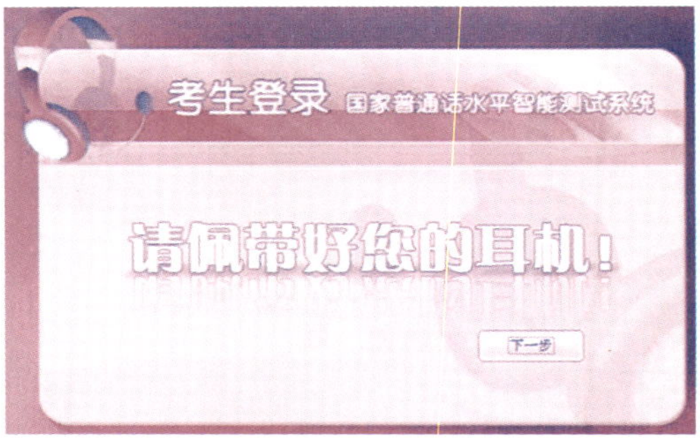

图 2.2

（二）考生登录（如图 2.3）

（1）输入准考证号的后四位。

（2）单击“进入”按钮。

（3）如果输入有误，单击“修改”按钮返回重新输入。

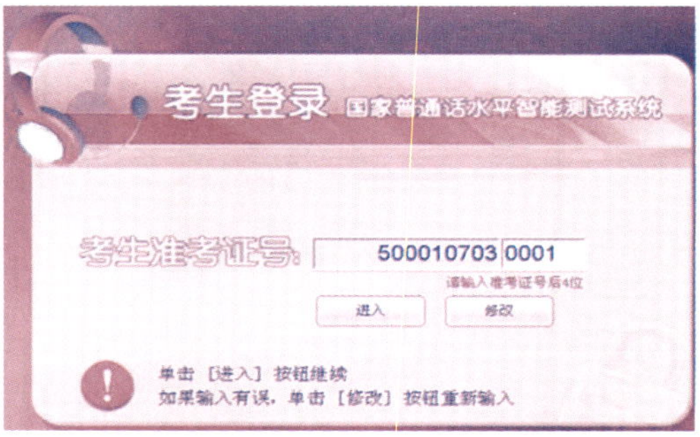

图 2.3

（三）核对信息（如图 2.4）

（1）仔细核对个人信息。

（2）如信息无误，单击“确认”按钮。

（3）如信息有误，单击“返回”按钮重新登录。

图 2.4

（四）试音（如图 2.5、图 2.6）

（1）注意听系统提示语，听到“嘟”的一声后，以正常说话的音量和语速朗读屏幕文本框中的个人信息。

（2）如第一次试音不成功，请点击“确认”按钮后，适当调节音量再试一次。

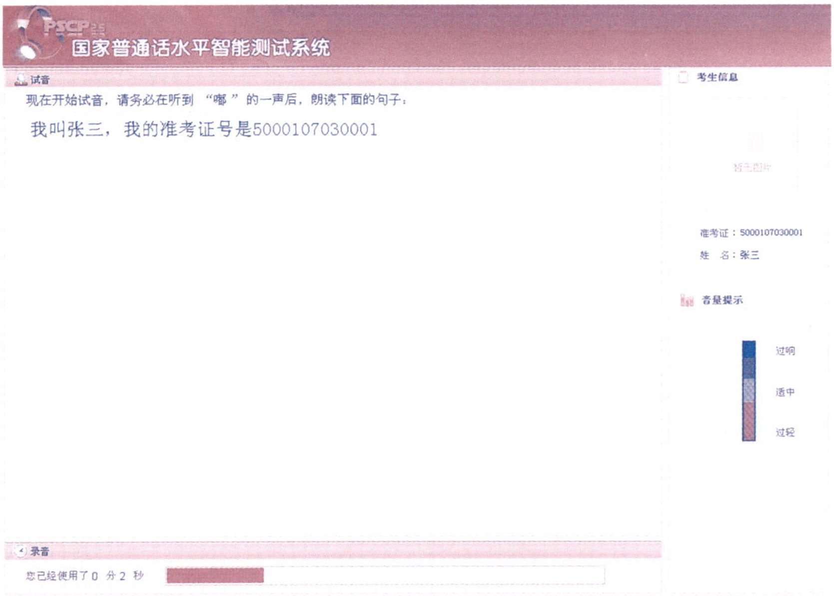

图 2.5

（3）试音成功后，系统自动提示“等待考试指令”。

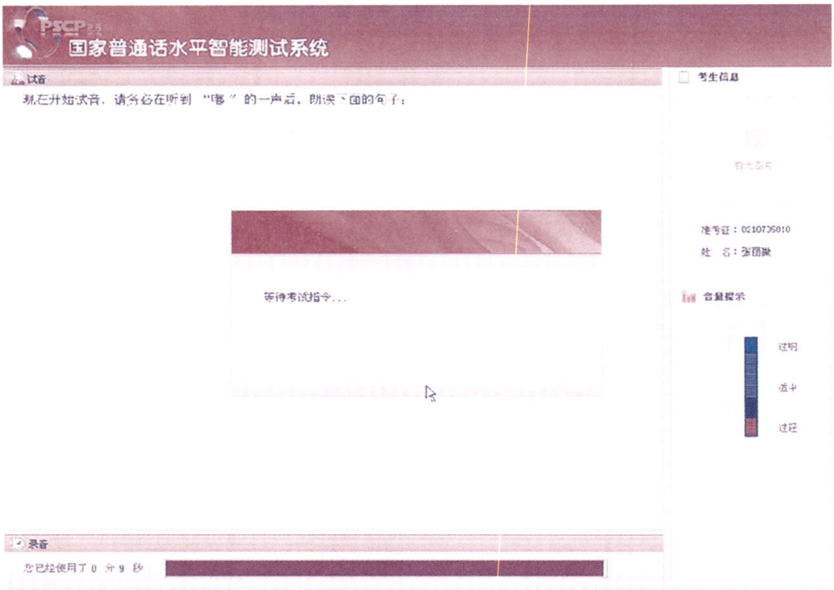

图 2.6

（五）测试（前三题）

（1）每个试题前都有一段提示语，提示语结束听到“嘟”的一声后，开始横向朗读（见图 2.7、图 2.8、图 2.9）。

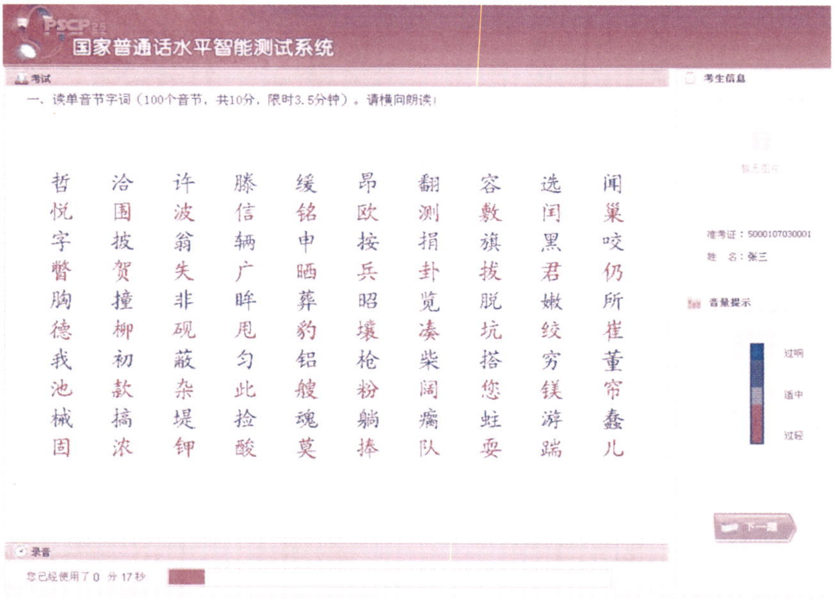

图 2.7　第一题

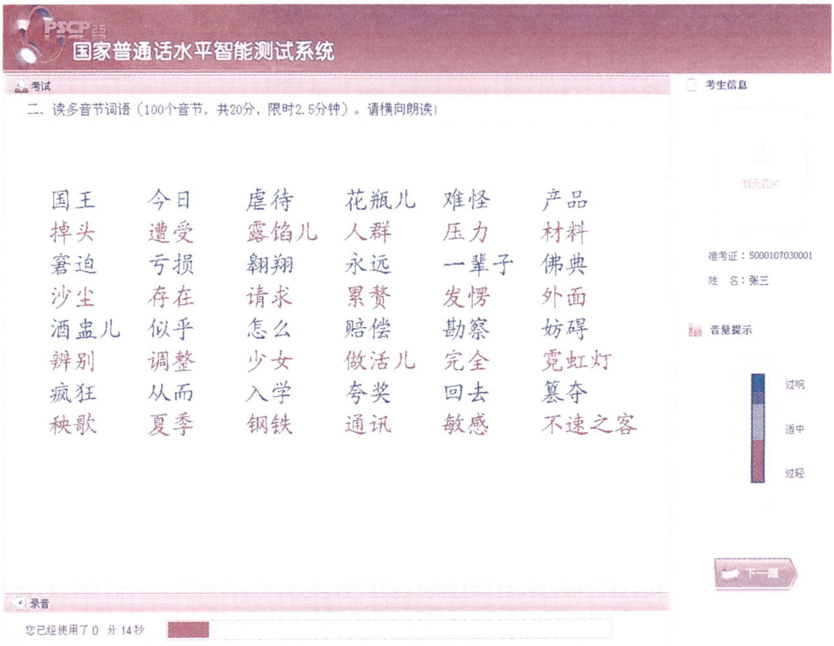

图 2.8 第二题

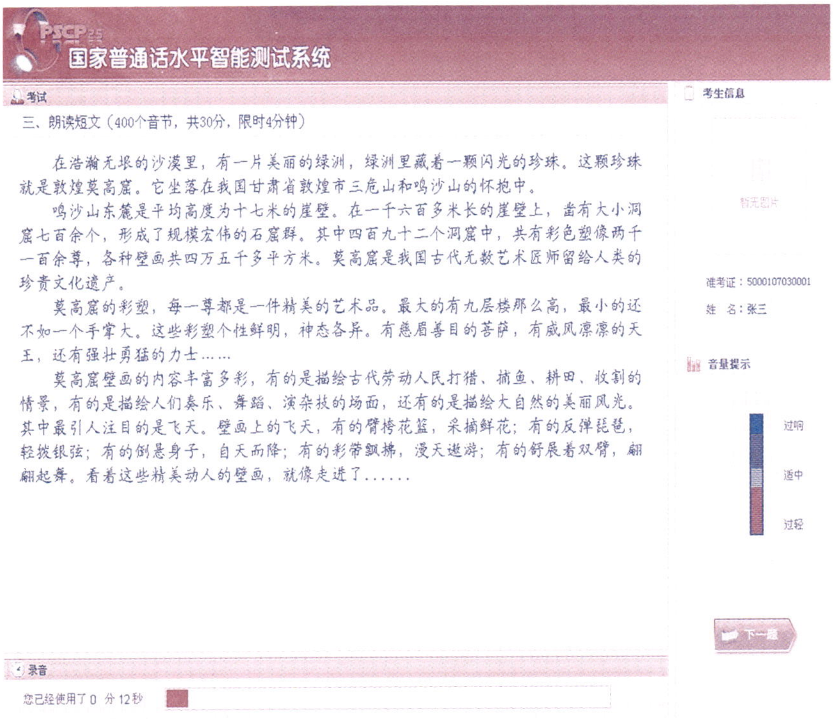

图 2.9 第三题

（2）朗读时应做到吐字清晰，要与试音时的音量和语速保持一致。

（3）朗读时注意不要漏行、错行。

（4）每朗读完一道题目，请立即点击屏幕右下角“下一题”按钮。

（六）第四题，命题说话（如图 2.10）

（1）从两个小题目中选择一个题目说话，并读出所选话题名称。如：我说话的题目是“我喜爱的职业”。

（2）说话内容要围绕题目展开或保持一致，不恶意离题（即说另一个题目的内容），切忌用无效话语填充说话时间。

（3）语言流畅，不背稿子，不复述教材作品内容或者背诵歌词等。

（4）说话要满三分钟（请根据屏幕下方的提示把握时间）。

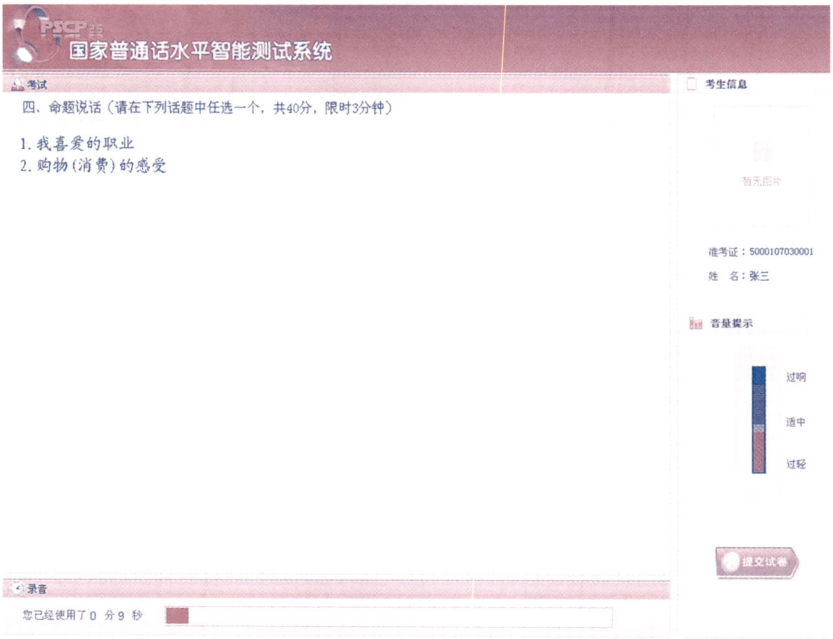

图 2.10　第四题

（七）结束测试

（1）测试结束后，系统自动提交试卷。

（2）摘下耳机，轻轻放到电脑桌上，安静离开考场。

（八）注意事项

（1）测试过程中，不要用手触摸麦克风，同时避免麦克风与面部接触。

（2）测试时，不要随意操作计算机，不要按动与测试操作无关的其他按钮，也不要拉扯各种连接线，避免出现影响录音的情况。

（3）测试时如有疑问，应举手示意，由考务人员处理。

四、计算机辅助普通话水平测试评分细则（试行）

（一）读单音节字词、读多音节词语、朗读短文三项由计算机辅助普通话水平测试系统评定分数

（二）本细则只针对第四项"命题说话"评定分数

1. 语音标准程度（共 25 分。分六档）

一档：语音标准，或极少有失误。扣 0 分、1 分、2 分。

二档：语音错误在 10 次以下，有方音但不明显。扣 3 分、4 分。

三档：语音错误在 10 次以下，但方音比较明显；语音错误在 10 次 ~ 15 次，有方音但不明显。扣 5 分、6 分。

四档：语音错误在 10 ~ 15 次，方音比较明显。扣 7 分、8 分。

五档：语音错误超过 15 次，方音明显。扣 9 分、10 分、11 分。

六档：语音错误多，方音重。扣 12 分、13 分、14 分。

2. 词汇语法规范程度（共 10 分，分三档）：

一档：词汇、语法规范。扣 0 分。

二档：词汇、语法偶有不规范的情况。扣 1 分、2 分。

三档：词汇、语法屡有不规范的情况。扣 3 分、4 分。

3. 自然流畅程度（共 5 分，分三档）：

一档：语言自然流畅，扣 0 分。

二档：语言基本流畅，口语化较多，有背稿子的表现。扣 0.5 分、1 分。

三档：语言不连贯，语调生硬。扣 2 分、3 分。

4. 说话时长把控程度

说话不足 3 分钟，酌情扣分：缺时 1 分钟以内（含 1 分钟），扣 1 分、2 分、3 分；缺时 1 分钟以上，扣 4 分、5 分、6 分；说话不满 30 秒（含 30 秒），本测试项成绩计为 0 分。

5. 表述内容切题程度

离题、内容雷同，视程度扣 4 分、5 分、6 分。

6. 语言表达有效程度

无效话语，累计占时酌情扣分：累计占时 1 分钟以内（含 1 分钟），扣 1 分、2 分、3 分；累计占时 1 分钟以上，扣 4 分、5 分、6 分。

有效话语不满 30 秒（含 30 秒），本测试项成绩计为 0 分。

测试训练

练习一

一、读单音节字词（100 个音节，共 10 分，限时 3.5 分钟）

八 姿 配 伞 熔 挑 平 雇 队 翁 爬 慈 给 愤 丛 尿 鸣 辱 鬼 吕
卡 丝 里 镇 滴 牛 廖 挂 吹 具 洒 致 刀 家 逆 络 娘 化 晚 屈
薄 嗤 吵 炕 贾 休 凉 刷 困 倔 磨 恃 灶 赏 洽 面 享 捋 唇 崔
佛 工 投 蒙 下 添 窘 货 顺 犬 克 相 艘 等 憋 连 琼 桌 妆 玄
执 概 担 恒 啮 宾 胸 槐 爽 俊 责 睬 旱 工 苗 贫 夫 拽 团 循

二、读多音节词语（100 个音节，共 20 分，限时 2.5 分钟）

取暖 雪山 寻常 流派 歌颂 贫穷 脱落 家庭 犬齿 提成儿
马虎 狂欢 搏斗 儿女 兄弟 年轻 下降 许久 裙子 走神儿
发烧 条约 扩张 化肥 热闹 怎样 口诀 累赘 外宾 照片儿
破裂 广义 寡妇 溶解 板凳 思量 损坏 特殊 昆虫 名牌儿
推测 采用 表达 敏感 主人公 所有制 千方百计 没准儿

三、朗读短文（400 个音节，共 30 分，限时 4 分钟）

一个大问题一直盘踞在我脑袋里：

世界杯怎么会有如此巨大的吸引力？除去足球本身的魅力之外，还有什么超乎其上而更伟大的东西？

近来观看世界杯，忽然从中得到了答案：是由于一种无上崇高的精神情感——国家荣誉感！

地球上的人都会有国家的概念，但未必时时都有国家的感情。往往人到异国，思念故国，这国家概念就变得有血有肉，爱国之情来得非常具体。而现代社会，科技昌达，信息快捷，事事上网，世界真是太小太小，国家的界限似乎也不那么清晰了。再说足球正在快速世界化，平日里各国球员频繁转会，往来随意，球员们不论国籍，只效力于自己的俱乐部，他们比赛时的激情中完全没有爱国主义的因子。

然而，到了世界杯大赛。各国球员都回国效力，穿上与光荣的国旗同样色彩的服装。在每一场比赛前，还高唱国歌以宣誓对自己祖国的挚爱与忠诚。一腔爱国情怀油然而生，立刻热血沸腾。

在古代，国家间经常发生对抗，好男儿戎装卫国。国家的荣誉往往需要以自己的生命去换取。……

四、命题说话（请在下列话题中任选一个，共 40 分，限时 3 分钟）

1. 学习普通话的体会

2. 难忘的旅行

练习二

一、读单音节字词（100个音节，共10分，限时3.5分钟）

捺 卡 擦 波 佛 涡 割 赦 惹 测 紫 刺 丝 翅 拾 尔 派 改 崽 美

非 贼 昭 拢 凿 否 扣 抽 凑 版 氮 蘸 染 苯 愤 刃 棒 党 涨 耕

呈 圣 憎 统 脓 供 融 戚 当 什 夹 下 瞥 选 列 漂 鞘 扭 六 修

免 舔 乾 民 磷 明 令 酿 享 穷 兄 堡 簇 粟 母 挂 跨 划 拓 挪

块 怀 灰 催 绥 断 缓 转 囤 唇 吮 笋 矿 矩 决 却 倦 均 群 畜

二、读多音节词语（100个音节，共20分，限时2.5分钟）

举止 鼻子 冷落 选取 答应 水平 厂房 创伤 品德 包干儿

君权 累积 勋章 多么 迫害 剥削 群体 两栖 五谷 差点儿

同样 恰似 深化 蝌蚪 揣摩 才能 参观 操作 逃走 嗓门儿

台风 溶解 刷新 扭转 慨然 矛盾 描绘 民国 崩溃 饭馆儿

雄伟 率领 流传 非常 增强 部分 辩证法 望远镜 周而复始

三、朗读短文（400个音节，共30分，限时4分钟）

我爱月夜，但我也爱星天。从前在家乡，七八月的夜晚在庭院里纳凉的时候，我最爱看天上密密麻麻的繁星。望着星天，我就会忘记一切，仿佛回到了母亲的怀里似的。

三年前在南京我住的地方有一道后门，每晚我打开后门，便看见一个静寂的夜。下面是一片菜园，上面是星群密布的蓝天。星光在我们的肉眼里虽然微小，然而它使我们觉得光明无处不在。那时候我正在读一些天文学的书，也认得一些星星，好像它们就是我的朋友，它们常常在和我谈话一样。

如今在海上，每晚和繁星相对，我把它们认得很熟了。我躺在舱面上，仰望天空。深蓝色的天空里悬着无数半明半昧的星。船在动，星也在动，它们是这样低，真是摇摇欲坠呢！渐渐地我的眼睛模糊了，我好像看见无数萤火虫在我的周围飞舞。海上的夜是柔和的，是静寂的，是梦幻的。我望着许多认识的星，我仿佛看见它们在对我眨眼，我仿佛听见它们在小声说话。这时我忘记了一切。在星的怀抱中我微笑着，我沉睡着。我觉得自己是一个小孩子，现在睡在母亲的怀里了。

有一夜，那个在哥伦波上船的英国人指给我看天上的巨人。他用手指着：……

四、命题说话（请在下列话题中任选一个，共40分，限时3分钟）

1. 童年的记忆

2. 谈谈卫生与健康

第二编

一般交际口语

第三章 一般交际口语训练

第一节 一般交际口语基本功训练

一、发声技能训练

声音是信息传递的媒介，人人都希望用动听、美妙的声音传递信息、表达情感。这就要求表达者不仅要有规范、清晰的语言表达，更要有富有艺术魅力的声音。因此，掌握正确、规范的发音技巧，用科学的方法训练发声，对幼儿教师是非常重要的。

（一）呼 吸

气息是发声的动力，在大脑的支配下“气动则声发”。日常的谈话和艺术语言的发声，都需要呼吸的支持，语言发声的呼吸控制为声音提供动力。

传统的呼吸方法为胸式呼吸法、腹式呼吸法、胸腹联合呼吸法。胸式呼吸法，又叫浅呼吸。呼气的时候，只把肌肉放松以恢复原状，这种呼吸，吸入的气流量少，气息很浅，在口语表达的时往往会感到中气不足。腹式呼吸法，又叫深呼吸。这种呼吸时腹部放松，比胸式呼吸要深一些，因而呼吸力量要强一些，在平常说话的呼吸中占有优势，是较为理想和常用的呼吸方法。胸腹联合呼吸，就是运用胸部、横膈膜和腹部肌肉共同控制气息。这种呼吸方法增强了对气流的控制能力，能够对气流的强弱、长短进行调节，进而自如地控制声音的高低强弱，以适合各种长时间发声运动，发出的声音也圆润饱满，是一种非常适合语言工作者的呼吸方法。

胸腹联合呼吸的方法：首先，学会吸气。在吸气的过程中，要做到吸到肺底，以吸到肺底的感觉，引导气息通达体内深处，使膈肌明显收缩下降，有效地增加进气量。可以用“闻花香”的意念来帮助完成；两肋打开，吸气时，在肩胸放松的情况下使两肋得到充分的扩展，一般感觉两肋的打开，以左右的平衡运动为主，尤其后腰部感觉较为明显；腹壁“站定”，是在胸部扩张的同时，应使腹部肌肉向小腹“丹田”位置收缩，这就是常说的“气沉丹田”，用手感受腰部像一个气环萦绕。其次就是学会呼气。小腹始终收住，横膈膜徐徐上升，两肋和腰部在努力控制之下逐渐还原，将气慢慢呼出。

呼吸的训练可以进行慢吸慢呼、慢吸快呼、快吸快呼和快吸慢呼。如慢吸慢呼可以通过闻花香来进行，感觉气吸进腹部，后腰部逐渐有胀感，两肋向外扩张，小腹逐渐收紧，吸气至七八成满，控制两秒，然后慢慢吐气，气流均匀而慢慢地流出。慢吸快呼是吸气极慢，呼气急促；先长长地吸一口气后，准备喊操，喊“一、二、三、四”、“向右看齐”、“向前看”等。快吸快呼时很快吸气，马上吐气，如“狗喘气”练习。快吸慢呼是迅速吸一口气，屏息数秒钟，然后用均匀的、气息声数数儿或背诵诗歌，逐渐以少到多，尽量做到不漏气。

（二）换　气

教师从事教学活动，总不能一口气说完所有的话，必须要换气才能保持声音的饱满、圆润、从容和流畅。因此，在语言表达时，总要根据内容和表情达意的需要，采取不同的方式进行换气。

换气分为只吸不呼换气（称小气口）和少呼多吸的换气（称大气口）。前者是用鼻或口急速吸进一小口气，或者在吐完前一个字时不露痕迹地带回一点气。后者是气有出有进，以出带进。在允许瞬间停顿的条件下，先轻轻地吐出一点气，紧接着吸进一口气，其中在句逗停顿处可换大气口。一般来说，在说话、朗读、演讲时有语义停顿的地方都可以换气，还可以根据表情达意的需要进行换气。

在语言实践中，还有一口长气将一段话说完，中间不能间断，以提高气息的控制能力，这叫贯口。

（三）吐　字

发音的清晰准确基于依靠汉语语音特点对唇舌等发音器官的合理把握，就是要讲究“吐字归音”。我国传统说唱艺术总结出来的吐字发声的经验，至今流传，讲究“字头叼住弹出、字腹拉开立起、字尾弱收到位”。字头的出字关系到字音的清晰程度，字腹的立字关系到字音的响亮，字尾的归音关系到字音的完整，因此吐字归音对于改善有些人口齿不清、说话含糊是很有效的。

1. 字头的训练

发音时要准确到位，同时力度，注意轻巧灵活。

ba–bi–bu　　pa–pi–pu　　ma–mi–mu　　da–di–du　　ta–ti–tu

na–ni–nu　　la–li–lu　　ga–gu　　ka–ku　　ha–hu

（1）背包　奔波　批评　偏旁　标本　报表　调动　达到　谈天　团体

简洁　四散　重镇　传承　周知　力量　亲戚　轻巧　学习　呼唤

（2）八百标兵奔北坡，炮兵并排北边跑；炮兵怕把标兵碰，标兵怕碰炮兵炮。

（3）哥挎瓜筐过宽沟，赶快过沟看怪狗；光看怪狗瓜筐扣，瓜滚筐空哥怪狗。

2. 字腹的训练

加强开口呼、齐齿呼、合口呼、撮口呼韵母的练习。

大妈　喇嘛　磨破　泼墨　苛刻　立即　迷离　恰恰　妞妞　脸面

吐露　弧度　挂画　还款　动工　区域　缺略　远远　全权　汹涌

3. 字尾的训练

诗词的朗读强调押韵呈现出的声音的美感，有助于训练归音（字尾）的到位程度。

（四）共　鸣

优美动听的声音，主要依靠共鸣。共鸣器官由喉以上的喉腔、咽腔、口腔和鼻腔，以及喉以下的气管和胸腔构成。调节好共鸣器官，找到合适的共鸣位置，可使声音洪亮、圆润，音色刚柔适度、悦耳动听。

共鸣的训练分为以下几种：

1. 共鸣状态练习

首先，以自己感觉最舒服的音高发六个单元音 a、o、e、i、u、ü，体会上下贯通的共鸣状态。发音时用手轻按前胸上部和两颊都会感到振动。

其次，降低声音高度发六个单元音，体会胸腔共鸣的加强；提高声音高度发音，体会胸腔共鸣的减弱，共鸣位置的上移。

2. 胸腔共鸣训练

（1）体会发 ha、hei 练习。

手放在胸前，发 ha 或者 hei，随着声音高低变化，胸部的振动感会减少或增加。胸腔振动明显时，声音是低沉、浑厚的，仔细体会这时胸腔两肋的积极状态，并把这种感觉贯穿或者移植到其他的发声训练当中。

（2）用夸张的上声体会。

美——　　口——　　海——　　久——　　主——　　走——

3. 口腔共鸣训练

口腔是人体可调节的最重要的共鸣腔，口腔也是字音的制造场，因此口腔共鸣的训练应与字音练习相结合。

（1）复韵母的训练。

ai　ei　ao　ou　iao　iu　uai　ui

（2）象声词练习。

可用手捂住鼻子模仿各种象声词，如学鸭子的叫声。

4. 鼻腔共鸣训练

鼻腔共鸣是高音共鸣，是共鸣训练的辅助形式。发音时，可用 a、i 两个元音来体会软腭不同的状态下，交替发出两个元音的口音和鼻化音，体会软腭的不同状态及产生的不同声音色彩。如练习鼻音词汇：面容、牛郎、泥泞、温暖等。

共鸣训练应该具体结合朗读训练进行。如朗读句子，体会如何运用口腔和胸腔共鸣来增加语言的表达色彩。例如：

（1）古诗。

咏柳（贺知章）

碧玉妆成一树高，万条垂下绿丝绦。

不知细叶谁裁出，二月春风似剪刀。

（2）歌词（《又见炊烟》）。

又见炊烟升起，暮色笼罩大地，想问阵阵炊烟，你要去哪里，夕阳有诗情，黄昏有画意，诗情画意虽然美丽，我心中只有你。

又见炊烟升起，勾起我回忆，愿你变作彩霞，飞到我梦里，夕阳有诗情，黄昏有画意，诗情画意虽然美丽，我心中只有你。

（五）练声与嗓音保护

练声是运用系统的方法和材料，结合具体发声条件，通过科学而长期的训练与实践运用以提高提高嗓音质量和发声能力，从而获得声音美感的活动。在训练中，要做到状态积极，量力而行，循序渐进；以字带声，不能因声废字。

1. 练声的时间和地点

练声是一个长期的实践过程，练声的时间因人而异。如果在刚醒后练声，要有一个缓冲的运动，把身体活动开，特别要让大脑进入兴奋状态再发声。

练声的状态要求松弛而积极的，保持心情的愉快和精神的振奋，情绪饱满、戒骄戒躁。练声的时间根据自身嗓子的承受能力而定，一般都在 15 ~ 20 分钟，每天练 3 ~ 4 次，随着嗓子的承受能力的逐渐提高，而加长时间并减少次数。

练声的地点应该选择在噪音比较小，没有明显回音的地方，比如空旷的地方。天气不好时，应该选择在室内练声。由于发声环境影响听觉反馈，最好不要频繁更换练声地点。

2. 嗓音保护

如果在教学中用声不当，很容易造成发音器官的损伤而产生各种病变。我们应该了解正确的用声方法和必要的嗓音保护措施，重视合理用声、保护嗓音。

在发声训练和工作用声中，每个人都应该遵循量力而行的发声原则，养成科学的用声习惯。避免追求音色的过于明亮，不要追求虚声，防止用声偏高或偏低，以及不适当地加大音量或者过长时间的用声，特别是无变化的用声。同时，还需要注意气息的状态和吐字器官的动作对用声的影响，这样才有利于嗓音的保护。

3. 良好的生活习惯

（1）增强体质。

咽喉的健康依赖于整个身体，尤其注意不要感冒。吸气时，不要张开嘴往里吸气，要把舌头抬起来，抵住上齿龈，让气流从舌头的两边，经过舌的湿润，迂回之后进入气管和肺部。在冬天或春天，干燥、寒冷的气流不能直接刺激气管，特别是患有慢性上呼吸道疾病的患者。适当的锻炼对增加抵抗力，增强体质，保护我们的喉部健康是都有好处。

（2）保证充足的睡眠。

睡眠对嗓音的影响很大，睡眠充足嗓子就舒服，睡眠不足嗓子就发紧。刚睡醒的时候，不要马上发过强、过高的声音，可以先喝一杯温水后，嗓子逐渐打开再进入工作状态。

（3）合理的饮食。

医学专家认为饮食和嗓音保健有着密切关系，过冷、过热的饮食习惯都不利于发声。日常饮食尽量少吃或不吃刺激性食物。酒对喉直接刺激，而且扰乱神经；吸烟会使声带黏膜增厚，声音变得暗而低；炒货容易使嗓子发干上火，引起呼吸道感染，尽量少吃。有一些食物对于嗓音保护有利，如梨子、金橘、萝卜、丝瓜、芹菜、紫菜、柿子等。

（4）忌用声过程中喝水。

很多教师习惯边说话边喝水，这种习惯是不好的，会导致声音发生变化，音色接不上。如果要喝，尽量在工作前 15 分钟以前和工作后 15 分钟以后，目的是让发声器官得到充分的休息。

当在特殊时期，如感冒、急性咽炎、慢性咽炎急性发作、嗓子嘶哑、声带充血时尽量不用声，以保护我们的嗓子。

二、语调处理训练

语调是说话时语音高低轻重配置而形成的腔调。进行语调技巧训练的目的是要使教师正确地掌握话语快慢、轻重、停连和抑扬的技巧，以增加说话时的音乐美、节奏感和表现力。

（一）停连训练

停连是指说话或朗读时语言上的顿歇和连接，它包括语法停连和强调停连。

语法停连是反映一句话里面的语法关系，在书面语言里表现为标点。一般按停连时间说，句号、问号、叹号 > 分号、冒号 > 逗号 > 顿号；段落之间的停连 > 句子间的停连。还有句子中主谓之间、述宾之间、修饰限制词与中心词之间的停连。

强调停连是为了强调某一事物，突出某个语意或某种感情，它不受语法停连的限制，而是依据表情达意的需要来决定位置和时间。下面，我们进行一些停顿的训练。

（1）夕阳 / 把水面 / 映得 / 通红，把天空 / 也染成 / 万道影霞。

（2）海水从没有没过我的 / 脚脖子。我就是躺在海面上，海水也只能浸湿我的 / 后背。

（3）燕子去了，有再来的时候；/ 杨柳枯了，有再青的时候；/ 桃花谢了，有再开的时候。

另一种是区分语意的停连，由于停连的位置不同，语义也不同。例如：

1. 亲爱的爸爸妈妈 / 欢迎您！

2. 亲爱的爸爸 / 妈妈欢迎您！

3. 亲爱的 / 爸爸妈妈欢迎您！

（二）重音训练

重音是指朗诵、说话时为了突出主题，表达思想，抒发感情而对语句中的某些词语加以突出、强调的现象。重音位置不同，语意也会随之发生变化。例如：

我**知道**你喜欢跳舞。（别以为我不知道）

我知道**你**喜欢跳舞。（别人喜不喜欢我不知道）

我知道你喜欢**跳舞**。（喜不喜欢唱歌我不知道）

重音一般分为语法重音，逻辑重音，修辞重音。

1. 语法重音

语法重音就是从语法的角度来说，根据语法结构的特点，朗读或朗诵时，把其中的某些音节的声音稍稍加重，就叫语法重音。语法重音不需要过分强调，它只是与其他部分相比，显得稍稍重一点罢了。例如：“太阳出来了。”语法重音就在谓语“出来了”上面。但是当疑问代词做主语时，习惯上则主语为重音了。如：“什么最好？”“谁来了？”语法重音就是在主语“什么”“谁”上面了。一句话中谓语和宾语相比，习惯上宾语是重音。如：“我吃面包。”宾语“面包”是语法重音。

2. 逻辑重音

那些不受语法限制，而由句子的潜在含义所确定的必须强调的音节，就是逻辑重音。

例如：“我是北京人”这句话，如果一般的回答，没有特殊的意思，只要按语法重音的规律，把“北京人”稍稍加重一点就可以了。如果特殊加重地念“北京人”这三个字，其中就有我是北京人，而不是其他地方人的潜在含义了，这里的“北京人”就成了逻辑重音。同样，如果我们把重音放在“是”字上，读成“我是北京人”，那么潜在的含义很明确，即有人说你不是北京人，你把逻辑重音放在了“是”字上以纠正对方的说法。如果有人问：“谁是北京人？”那么根据问话，答话人就会很清楚地把重音放在“我”字上，念成“我是北京人”。这里的“我”就是逻辑重音了。

3. 修辞重音

修辞重音是朗读者对文章中作者采用修辞手段的词给予强调。一般来说，凡是文章中有修辞的文字都应有所强调。例如：

《回延安》中的两句诗：“一口口的米酒千万句话，长江黄河起浪花。”

鲁迅《纪念刘和珍君》中的几句话：“意识当局竟会这样的凶残，一是流言家竟至如此下劣，一是中国女性临难竟能如此从容。”

高尔基《海燕》中的几句话：“一堆堆的乌云，像青色的火焰，在无底的大海上燃烧。大海抓住金剑似的闪电，把它熄灭在自己的深渊里。闪电的影子，像一条条的火蛇，在大海里蜿蜒浮动，一晃就过去了。”

“千万句”用的是夸张，表现的是陕北根据地人民对子弟兵的深情；“凶残”“下劣”“从容”用的是对比，表现的是中国女性面对惨无人道的敌人所表现出来的大无畏；“火焰”“金剑”“火蛇”用的比喻，表现的是海燕在大风暴中的无比坚强勇猛。这些表现力极强的词语通过有声语言的渲染，肯定显得更准确，更鲜明，更生动。

总之，重音的表现方法有很多种，常见的有以下三种情况：第一，加大音量，即有意识地把某些词语读得重一点、响一些，使音势增强。第二，拖长音节，即有意将重读的音节拖长一些，用延长音节的办法使重音突出。第三，重音轻读，即将重音轻轻地吐出。例如：

① 雪纷纷扬扬，下得很大。

② 周—总—理，您—在—哪—里？

③ 风轻悄悄的，草软绵绵的。

（三）语速训练

语速也就是快慢，是有声语言表情达意的一种重要手段。一般来说，平静、庄重、悲伤、沉重、追忆的内容速度慢一些，热烈、欢快、兴奋、紧张的内容速度快一些，而一般的叙述、解说、评述则用中速。语速还与说话的心境有关，一般来说，在激动时（如快乐、急怒、慌乱），说得快，每个音节都短；在心境平静或沉重时（如从容、沉着、悲哀、失望），说得慢，每个音节也就比较长。例如：

1. 甲：姐姐，下班儿后咱们一起去西单逛商场吧？

乙：好嘞！（快速）

2. 雷霆万钧的车头，喷吐出浓烟，鼓起强风，风驰电掣地猛冲过来。（快速）

3. 九十年来，共青团组织始终发扬“党有号召、团有行动”的优良传统，自觉围绕党在各个历史时期的中心任务，发挥自身优势，团结带领广大团员青年，推动中国青年运动始终沿着与民族同命运、与祖国共奋进、与时代齐发展的方向前进。特别是改革开放以来，共青团组织主动适应新形势新任务，积极探索、大胆创新，组织带领广大青年为改革开放和社会主义现代化建设赤诚奉献，开创了共青团事业发展新局面。实践充分表明，共青团不愧是党的忠实助手和后备军，不愧是党联系青年的牢固桥梁和纽带，不愧是社会主义国家政权的重要社会支柱。（中速）

4. 小朋友，今年几岁了？你在哪儿上幼儿园啊？（慢速）

5. 月光如流水一般，静静地泻在一片叶子和花上。薄薄的青雾浮起在荷塘，叶子和花仿佛在牛乳中洗过一样，又像笼着轻纱的梦。虽然是满月，天上却有一层淡淡的云，所以不能朗照，但我以为这恰是到了好处——酣眠固不可少，小睡也是别有一番风味的。（慢速）

（四）句调训练

汉语口语表达的句调又叫语调，也称语气。它主要体现在说话、朗读时的抑扬上。抑扬是指语句的高低升降。抑扬贯穿整个句子，只是在句末音节上表现得特别明显。根据表示的语气和感情态度不同，抑扬可分为以下四种：

（1）扬调：前低后高，语势上升。一般句中暂停的地方也用升调。升调还用于表示号召、鼓动、疑问、反问、设问、惊异等语气。例如：

① 让我们携手共建和谐社会吧！

② 这是他的外套？

③ 同学们去春游了，你去不去？

（2）降调：前高后低，语势渐降。一般用于陈述句、感叹句、祈使句，表示肯定、坚决、赞美、祝福等感情。例如：

① 这是虽在北方风雪的压迫下却保持着倔强挺立的一种树。

② 白杨树实在是不平凡的，我赞美白杨树！

③ 啊！海南岛真美啊！

（3）平调：这种调子语势平稳舒缓，没有明显的升降变化。用于不带特殊感情的陈述和说明，还可表示庄严、悲痛、冷淡等感情。例如：

① 人类的视觉最发达，可是语言诉之于听觉。

② 车队像一条河，缓缓地流在深冬的风里……

③ 今天夜里到明天白天，阴有小雨，最低温度 10 ~ 15 摄氏度，东风 2 级。

（4）曲调：全句语调弯曲，或先升后降，或先降后升。往往把句中需要突出的词语语音拖长。这种句调常用来表示讽刺、厌恶、反语、意在言外等语意。例如：

①“别人在这儿找不到金子后便远远地离开，而我的‘金子’是在这土地里，只有诚实的人用勤劳才能采集到。”

② 可怜的虫子！这样盲目地爬行，什么时候才能爬到墙头呢？

（五）节奏训练

在朗读中，朗读者由一定的思想感情的波澜起伏所形成的、在有声语言的表达上显示出来的快与慢、抑与扬、轻与重、虚与实等各种循环交替的声音形式，就叫节奏。

节奏是就整篇作品说的，因此，节奏不完全等于速度，而速度是构成节奏的主要内容。其中节奏的种类有以下几种类型：紧张型、轻快型、高亢型、低沉型、凝重型、舒缓型。

学会恰当地确定节奏类型，正确地运用节奏进行表情达意很重要。需要注意的是，每一种节奏类型都是对作品的全局性概括，并不是每一句话都符合这一类型。朗读实践证明，善于从具体作品、具体层次、具体思想感情中确定节奏类型，但又不拘泥于某种类型，根据需要合理转换，才是真正地把握了节奏。掌握朗读节奏，必须正确处理不同节奏的朗读，要综合起来练习，要注意运用停顿、重音、语速、抑扬等表达手段。下面我们进行节奏的训练。

（1）小鸟说：“我愿意为朋友们唱歌，让他们高兴。”

大象说：“我愿意为朋友们干活，让他们高兴。”

小兔说：“我愿意为朋友们送信，让他们高兴。”

小蜗牛好着急，他能为朋友们做什么呢？

一天，一群小蚂蚁正在忙着搬东西，他们从小蜗牛身边走过时，小蜗牛向他们友好地微笑。

小蜗牛想：“对呀，我可以把微笑送给朋友们，让他们高兴呀！”小蜗牛就画了好多张图片，上面一只小蜗牛在甜甜地微笑。朋友们看到这张图片，也高兴地笑了。

（轻快型练习）

（2）灵车队，万众心相随。哭别总理心欲碎，六亿神州泪纷飞。红旗低垂，新华门前洒满泪。日理万机的总理啊，您今晚几时回？长夜无言，天地同悲，只见灵车去，不见总理归。（沉稳型练习）

（3）时节刚刚过了秋分，就觉得突然增加了一些凉意。早晨到海边去散步，仿佛觉得那蔚蓝的大海．比前更加蓝了一些，天，也比前更加高远了一些。回头向古陌岭上望去，哦，秋色更浓了。（舒缓型练习）

（4）在苍茫的大海上，狂风卷集着乌云。在乌云和大海之间，海燕像黑色的闪电，在高傲地飞翔。一会儿翅膀碰着波浪，一会儿箭一般地直冲向乌云，它叫喊着——就在这鸟儿勇敢的叫喊声里，乌云听出了欢乐。在这叫喊声里——充满着对暴风雨的渴望！

（高亢型练习）

三、态势语训练

人的态势可以传达人的思想情感，美国心理学家艾伯特·梅拉比安认为：一条信息的表达＝7% 的语言＋38% 的声音＋55% 的面部表情。可见，人们获得的信息大部分来自视觉印象，态势对信息的传达起到了很重要的作用。

（一）态势语的定义与分类

态势语即人的体态和姿势所传达的信息，是说话人通过眼神、表情、手势等将有声语言形象化、生动化，以达到先声夺人、耐人寻味的效果。通俗地讲，态势语是利用身体动作来传递信息的交际手段，也有人称其为人体语言或体态语言。

根据身体各部位的变化，态势语可以分为四类：仪容、神情、姿势、手势。仪容指说话者的身材、容貌、仪表、服饰等。神情指通过人的眼神和面部表情展示出来的心理活动，其所表达的信息极其丰富。姿势是指站姿、行姿和坐姿的态势。手势在口语表达中是指手的规范运用。

（二）态势语的实用原则

1. 补充性原则

态势语能充分弥补有声语言表达的不足。它帮助受话人深刻准确地把握言事意旨，有效地防止因语言表达的空乏而带来的误解。在日常生活中，人们的举手投足、一颦一笑，无不大量地传递着信息，显露着主体的思想感情、爱憎好恶和文化修养。因此，在人际沟通中，要通过自己的动作、姿势来表现个人风度，树立良好形象。

态势语虽然不等同于表述语言，也不像语言表述那么内涵明晰，但如果运用得当，就能对口语交际效果的增强具有促进作用，反之，则会对其效果产生某种干扰和破坏作用。

2. 准确性原则

准确是态势语的生命。教师要注意自己态势语表达的准确性。第一，情感的准确。如老师在批评学生时严肃，表扬时满怀喜悦。第二，动作的准确。如翘起大拇指表示赞扬，点点头表示对他人的肯定。

3. 灵活性原则

稳定不等于死板，对于相关的态势语可以根据不同的对象和实时情景做更改，可以选择不同的态势语言。

4. 美观性原则

美是指表达者在运用态势语的时候，不仅要规范，而且要优美。教师的态势语不能像演员在舞台上那样极具表现力，可是追求的效果是一样的，就是要给学生以美的享受和熏陶。

（三）幼儿教师态势语的运用技巧

口语交际的不同类型对态势语的要求是不同的。有的比较严格，如演讲与交谈；有的比较宽松，如朗读和辩论。幼儿教师的对象是幼儿，对态势语的运用要求也更高、更规范，需要仪容、神情、姿势、手势等态势语的有效配合。

1. 仪 容

仪容对教师外在形象的树立很重要，反映出一个人的内在精神气质，体现着他的文化素养和审美观念。一个人穿得端庄大方往往感到自信，而自信是口语交际成功的重要因素。幼儿教师的仪态、服饰、妆容要求：第一，庄重、整洁、典雅，要能显示出教师丰富多彩的精神世界，不能穿奇装异服；第二，要符合幼儿教师的职业特点，兼顾自身体态、脸型、肤色，不能过分花哨和露骨，朴素大方、便于活动即可。

2. 神 情

眼神是心灵的窗户，能传达出丰富的信息和情感。一般说瞳孔的扩大传达出正面信息，如表示爱情、欢喜、兴奋；相反瞳孔的缩小则传达出负面信息，如表示消极、戒备和愤怒。幼儿教师的目光能起到组织、控制、启发、鼓励幼儿的作用。既然眼神在人际沟通中有重要的作用，那我们就要学会善于运用眼神，在使用眼神时要注意：第一，注意视线接触对方的时间长短；第二，注意视线停留的部位；第三，注意眼神的变化。

（1）表情，即面部表情，指头部（主要是脸部）各部位对于情感体验的反映动作。笑与无表情是面部表情的核心，任何其他面部表情都发生在笑与无表情之间。发生在此两极之间的其他表情都体现了两类情感活动，像愉快（如喜爱、幸福、快乐、兴奋、激动）和不愉快（如愤怒、恐惧、痛苦、厌弃、藐视、惊讶）。愉快是面部肌肉横位，眉毛上扬，瞳孔放大，嘴角向上，面孔显短，所谓“眉毛胡子笑成一堆”；不愉快时面部肌肉纵伸，面孔显长，所谓“拉得像个马脸”。无表情的面孔，叫人不可捉摸，传达出拒绝的信息。

（2）微笑，真诚的微笑在交际中是必备的。它向对方表达自己没有敌意，并进一步表示欢迎和友善。交谈中，笑有各种各样的形式，如狂笑，大笑，微笑，暗笑；如机智的笑，滑稽的笑，幽默的笑；如强笑，苦笑，发作性的笑，欢笑，傻笑，假笑，泛笑，奸笑，嘲笑等。一般来说，对他人的话表示欣赏、赞同，便不时地点头报以微笑；对别人的要求无可奈何，报以苦笑；对别人的话不屑一顾，报以冷笑。总之，从笑声中可以捕捉双方交往的情感信息。

3. 身 姿

教师的身姿包括站姿、坐姿和行姿。如果是站着讲话，则应保持正确的姿势，就是头要端正，腰要直，肩要平，挺胸收腹；坐着与小朋友交谈，不要跷二郎腿。教师在行走时，要昂首挺胸、直线行走，两臂摇动、匀速前进。

教师的姿势对幼儿的影响很大，幼儿的模仿力强，所以教师要跟注意自己姿势的规范性和准确性。

4. 手 势

一个人的手势，通常可以表达一定的信息、思想和情感。幼儿教师应该合理、规范地运用手势。第一种是情意手势，这是用来表达情感态度，使其形象化、具体化的手势，比如“我非常爱他时”，用双手捧胸，以表示真诚之情。情意手势是最常用的、含义最丰富的语言。

第二种是指示手势，这是用来对具体对象方位、高低、尺寸等进行指向的手势，如当讲到自己时，用手指向自己，谈到对方时用手指向对方。第三种是形象手势，这里是指用手势来具体说明东西的形状态势，比如说到高山，手向上伸；讲到大海，手平伸外展等。第四种是象征手势，这种手势是为了把某种抽象的概念表达清楚，例如，在讲故事时，把大军乘胜追击的场面，用五指并齐、手臂前伸来形象说明我军奋勇拼搏的精神，就能引起听众的共鸣。

【案例】

《我爱吃水果》教学实录（片断）

师：请大家看老师手中的这只香蕉，说说它的样子。

生：香蕉弯弯的！

师：你真会观察，用词可真准！谁能说得更好？弯弯的香蕉像什么呢？

生：香蕉弯弯，像月亮。

师：是吗？月亮有时圆圆的，有时弯弯的，我们可用哪个词来形容弯弯的月亮？

生：（想想后）香蕉弯弯的，像月牙！

师：你能自己纠正，了不起！（翘起大拇指）以后，说说要做到用词准确！谁还愿意说说？

生：香蕉弯弯的，像小船！

生：弯弯的香蕉像镰刀！

点评：引导学生用打比方的方式准确表达、鼓励学生大胆想象，尽量把话说得形象、生动。

【案例】

某幼儿园的教师给小朋友讲有关大象的知识，为了说明大象的腿粗，伸出两条胳膊围成圆形加以说明，由于姿势语过分夸张，给幼儿留下大象的腿像水桶一般粗的错误印象。

点评：教师在运用态势语的时候要注意准确，让态势语成为课堂教学的中一种重要的辅助手段。

思考与练习：

朗读下列材料，注意速度、节奏、轻重音和必要的角色及语调变化。

1. 鼠宝宝做客

一天，鼠宝宝想奶奶了，去奶奶家做客。他敲敲门说：“奶奶，我来了。”“噢，宝宝来了，快进来吧！”奶奶赶紧来开门。

鼠奶奶看见鼠宝宝来了真开心，她让鼠宝宝先洗洗手，请他吃花生，“嘿，花生真香呀！”鼠奶奶请鼠宝宝吃饼干，“饼干真甜呀！”吃完花生和饼干，“再喝一杯牛奶吧！”鼠宝宝吃得真开心。

太阳快要落山了，鼠宝宝对奶奶说：“谢谢奶奶，我要回家了，再见。”鼠宝宝走了，奶奶一个人好孤独呀！不一会儿，“笃、笃、笃！”敲门声又响了。鼠奶奶打开门，咦，鼠宝宝怎么又回来了？“奶奶，我有水果糖，很甜的，给你吃。”鼠奶奶眯眯眼，一把抱住了鼠宝宝，夸鼠宝宝是个懂事的好孩子。

2. 水果的营养

山楂含钙量在秋季水果中最高，是降低血压和胆固醇的“小能手”。孕妇和儿童对钙的需求大，这两类人群不妨在饭后吃点山楂。生山楂还有消除体内脂肪、减少脂肪吸收的功效，减肥的人可以多吃。

柚子碳水化合物含量最低，是糖尿病和肥胖患者的佳选。

橘子有丰富的维生素B1，可以止咳化痰，帮助消化。

鲜枣相比其他秋季水果，多项营养元素含量均居首位。

石榴含膳食纤维最高，既防便秘，又治腹泻，还能美白、延缓衰老。

苹果的营养很丰富，它含有多种维生素，含钙量比一般水果丰富得多。

第二节 朗读训练

一、朗读的定义和特点

朗读是把书面语言转变为清晰规范、形象生动的有声语言的再创作活动。朗读不同于一般意义的阅读，不是简单地把文字转变成声音。其特点是朗读者以富于技巧、富于情感的声音，融入自己的独特感受和理解而传达出文字所承载的信息、情感和形象。

朗读者把文字转化为有声语言，与作品对话，与作者心灵进行沟通；激发自己的情感，运用各种有声语言的表达技巧，把作品的内涵阐释出来，把自己的独特感悟抒发出来。作品的解读、感受、表达各个环节都需要朗读者进行创造性的工作。

二、朗读的要求

朗读应使用规范的普通话，做到正确、流利、有感情。

朗读时，首先要做到正确，不丢字、不添字、不改字、不错读字音；其次是流利，要把语句读得流畅自然，读出句读，注意声、韵、调到位，吐字清晰，音色圆润，声音有一定的响度；最重要的是读出感情。朗读时要忠实于原作，把书面作品的情感内涵，通过自己的有声语言创造性地再现给听众。朗读者既要与作者心灵沟通，又要与听众神情交流；既要感染自己，又要使听众产生共鸣。虽然朗读者不是文学作品的代表或化身，也无需扮演作者或作品中的人物，但朗读者必须走进作品，走进作者和作品中人物的心灵世界，才能达到声情合一、返璞归真的境地。

朗读时要避免机械地把文字变成声音，单纯照字读音，或从头到尾没有高低起伏、没有感情色彩和声音抑扬顿挫的“念字式”和“念经式”。要根据作品的内容、风格，以及朗读者的声音条件去朗读。把握好朗读的分寸，做到正确理解与准确表达的统一、思想感情与语言技巧的统一、表达形式与体裁风格的统一。

三、朗读的准备

（一）分清朗读对象，确定朗读目的

在确定朗读目的时，一方面要考虑到作品的内容和主题思想，另一方面也不能将朗读目的和作品的主题思想完全等同起来。朗读目的中，既包含着作者当时的写作意图，又存在着朗读者个人的感受和现实的愿望。朗读的过程是朗读者与听众相互感应的过程，区别对待不同的朗读对象，是实现朗读目的的重要的一环。朗读同一篇作品，朗读对象是幼儿和低年级小学生或者朗读对象是成年人，二者的朗读目的是有极大区别的；朗读的对象同是成年人，由于文化层次的不同，朗读目的也不尽相同。

例如《猴吃西瓜》这篇故事，通过写猴王拾到一个大西瓜，不知道怎么个吃法，众猴争论之后，得出“吃西瓜皮儿”的错误结论，故事的道理清楚明白：告诫人们不能不懂装懂。

如果朗读对象是幼儿，朗读目的可确定为：让听者基本了解故事的情节；故事里有几个人物；初步懂得故事告诉我们的道理。如果朗读对象是成年人，朗读目的就有所不同：要深刻领会故事的含义，知道故事中的猴王、小毛猴、短尾巴猴、老猴等人物形象，其实就是为现实生活中某些人物画像；要认识猴王的自大、愚蠢、虚伪，老猴的倚老卖老、故弄玄虚，从中得到某些启示。

（二）确定朗读基调，设计朗读符号

对作品的选材立意、构思布局、表现手法、语言特色等要认真推敲，准确理解。同时，还应对作品的写作背景、作者的写作目的、思想倾向等有所了解。通过反复阅读，从整体到局部、从局部到整体地仔细揣摩，把握作品的人文内涵和艺术风格。在此基础上，确定朗读的基调。基调指作品的基本情调，即朗读的主要感情基调，或激昂、或悲哀、或深沉、或忧伤、或喜悦……

例如，夏衍先生的《野草》这篇散文，为了说明小草的力量是最大的，文章运用了三组对比：一是将植物的种子与机械力对比；二是将小草与瓦砾、石块对比；三是将坚韧的小草与玻璃棚中养育的盆花对比。通过这些对比，揭示了种子和小草所显示的生命力和它所具有的象征意义。首先理清文章结构和层次，这样朗读时我们思路运动的线索就比较清楚了。

我们在理解作品的基础上，从“小草的力量是最大的”这个主题出发，确定朗读的基调是自然、朴实而又充满了赞美之情。前面用叙述的语速朗读，三组对比的层次感、语气色彩是逐渐加重的。最后一段是作者的总结性话语，作者有感于怀，充满哲理，应读得饱满有力。

朗读者在阅读钻研作品、反复推敲作品时，为了更好地再现作品的思想内容，体现朗读的目的，往往在文字中做些标记，我们把这些标记称为“朗读符号”。下面介绍几种朗读符号，供大家参考使用。例如：

§ 屏东师院语教系系主任黄瑞枝教授以音乐记谱符号注记，颇富创意。

“<”渐强、“>”渐弱、“（”拉长、“.∨”换气、“—”饱满有力、“﹏”波音（颤音）、“↗”上滑、“↙”下滑、“▽顿音”（短促有力，富有弹跳性）、“｜”表示把词或短语分开，停顿时间很短，不换气，通常用在句子中没有标点的地方、“^”表示比原标点符号停顿时间再长一些，可换气也可不换气，看具体情况而定，用在有标点符号的地方、“《”表示较长时间停顿，可换气。“）”表示缩短停顿时间，或不换气连起来读，不停顿。“？”表示主要重音。

§ 台湾某小学编著的一本语文课朗读教材研究

“？”轻读（弱）、“。”重读（强）、“↗”音调上扬、“↙”音调下降、“—↓—”连起来读、“﹏”反复、“rrrr”分段、“....”连续轻读、“。。。。”连续重读、“——”尾音拉长、“∨”注意对比、“△△△△”注意表情、“、”停顿、“<<”渐强、“>>”渐弱、“—○—”两头低，中间高、“○—○”两头重，中间轻、“※”快、“⊙”慢。

§ 林葳葳老师所著的《名家教你朗读》一书中的朗读符号

“、”断句（但气不可以中断）、“—”语音拉长，速度稍慢、“｜”语气紧凑，速度稍快、“.”重读、“﹏”轻读、“）”声调高起（高调）、“（”声调低下（低调）。

读者可以采用其中一种，或撷取各种的精华，另创一种朗读符号。最重要的是自己使用起来得心应手，不易产生错误即可。

四、不同体裁作品的朗读

（一）儿童文学作品朗读

儿童文学作品，是指以儿童为阅读对象的文学作品。体裁有儿歌、儿童诗、童话、寓言、儿童故事、儿童小说、儿童散文、儿童曲艺、儿童戏剧、儿童影视和儿童科学文艺等。这里着重介绍五种体裁作品的朗读。

1. 儿歌朗读

儿歌，是以低幼儿为主要接受对象的具有民歌风味的简短诗歌。儿歌的内容浅显，思想单纯；篇幅简短，结构单一；语言活泼，节奏明快易唱。朗读时要咬字清楚，语音正确，富有节奏，感情充沛，有很强的感染力。

2. 诗歌朗读

诗歌作为一种文学体裁，具有抒情性，旨在表达人的自我内心世界和抒发对自然、社会、人生的心灵感受。托尔斯泰说：“诗是人们心里燃烧起来的火焰。”这个比喻生动地说明了抒情性的艺术特征，准确把握和深入感受诗歌表达的情感，并将自己的情感体验转化为生动的有声语言来传达给听众，感染听众，达到诗人、朗读者、听众的情感共鸣、心灵沟通。

朗读诗歌要紧紧抓住“情”字。诗人常将自己的情感寄托在具体的意象中。意象是诗人的意中之象，即融入了诗人情思的形象。朗读诗歌要把握好诗的意象，展开联想和想象，既要用形象感受和情景再现的方法，富有感性地表达诗人的意中之象；又要品味内含的情感，富有意蕴地表达诗人的象中之意，将听众带入诗歌的意境之中，去感悟诗的情趣、理趣和妙趣。

诗歌具有音乐性。诗歌的音乐性主要表现为节奏，既指语音有规律地抑扬顿挫所形成的外在节奏，也指诗人情感波动所形成的内在节奏。诗的外在节奏主要是指大致规整的节拍和押韵。节拍也叫音步，通常由一个或几个音节构成；押韵是在诗句的末尾使用韵母相同或相近的字。押韵可以使诗句更加悠扬动听，前后呼应，形成一个完美的整体，增强诗歌的旋律。朗读诗歌时，要显示节拍，押住韵脚，形成和谐动听、朗朗上口的律动美感。

对诗歌朗读而言，把握好诗人内心情感的律动，也就抓住了诗的内在韵律。诗歌外在的抑扬顿挫和内在情感的波动起伏相一致，才能完美地体现诗歌具有的音乐美和情感美。

如果朗读格律诗，还要注意对诗的平仄、对仗给予一定的关注和照应。诗歌的语言要比一般的口语和散文化语言更凝练、更含蓄。因此，朗读诗歌时，在语音的运用上，切忌直白浅露，而要适当内敛而富有蕴涵。

【案例】

再别康桥

徐志摩

轻轻的／我／走了，
　　正如我／轻轻的／来，　　（ai）
我／轻轻的／招手，
　　作别／西天的／云彩。　　（ai）

那河畔的／金柳，
　　是／夕阳中的／新娘，　　（iang）
波光里的／艳影，
　　在我的／心头／荡漾。　　（iang）
软泥上的／青荇，
　　油油的／在水底／招摇，　　（iao）
在康桥的／柔波里，
　　我甘心做／一条／水草！　　（ao）

那榆阴下的／一潭，
　　不是清泉，／是天上的虹；　　（ong）
揉碎在／浮藻间，
　　沉淀着／彩虹似的／梦。　　（eng）

寻梦？／撑一支／长篙，

向青草／更深处／漫溯，　　　　（u）
满载／一船／星辉，
　　在星辉／斑斓里／放歌。　　　　（e）

但／我不能／放歌，
　　悄悄／是别离的／笙箫；　　　　（iao）
夏虫／也为我／沉默，
　　沉默／是今晚的／康桥！　　　　（iao）
悄悄的／我／走了。
　　正如我／悄悄的来；　　　　（ai）
我挥一挥／衣袖，
　　不带走／一片／云彩。　　　　（ai）

【分析】

（1）分析诗歌思想内容，风格样式，确定朗读的基调。

这首诗通过对康河美丽景色的描写，抒发了诗人离开康桥时依依惜别的深情。在朗读诗歌时，首先要体会诗人此时此刻的心绪，康桥美丽的景致令人陶醉，然而却要告别康桥，这使他顿生离愁，整首诗歌充满了这种淡淡的喜悦和淡淡的哀愁。

徐志摩的诗歌语言优美，风格清新，意境深邃。宜用舒缓平和的语速，轻柔的语调，清新柔和的发音来朗读。这样就确定了整首诗的朗读基调。

（2）划分音步，找出韵脚，读出诗的音乐美。

徐志摩的诗富于音乐美，用单行和双行错开一格的排列方式，外部形式的单纯和统一，表现出一种更加单纯的情致，诗行整齐，节奏感强（音步的划分见诗歌）。

朗读这首诗如果能够掌握好音步，不仅能充分展示出情景交融的艺术境界，而且那轻柔而明快的节奏也会像甘泉一样，发出汩汩流淌的悦耳之声，读来朗朗上口。

（3）感性体验，掌握技巧。

《再别康桥》全诗共七节。

第一节，总写诗人与康桥离别的情景。诗人写的是夜晚的康桥。这时，万籁俱寂，诗人不愿意破坏这宁静之美，于是一连用了三个“轻轻的”。朗诵时要强调三个“轻轻的”，但又不能读得很重，可以将声音放低，速度放慢，声音拉长，在“轻轻的”后面稍做停顿，表现出诗人对康桥的眷恋和不忍离去的哀愁。

第二、三、四节诗人写出康河的美，寓情于景。徐志摩曾说过：“康桥的灵性全在一条河上。康河，我敢说，是全世界最美丽的一条河。”诗人强调视觉的富丽，赞颂“金柳”“艳影”“菁荇”“潭”的美丽，勾勒出夜色之下无比美丽的康河，这几节应用亲切、充满柔情的语调，轻快的节奏来朗读，语言连贯，直抒胸臆，“金柳”“艳影”“菁荇”“潭”作重音强调。

第五节，由美景引起诗人的梦幻，字里行间，充满幻想，满怀希望，按不住内心的激动，这是诗人的神来之笔，面对美景产生了高歌的意念。诗歌抒情进入高潮。朗读时要热情奔放，语调高昂，语速稍快，表现出兴奋喜悦情感。“更青处”“一船”“星辉”“放歌”都读重音。

第六节，诗人从梦幻回到现实，感情急转直下。诗人不能高歌是怕破坏静悄悄的氛围，沉默比高歌更能使美好的环境达到和谐，“但／我不能／放歌。”在“但”后作稍长停顿，“不能”二字是重音，体现跌宕起伏的情绪。“悄悄是别离的笙箫”一句读得低缓些，两个“沉默”读得低沉些，反映出深沉的感情。

第七节，写离别的难分难舍，与诗的开头相呼应，但又略有变化，“悄悄的”，比“轻轻的”更增添一层哀愁，一唱三叹，离愁表达得更加哀怨，更加深沉，这一节要用平稳低柔、逐渐放慢的语速朗读。其中两个“悄悄的”要声音放轻，反映出诗人不忍打破这宁静的心情；“一片”二字，要加重语气读；“云彩”二字音拖长，语调低缓，渲染出深深的离愁，达到意境的统一，耐人寻味，引人深思。

3. 散文朗读

散文取材广泛，行文自由，笔触灵活。其表现手法灵活多样，叙述、描写、抒情、议论常兼而有之。它虽不像诗歌那样具有分明的节奏韵律，却具有很强的抒情性和深邃的意境。

朗读散文要深入领会作家的审美情趣，突出散文的情感、神韵，体现散文的情意美、文辞美、韵致美。朗读时，叙述的语言要读得舒展、自然、清晰，描写的语言要读得细致、感性、生动，抒情的语言要读得真挚、内敛，议论的语言要读得有感而发、带情而议，注意作品内容与表现方法、表达角度的一致、吻合。从总体上说应细腻、真实、质朴，重在内心感觉到位。用声不宜太强、太高、太实，应语言舒展、亲切，声音松弛、轻柔，气息绵长，似溪水流淌、好友交心，循着散文优美、生动的语言，去展现散文优美的情致和意境。

具体来讲，散文朗读要注意三点：一是以停顿显示文章语脉层次，用重音突出文章意脉与感情变化，用语调升降来体现某种特定的情感；二是掌握散文节奏的特点，追求感情与声音的和谐统一；三是散文文气氤氲，读时做到轻柔化，如“小溪流水”。

【案例】

春雨的色彩

楼飞甫

春雨，像春姑娘纺出的线，没完没了滴下到地上，沙沙沙，沙沙沙……

一群小鸟在屋檐下躲雨，他们在争论一个有趣的问题：春雨到底是什么颜色的？

小白鸽说：“春雨是无色的。你们伸手接几滴瞧瞧吧。”

小燕子说：“不对，春雨是绿色的。你们瞧！春雨落到草地上，草地绿了！春雨淋在柳树上，柳枝儿绿了……”

麻雀说：“不不！春雨是红色的。你们瞧！春雨洒在桃树上，桃花红了！春雨滴在杏树上，杏花儿红了……”

小黄莺说：“不对，不对，春雨是黄色的。不是吗？它落在油菜地里，油菜花黄了；

它落在蒲公英上，蒲公英的花儿也黄了……”

春雨听了大家的争论，下得更欢了，沙沙沙，沙沙沙……它好像在说：“亲爱的小鸟们，你们的话都对，但都没说全面。我本身是无色的，但能给春天的大地带来万紫千红……”

【分析】

“春雨到底是什么颜色的？”围绕这个有趣的话题，一群小鸟展开了争论。朗读时要注意区别人物的对话，宜用轻快、活泼的语气。

第一段，“没完没了”要拖长字音，突出春雨绵绵的特点。“沙沙沙，沙沙沙……”要读得轻快，有节奏感。

中间几段，小鸟们的对话，要读出情趣。小白鸽的话，语速中等，语气平和。小燕子的话“不对”要加重语气，“你们瞧”语势上扬，两个“绿”字读重音。麻雀的话要语速快、尖细，表现出它的特点。“红色”两字重读，“你们瞧”延长字音，“洒、滴”两字，要读出动态感。两个“红了”加重语气，表现小黄莺听了它们的话，非常着急，争着发表自己的见解。“不对，不对”，语势下降，第二个比第一个读得重。“黄色”加重语气，显示小黄莺自以为正确。“落”、“黄”、“也”都读重音。

结尾一段，拟声词“沙沙沙”要读得欢快、喜悦，与前面略有区别。“万紫千红”提高音调，拖长字音，展示出春雨滋润大地、百花盛开、生机勃勃的美好景象。

4. 寓言、童话朗读

（1）寓言的朗读。

寓言是一种以劝谕或讽刺性的故事为内容的文学样式，通常是假托一个故事来说明深刻的道理，具有讽刺和教育作用。

朗读寓言，首先要确定寓意。寓言的特点之一是借事喻理，每一篇寓言的寓意都是不同的。有的反映人们对生活的看法，有的对某种社会现象加以批评，有的对某一阶层或某一类人物有所讽刺；或提供某种生活的教训，或进行某种劝诫。总之应弄清寓言的寓意是什么，然后抓住关键所在，用最适当的语气语调来表现。其次是抓住特点。每篇寓言所借喻的事物不尽相同，在朗读时应注意把握住特点。最后是揣摩形象。对于寓言中出现的形象，作者总是有所褒贬的。在朗读时，对作品中的形象应好好揣摩，然后决定用什么语气语调朗读。

朗读寓言要着重表现人物性格和思想内容，做到含而不露，引而不发。

【案例】

鹅

鹅对满院儿的家禽说，“从今后，咱们要互相学习，特别是我，有啥缺点大家尽管提，不要客气。”

“请你闲着没事儿别大喊大叫，吵得大家伙儿不得休息。”“唔，我生来就是大嗓门儿，大家捂着耳朵也能解决问题。”“我也来提醒你一声，吃起东西来可不能只顾自己。”“哎，胃口大不能算缺点，何况大家没养成礼让的风气。”“还有你的飞翔术并不高明，可总吹嘘天鹅要来请教你。”“提意见也得有个分寸，不要纠缠那些鸡毛蒜皮。”“有一回，你拉着小鸡的耳朵，说再提意见就把它拖下水。”“我不过跟它开了个玩笑，这算什么批评，简直是打击！”

有些人拿着批评的武器，只是为了装饰自己，千万不要碰到它的痛处，轻轻的搔痒倒还可以。

【分析】

《鹅》是一首寓言诗，其主人公鹅是一个虚伪、专横的角色。它煞有介事地征求意见，表示要和满院儿的家禽互相学习。而当善良、正直的家禽们真的提出意见时，它却一一驳回，甚至倒打一耙，其虚伪、专横的秉性暴露无遗。

朗读时，注意用声音塑造人物形象。

鹅的语气，语调要有渐变的特点，从假意征求意见，到暴怒进行反批评；把家禽分别设定为鸡、鸭、鸽子等，语气、语调诚恳、真挚。例如鹅的语言中，“唔”、“哎”两个语气词，都是一种不以为然的口气；“生来”“不能”应重读，其中“什么批评”、“简直是打击！”用气愤至极的高调，暴露出鹅的本性。

另外，注意寓言是押“i”韵，韵脚“习”“提”“气”“息”“题”“已”“气”“你”“皮”“击”“以”适当读拖音。

最后四句点题部分，可用叙述语调，语速稍慢，应读得中肯而又不乏幽默，突出警示意味。

（2）童话的朗读。

童话是一种通过丰富的想象、幻想和夸张来创造形象、反映生活、对儿童进行教育的文学体裁。它的语言浅显、生动而优美，它的情节饶有趣味，对孩子们有磁石般的吸引力。拟人、夸张、象征、反复等是童话经常运用的表现方法。

朗读童话，一是要有“童心”。就是说，朗读者应该从孩子的心理角度出发，相信童话里讲的一切都跟生活中所发生的一样，是真实可信的，与童话中的“人物”同欢乐、共患难。二是自然、生动与夸张相结合。朗读童话的语气很重要，应尽可能接近口语，自然、流畅。夸张的口吻，可以从节奏、速度、音量等方面进行技巧处理，以求取得较好的效果。

【案例】

猴吃西瓜

猴儿王找到个大西瓜。可是怎么吃呢？这个猴儿王啊从来也没吃过西瓜。忽然他想出一条妙计，于是就把所有的猴儿都召集来了，对大家说：“今天我找到一个大西瓜，这个西瓜的吃法嘛，我是全知道的，不过我要考验一下你们的智慧，看你们谁能说出西瓜的吃法，要是说对了，我可以多赏他一份儿；要是说错了，我可要惩罚他！”小毛猴一听，搔了搔腮说：“我知道，吃西瓜是吃瓤儿！”猴王刚想同意，“不对，我不同意小毛猴的意见！”一个短尾巴猴儿说：“我清清楚楚地记得！我和我爸爸到我姑妈家去的时候，吃过甜瓜，吃甜瓜是吃皮，我想西瓜是瓜，甜瓜也是瓜，当然该吃皮啦！”大家一听，有道理，可到底谁对呢，于是都不由把眼光集中到一只老猴身上，老猴一看，觉得出头露面的机会来了，就打扫一下嗓子说道："吃西瓜嘛，当然……是吃皮啦，我从小就吃西瓜，而且一直是吃皮，我想我之所以老而不死，也正是由于吃了西瓜皮的缘故！"

有些猴儿早等急了，一听老猴儿也这么说，就跟着嚷起来，"对，吃西瓜吃皮！""吃西瓜吃皮！"猴儿王一看，认为已经找到了正确的答案，就向前跨了一步，开言道："对！大家说的都对，吃西瓜是吃皮！哼，就小毛猴崽子说吃西瓜是吃瓤儿，那就叫他一个人吃，咱们大家都吃西瓜皮！"于是西瓜一劈两半，小毛猴吃瓤儿，大家伙儿是共分西瓜皮。

有个猴儿吃了两口，就捅了捅旁边的说："哎，我说这可不是滋味啊！"

"咳——老弟，我常吃西瓜，西瓜嘛，就这味……"

【分析】

朗读这篇童话要注意不同身份的猴的语气的不同。猴王的语气要有威严，有一定的力度；小毛猴年龄小，说话没有经过仔细考虑，声音应尖细一些，语速要快一些；短尾巴猴年龄比小毛猴稍长，他的话经过了思考，语速适中；老猴的语速很慢，但说出的话很有分量，有一种得意与卖弄的感情在内。后两个猴的对话以悄悄话的形式进行，最后一个猴装出一种什么都知道的语气。要注意尽量口语化。

另外，儿童故事的朗读要求与儿童故事讲述相似，后文详谈。

5. 小说朗读

小说是文学的一大样式。它通过故事情节和具体环境的描写，塑造各种各样的人物形象，广泛地、多方面地反映社会生活。与故事相比，小说更注重人物形象的刻画和环境的描写，有更丰富多样的表现手法。人物、情节、环境是小说的三要素。小说朗读，就要从人物、情节、环境三方面下工夫，注意把握小说中的叙述语言和人物语言。

（1）朗读好人物语言。

小说能运用各种手法塑造人物形象，具体展现人物丰富、复杂的内心世界，塑造出性格鲜明，栩栩如生的人物形象。人物语言是显示人物性格特征的"窗口"，要朗读好小说，必须朗读好人物语言。

仔细认真解读小说，了解人物的全貌，抓住人物的基调和特征，形成对人物形象的准确把握。在此基础上设计人物的语言造型，用不同的吐字发音手段来区分人物语言造型，并栩栩如生地表达出来。如年轻人声音要高，并且清亮，咬字较紧；老年人声音较低，并且沙哑，气散，咬字较松；性格粗犷的男性，发音靠后，气息充足，咬字较硬；性格温柔的女性，气息较弱，咬字较软、较松。同时，注意处理好人物的对白与独白。对人物的外貌描写，注意显示其特征；人物的动作描写要富有动感；描绘心理活动的要深入"轻"出。人物的塑造不仅要求形似，更要求神似。

（2）朗读好叙述语言。

小说的叙述语言可以介绍人物、情节，表现时代背景、自然环境等，还可以帮助塑造人物形象。朗读小说的叙述语言一定要清晰，把握好情节的开端、发展、高潮和结尾。语速的快慢，语气的高低强弱，语言的节奏，必须与情节的发展相吻合。要找准上下文衔接点，体现出情感、态度分寸与变化；转换自然，承接顺畅。朗读叙述语言的感觉，在一般情况下，应遵循的一条原则，即朗读者不应是“客观的旁观者”，而应是“热情的知情人”。叙述语言的用声，应运用最舒服自如的中声部，语言应自然、有情、流畅、平稳。叙述语言应根据不同风格内容的作品，运用其相应的基本语气。

有时，可以用非语言表情声音，如哭、笑、咳嗽、气喘等，使人物情状逼真。为渲染环境，加一些象声词：如风声、雨声、枪声等，使朗读更加生动。

【案例】

祝福

鲁迅

那是下午，我到镇的东头访过一个朋友，走出来，就在河边遇见她；而且见她瞪着的眼睛的视线，就知道明明是向我走来的。我这回在鲁镇所见的人们中，改变之大，可以说无过于她的了：五年前的花白的头发，即今已经全白，全不像四十上下的人；脸上瘦削不堪，黄中带黑，而且消尽了先前悲哀的神色，仿佛是木刻似的；只有那眼珠间或一轮，还可以表示她是一个活物。她一手提着竹篮，内中一个破碗，空的；一手拄着一支比她更长的竹竿，下端开了裂：她分明已经纯乎是一个乞丐了。

我就站住，预备她来讨钱。

“你回来了？”她先这样问。

“是的。”

“这正好。你是识字的，又是出门人，见识得多。我正要问你一件事……”她那没有精采的眼睛忽然发光了。

我万料不到她却说出这样的话来，诧异地站着。

“就是——”她走近两步，放低了声音，极秘密似的切切地说，“一个人死了之后，究竟有没有魂灵的？”

我很悚然，一见她的眼盯着我的，背上也就遭了芒刺一般，比在学校里遇到不及预防的临时考，教师又偏是站在身旁的时候，惶急得多了。对于魂灵的有无，我自己是向来毫不介意的；但在此刻，怎样回答她好呢？我在极短期的踌躇中，想，这里的人照例相信鬼，然而她，却疑惑了，——或者不如说希望：希望其有，又希望其无人……何必增添末路的人的苦恼，为她起见，不如说有罢。

“也许有罢，——我想。”我于是吞吞吐吐地说。

“那么，也就有地狱了？”

“啊！地狱？”我很吃惊，只得支吾着，“地狱？——论理，就该也有。——然而也未必，谁来管这等事……”

“那么，死掉的一家的人，都能见面的？”

“唉唉，见面不见面呢？……”这时我已知道自己也还是完全一个愚人，什么踌躇，什么计画，都挡不住三句问。我即刻胆怯起来了，便想全翻过先前的话来，“那是，……实在，我说不清……其实，究竟有没有魂灵，我也说不清。”

【分析】

人物的语言是显示人物性格特征的“窗口”。因此，在朗读人物对话时，务必把握住说话人的个性特征。

小说《祝福》（片断）中的“三问”是祥林嫂临死之前向“我”提出的三个问题。读时“言如其人”，以显示她的语言是她的“间接形象”。随着祥林嫂性格的形成、发展，朗读这“三问”要从她善良、坚韧的个性和被嫌弃、被愚弄而又想赎免“罪孽”的心境出发，来表现她发问时的矛盾痛苦心理。

一问：“就是——”小说中写到祥林嫂发问的声音是放低了的，是极秘密似的切切地说（朗读小说人物对话前后的简短说明时，采用说明式的带过即可，但要使说明情状与人物语言和谐一致）。“一个人死了之后，究竟有没有魂灵的？”“是”字的读音拖长些，渐弱。后半句节奏可快些，语势推向高潮，急速停止。这句话是她经过痛苦的思想斗争，想说，又不说，最后冲破思想束缚，才喷吐出的一问。全句可用气音（即悄声细语的发音）读出，表现祥林嫂的疑惧的精神状态。接着文中“我”回答的话“也许有罢，——我想”一句读时用较为低缓、惊疑的语气。

二问：“那么，也就有地狱了？”读时紧接上句，节奏加快，语调只需在“了”字上稍微翘起。重读“有”字，以示祥林嫂的恐惧样子。接着答话，读时带点吞吐其词、含混躲闪的样子，以示“我”的无可奈何神态。

三问：“死掉的一家的人，都能见面的？”由于上面“我”的答话模棱两可，这里的一问，充分表现了祥林嫂彷徨矛盾的心情。她希望人死后有灵魂，因为她想看见可怜的已死的儿子；但是她又害怕人死后有魂灵，因为她害怕在阴间被锯成两半。这种无可解脱的矛盾，使她在临死前受到了极大的精神折磨，最后的结局必然是悲惨地死去。朗读这句问话的语速要有变化：主语部分缓慢，在重读“都”字之后就用快速讲完。全句以有气无力的音调语气开始，以急促上扬的语调告终。接着的答话，读时含着一种诧异、悚然的色彩，用稍低、稍慢的声音，以便和祥林嫂的语言区别开来。

6. 文言文朗读

文言文朗读应特别注意停顿、语速、重音、语气等。

关于停顿。朗读时常在句子前后和中间作或长或短的停顿，一方面出于换气的需要或使层次分明，另一方面为了充分表达思想感情。朗读中的停顿一般有语法停顿和逻辑停顿。标点符号所表示的停顿和段落之间的停顿属于语法停顿，停顿长短的确定也不是绝对的，应根据语言环境和表达的需要适当掌握和处理。段落内部、句群之间的停顿要长些，段落之间的停顿又要稍长些。朗读骈体文或诗歌，要注意节奏停顿，节奏停顿连而不断。另有逻辑停顿，在没有标点符号处，为加强语气、阐明观点、表达感情，也应作停顿。

【案例】

画蛇添足

楚有/祠者，赐/舍人/卮酒。

舍人相谓/曰："数人/饮之不足，一人/饮之有余。请/画地为蛇，先成者/饮酒。"

一人/蛇先成，引酒/且/饮之。乃/左手/持卮，右手/画蛇//曰："吾能/为之足。"未成，一人之蛇/成，夺其卮。曰："蛇/固/无足，子/安能/为之足。"遂/饮其酒。

为蛇足/者，终/亡/其酒。

【分析】

译文：

楚国有个祭祀的人，赏给门客一壶酒。

门客们互相商量说："大家一起喝这壶酒不够，一个人喝它才差不多。请大家在地上画蛇，先画好的人喝这壶酒。"

一个人最先把蛇画好了，拿起酒壶准备饮酒，却左手拿着酒壶，右手画蛇，说："我能够为它画脚。"他还没有（把脚）画完，另一个人的蛇画好了，抢过他的酒壶，说："蛇本来就没有脚，你怎能为它画脚呢？"话刚说完，就把那壶酒喝完了。

那个给蛇画脚的人最终失去了那壶酒。

关于语速。议论文和说明文以中速为宜，其他文体（如记叙类、抒情类）则依据情节的进展和感情表达的需要来安排。如内容是激动、欢快、紧张，思想感情慷慨激昂、豪迈奔放时，语速要相对快一些；如内容是痛苦、悲伤、低沉、抒情的时候，语速要相对慢一些。

关于重音。朗读时，句子中的某些词语需要重读，比如句子中作谓语的动词要重读。例如"晋军函陵，秦军氾南"中重读的词语为"军"；表示性状和程度的状语常常也要重读，如"能面刺寡人之过者，受上赏""太后盛气而揖之"中重读的词语应为"面""盛气"；表示性状强调的定语要重读，如"据亿丈之城，临不测之渊"中重读的词语应为"亿丈""不测"；表示结果或过程的补语要重读，如"却匈奴七百余里""非抗于九国之师"，其中"七百余里""九国之师"应重读；疑问代词、指示代词常常需要重读，如"当此之时……""此四君者"中"此"要重读。除以上5种外，句子中某些重要突出或强调的词语常常也需要重读，这是因不同的语境而定的，故放在具体篇目中指导。

关于语气、语调。古汉语中的语气同现代汉语一样，有陈述语气、疑问语气、祈使语气、感叹语气，应读出句子的特有语气。需要特别指出的是，疑问语气读升调，感叹语气读降调。

思考与练习：

根据朗读训练指导的要求，自选一篇作品，认真分析并做符号标注，然后朗读作品。

第三节 讲述训练

一、讲述的定义

讲述的定义：把事或物通过口头语言的表达方式讲解和叙述出来。讲述是教师用口头语言直接向学生描述事例、论证事理的一种传授知识的基本方法。它以教师的叙述和说明方式达到教学目的。它是传统的教学方法，也是广为采用的方法之一。

讲述的特点是通用、简便。其方式是由教师讲述、说明，幼儿静听。教师利用这种方法，向幼儿讲述故事、讲解教材，使幼儿明白道理。它的长处是可以传授新知识，并保持系统性和深刻性，简便易行。教师可以通过简明的语言讲清问题，保证教学时间的经济有效。但是，在教学中总使用讲述的教学方法，会使幼儿处于被动接受状态

讲述用语必须规范、明了、流畅，针对幼儿的特点，讲得通俗、生动、活泼，富有趣味性和启发性，语气肯定、语调平稳、语速适度；要大方得体、自然流畅、声音响亮。

二、讲述训练

讲述分为复述、解释、描述、解说、儿童故事讲述。

（一）复 述

复述就是把读到或听到的现成语言材料在理解的基础上加以整理，重新讲述出来的一种口头表达方式。一般分为简要复述、详细复述和创造性复述。采用复述的方法，一方面可以进行记忆能力的训练，强化知识；另一方面可以训练有序、有节、有理的表达能力。要把握好复述内容的条理性、突出重点；一定要交代清楚时间、地点、人物，事情的起因、经过和结果；人物对话可以采取转述的形式；语言力求准确。

（二）解 释

解释是指教师对词语、概念、意义进行准确的解释，对活动规则、要求、方法进行说明的一种讲述形式。根据讲解的内容不同，解释型讲解又可分为意义讲解、演示讲解、示范讲解。

意义讲解应做到简单、通俗，讲解的时间不宜过长，内容不可过深。尤其是对新词的解释和科学道理的说明不必做科学、系统的阐释。如解释“如愿以偿”，只需要让幼儿懂的他的基本意思是“某个愿望得以实现”、“满足了某个心愿”。讲解磁铁吸铁的现象，只要告诉幼儿磁铁有磁性，所以能吸起铁和其他金属，不必要告诉幼儿磁铁有两极以及两极间的相互作用等知识。

演示讲解应做到形象、直观，一般是边讲解边操作直观教具。如健康活动中讲解身体前屈动作要领时，要求幼儿两膝不能弯曲。教师可以边讲解边用手拍拍伸直的膝盖，告诉幼儿这个地方不能弯曲。如在科学活动中讲解“吃下去的食物到哪里去了”，教师可以结合消化系统的挂图从上至下的讲解。

示范讲解在音乐活动、美术活动中用得最多。教师在运用示范型讲解时一定要边做示范边讲解。

（三）描　述

描述型讲述是指运用语言对事物或事件的具体形象、特征，发生、发展的经过进行描述的一种讲述形式，如叙述一件事情、描述动植物的生长情况，等等。根据所描述内容的不同，将描述分为三种：情景描述、叙述式描述、述像式描述。

情景描述是教师对景物的具体形象、场面的情景气氛作形象描述的一种讲述形式。在进行诗歌、音乐、美术等欣赏活动中，经常采用这种方式。

叙述式描述是教师按照时间或空间的顺序，讲述事物发展变化的过程和各部分之间的关系。叙述式描述要注意内容的秩序性、情节性和完整性。

述像式描述是指教师用生动的语言，将人或物的外部形象特征描绘出来的一种讲解方式。述像式讲解要求形象生动、鲜明，能再现事物的典型形象。

（四）解　说

解说是指教师给幼儿论是非、讲道理，使幼儿明白或悟出一定道理的一种讲述方式。要求教师的语气、态度要平等温和，结合幼儿的生活经验，摆事实、讲道理，使幼儿心服口服；不能盛气凌人、强词夺理。

（五）儿童故事讲述

1. 讲述故事的方法

教师讲述故事时首先要根据自己的理解将故事大意弄明白，再用生动的语言讲述故事。讲述故事的方法很多，教师可以自己讲也可以让幼儿参与故事讲述，通过分角色表演，运用声音、动作、表情来表现故事，这样可以激发幼儿的参与兴趣。

2. 讲述故事的选材

教师应该选择符合幼儿的年龄特点的作品，满足幼儿的兴趣；故事情节要生动、形象；语言、意境优美，能激发幼儿的合理想象；故事的句式、节奏有规律，易于幼儿掌握；故事长短适中。

例如《老鼠娶新娘》是中国民间故事，情节生动有趣，内容幽默诙谐，符合幼儿的年龄特点，能够激发幼儿学习的兴趣。老鼠村长找女婿的过程循环往复，有深刻的教育意义；故事篇幅长度适中，句式、节奏多有重复，易于幼儿掌握；人物形象鲜明，能激发幼儿的想象与模仿。

3. 讲述故事的一般步骤

（1）理解故事大意。在理解欣赏故事时，老师要分析故事的重、难点，如何组织语言让幼儿听懂。比如在《老鼠娶新娘》的故事中，让幼儿理解大自然中万物的相生相克、循环往复是非常难的，在活动中，应制造疑问让幼儿猜想，然后运用图谱、箭头等方式帮助幼儿去理解。

（2）理清角色先后顺序，记忆重点句子。一个故事有很多角色，让孩子理清这些角色出现的先后顺序，记住重点句子或对话，是很有必要的。

（3）理解角色的情绪情感，学习用声音、动作、表情表现角色。讲述故事并不仅仅是枯燥的语言复述，故事讲述中除了用语言来表现外，还可以通过声音、动作、表情来丰富，教师在讲述前一定要充分准备，表达的过程中的语调处理要揣摩到位。在《老鼠娶新娘》中，为表现新娘角色，教师可以用不同的方式，比如用大拇指、叉腰、踏脚、昂头等动作表示，也可用低沉、霸气的声音表示，还可用骄傲、蔑视的表情来表示等；讲述《小猪交朋友》时加上动作、夸张的表情就更好了。

4. 讲述故事的技巧

故事，侧重于事件过程的描述，强调的是人物的形象性和情节的连贯性和生动性。因此，在讲故事的过程中，我们要做到把人物形象、事件过程和环境氛围立体地呈现在听众面前，使人如闻其声、如见其形、如临其境，才能吸引幼儿，使之受到感染，收到良好的效果。故事讲得好坏，关键在于生动与否，因此在讲故事过程中需要注意以下几个方面：

首先，处理好开头和结尾。故事的开头一定要有吸引力，要能够引起幼儿倾听的欲望；故事的结尾要能够让幼儿有所思索，富有意味。开头语和结束语都可以根据故事的特点和讲故事的目的进行设计。

其次，处理好叙述性语言和人物语言。要讲好故事，语言必须准确、清晰、生动，声音的高低快慢一定要符合故事情节和人物性格，注意区别故事中作者的叙述语言和人物语言，并注意二者间的转换。叙述语言既要体现讲故事者作为旁观者的客观性，用声自然、平稳，又要体现讲故事者的感情、态度。语气、语速、节奏、音量等随着情节的发展而起伏变化，叙述语言须根据内容、风格的不同，而运用与之相应的基本语气。而人物语言应有故事人物的“角色”感，做到“声如其人”，着力表现人物性格和思想感情，抓住人物的言行和心理活动。如谦虚的人说话平静、真诚，骄傲的人说话盛气凌人；自尊自爱的人说话不卑不亢，奉承拍马的人说话低三下四；性格刚强的人说话铿锵有力，性格懦弱的人物说话有气无力，等等。也可以运用恰当的语气语调进行模仿，在运用“模拟”手段时，声音可以适当地夸张。

最后，还要注意态势语的运用。不同的眼神、姿势、动作、表情等态势语和某些特殊话语的声音模拟，使人物情状逼真，可以增强故事的表现力。但运用时一定要贴切自然，要随着故事内容的发展而变化；面部表情要明确，可略带夸张，手势和身姿幅度要小，千万不要生硬、做作。还可以适当运用口技模拟音响，如模仿自然界的风声、雨声、流水声，模仿人的笑声、哭声和叹息声，也可以模仿动物的鸣叫声以及汽笛声、枪炮声，等等。口技模拟运用得好，可以起到渲染环境气氛的作用，增强故事的真实性和形象性，加强口语的表达效果。

【案例】

小猫和老虎

寇风塞塔马米（许承炜译）

在一座高高的山上，左边有一条路，右边也有一条路。一只小猫从山的右边爬上了山顶，一只老虎从山的左边爬上了山顶。小猫身上的斑纹，跟老虎一模一样。

“咦？！”

“咦！？”

小猫和老虎一见面，都叫了起来。小猫想：“这大概是只顶大顶大的大猫吧？”老虎想：“这大概是只顶小顶小的小老虎吧？”他们在山顶上，面对面说起话来，不一会儿，就成了好朋友。

忽然，“砰”一声枪响，老虎吓得蹦了起来，又四脚朝天倒了下去。小猫吓得捂住耳朵，往草丛里钻。一个猎人拿着枪从树林里走出来，看见老虎朝天躺在地上，可高兴了。

“啊哈！今天运气太好了，我打着老虎啦！”猎人拖不动老虎，转身叫他的伙伴去了。

躲在草丛里的小猫，赶紧跑了出来，使劲儿摇着老虎：“喂！喂！快起来呀！子弹打在哪儿啦？好像没有打着你呀！你吓昏啦？快醒醒，别再躺着啦，猎人再回来，就要捉住你啦！”

小猫拼命摇着老虎。骨碌碌碌，老虎顺着山坡滚下山去了。

就在这时，猎人的伙伴兴冲冲走近一看，地下躺着的是一只虎皮小猫，真是又好气又好笑。他大声说：“哎，这就是你打着的大老虎吗？”

猎人一看，也呆住了：“怎么搞的？”他抓抓脑袋，觉得非常奇怪。

“走吧，走吧，要这样的小猫有什么用啊！”他的伙伴在一边，嘟嘟哝哝地说。猎人没趣极了，只好跟着他下山了。

“嘻嘻嘻，真好玩儿啊！”他们刚走，小猫就张开眼睛，调皮地笑了。他一骨碌跳起来，下山去找老虎。老虎呢，也正往山上爬呢。他们在山坡上碰面了。

“喂，你没事儿吧？”小猫问。

“没事儿，谢谢你救了我！”老虎高兴地回答。

“哈哈哈——”

“哈哈哈——”

小猫和老虎大笑起来，他们成了最要好的好朋友了。

【分析】

猫和老虎的形态有几分相似之处。但形体上一个小巧玲珑，一个是庞然大物；性格上却迥然不同，一个温和，一个凶猛。现实生活中，它们是风马牛不相及的。但在作者的笔下，它们引为同类，结成生死之交，这是作品构思最为奇特之处。

朗读开头部分时，要语气平实，语速中等。“左边有一条路，右边也有一条路”，“也”读得重一些，稍做强调。“一模一样”，要提高字调、拖长字音，以示强调，为后面故事情节的发展作好铺垫。

两个“咦”要读出惊讶、奇怪的感觉，根据两个人物的特征，在音色的处理上应有区别。

小猫的心理活动“顶大顶大的大猫吧”读得夸张些，表现出老虎在小猫眼里完全是个庞然大物。老虎的心理活动“顶小顶小的小老虎”，“顶小顶小”，要重音轻读，反映出老虎眼里的小猫特别小。

“忽然，‘砰’一声枪响……”一段，读得急促，语速稍快。“蹦起来”“倒下去”“捂”“钻”要读出动态感。

猎人的话，要语调上扬，表现出猎人打着老虎后的兴奋、喜悦和颇有几分得意的心情。

小猫救老虎两段，小猫对朋友的关切，对朋友生命安全的焦急、担心，通过小猫的动作、语言表现出来。朗读时语速要快，急迫，短促。

猎人伙伴的话，带着一点嘲笑、挖苦的意味。

结尾几段，小猫和老虎的对话，要读得轻快些，充满情趣。“顶小顶小”的猫，却救了“顶大顶大”的老虎。

思考与练习

1. 根据提示，仔细阅读、分析并处理故事，标注符号、反复练读，然后当众朗读。

鸭妈妈找蛋

鸭妈妈，生鸭蛋，那鸭蛋像大姑娘的脸蛋。谁见了都说：“啊，多么可爱的鸭蛋！”鸭妈妈听了，乐得“呷，呷，呷”地叫：“嗯，这是我生的蛋啊！”

可是，鸭妈妈有个毛病：不在窝里生蛋，她走到哪里，要生蛋了，就生在那里，所以她常常找不到自己生的蛋。

有一天傍晚，鸭妈妈又忘了在哪儿生的蛋了，她在院子里跑来跑去，怎么也找不到，就问母鸡：“鸡大姐，您看见我的蛋吗？您拾过我的蛋吗？”

母鸡说：“我没看见呀！”

鸭妈妈赶紧跑出院子去，正碰上老山羊带着小山羊回来了。鸭妈妈忙问老山羊：“羊大叔，您看见我的蛋吗？您拾过我的蛋吗？”

老山羊说：“我没拾过你的蛋呀！你到池塘边去找找看。”鸭妈妈奔到池塘边，找了好一阵子，还是没找着，只好回到院子里。她看见黄牛回来了，就问黄牛：“牛大伯，您看见我的蛋吗？您拾过我的蛋吗？”

黄牛说：“我可没见过你的蛋，也没拾过你的蛋。你老是丢三落四的，这可不好啊！”

鸭妈妈叹了一口气说：“唉！我忙得很呢，要游泳，要捉小鱼小虾，还要下蛋……一忙，就记不清蛋生在哪儿了。”

黄牛说：“你说你忙，我呢？耕地，拉车，磨面粉，可不像你那样丢三落四的。”

母鸡说：“我也生蛋呀，可我都生在窝里，可不像你天天要找蛋。”

山羊说：“你呀，做事不用脑子！”

鸭妈妈拍了拍脑袋，说：“啊，啊，不是我不用脑子，一定是我的脑子有毛病。”

山羊、黄牛和母鸡一起劝鸭妈妈："你别着急，好好儿想想：你今天到过哪些地方？到底在哪里生了蛋？"

鸭妈妈低下头，从大清早出窝想起——池塘边吗？没生过蛋；草地上吗？也没生过蛋；小树林里吗？根本没去玩儿过。

"啊，啊！"鸭妈妈想起来了，她很难为情地说："今天，今天，我还没生过蛋呢！"

【提示】

这篇童话通过一个没头脑的典型——鸭妈妈，告诉孩子们：做任何事情都要动动脑筋。在处理叙述语言时，用声既要自然、平稳，又要表现说故事者进行劝诫的感情态度，基本语气是富有风趣、带有善意讽刺的。在处理重复的对话时，要仔细体会她在不同阶段的内心活动，通过语调、音量、速度等的明显变化，表现出鸭妈妈的心理状态。在讲述其他动物的对话时，可以运用不同的音色、语调、语气和语速来表现，用声音造型赋予各种角色活力，使得故事栩栩如生，富有感染力。

2. 给故事《瓜瓜吃瓜》设计体态语，注意用恰当的表情、眼神、动作等来表现瓜瓜这一人物的性格特征。

瓜瓜吃瓜

马光复

有个小朋友，他的名字可怪了，他叫瓜瓜，就是西瓜的那个瓜。他干吗叫瓜瓜呀？原来他生下来的时候，胖墩墩，圆滚滚，就像个西瓜。他爸爸正想着给他起个名字呢，他妈妈说："甭伤脑筋了，就叫他'瓜瓜'吧！"

瓜瓜可爱吃西瓜啦，他一下能吃几大块，吃完了，把小背心往上一拉，挺着圆鼓鼓的肚子，用手一拍，嘭嘭嘭地响，说："西瓜在这儿呢！"

有一天，天热极了，瓜瓜又闹着要吃西瓜。妈妈拿出一个小西瓜来，对瓜瓜说："就剩这个小的了，先吃着吧。一会儿，外婆要来，说不定会给你带个大西瓜哩！"

妈妈切开西瓜，上班去了。瓜瓜斜眼儿瞧了瞧那西瓜，撅起了嘴巴，心想："哼，这也叫西瓜？"可他怪口渴的，又想："瓜小，说不定还挺甜！"就拿起一块咬了一口。"唉，一点儿也不甜。"

他吃完一块，心里生着气，一甩手，把西瓜皮从窗口扔了出去，掉在胡同里的路上了。

剩下的几块，瓜瓜气呼呼地咬上几口，也一块接一块地往窗口外面扔。他想："要是外婆真的带个大西瓜来，又大又甜，那该多好啊！"他就趴在窗台上，一个劲儿地往胡同东口望着，外婆每次上他家，都是从东口来的。

哟！来了个人，慢慢地走近了，是一位老奶奶，没错儿，是外婆来了。真的，还抱着一个大西瓜呢！

瓜瓜大声嚷嚷："外婆，我来接你——"就赶紧跑下楼去。

外婆听见了，心里一高兴，加快了脚步。走到垃圾箱旁边，不小心，一脚踩在西瓜皮上，滑了一跤，手里抱的大西瓜，啪嗒一下，摔了个粉碎。"哎哟，谁把西瓜皮扔了这一地！"

瓜瓜出了门看见外婆坐在地上，连忙跑去把她搀起来，一边气呼呼地抬起脚，往西瓜皮上踩："该死的西瓜皮，哪个坏蛋扔的。"

"咦，西瓜怎么这么小——坏了，可不就是他自己扔的吗？"瓜瓜偷偷看了外婆一眼，吐了吐舌头，悄悄地把西瓜皮一块一块拾起来，丢到路旁垃圾箱里去。

瓜瓜再看看外婆带来的大西瓜，瓤儿红红的，一定很甜，可惜碎了，沾上了泥。他只好咽着口水，拿起碎瓜块往垃圾箱里扔。

外婆不知道西瓜皮是瓜瓜扔的，只看见瓜瓜把西瓜皮扔到垃圾箱去，就说："真乖，都像咱瓜瓜这么懂事就好了。"

小朋友，你们猜，瓜瓜听了外婆的话，心里是怎么想的？

第四节 演讲训练

一、演讲的定义

演讲是以宣传鼓动为目的，带艺术性的、严肃的社会实践活动。它要求演讲者面对听众，以有声语言为主要表达形式，以体态语言为辅助形式，系统、鲜明地阐述自己的观点和主张。

二、演讲的特点

（一）现实性

演讲属于现实公众活动范畴，不属于艺术活动范畴，它是演讲者通过对社会现实的判断和评价，直接向广大听众公开陈述自己的主张和看法的现实活动。

（二）艺术性

演讲为了达到启迪心智、感人肺腑的目的，需要借助一些艺术的表现手段增强感染力。演讲的艺术性在于它具有文学特征、朗诵艺术色彩和富有感召力的态势语言，形成了统一的整体感和协调感，即演讲中的各种因素（语言、声音、表演、形象、时间、环境）形成一种相互依存、相互协调的美感。同时，演讲还具备着戏剧、曲艺、舞蹈、雕塑等艺术门类的某些特点。并将其与演讲融为一体，形成具有独立特征的演讲活动。

（三）鼓动性

演讲活动一向被誉为是进行宣传教育、政治斗争的有力武器，人们通过演讲来宣传真理、统一思想、赢得支持，从而引导他人的行为。演讲者在演讲中传播了真善美，自然会引起共鸣，激励和鼓舞听众；演讲者以自己炽烈的感情去引发听众的感情之火，容易达到影响听众的目的；演讲者的形象、语言、情感、体态以及演讲词的结构、节奏、情节等均能抓住听众的心；演讲的直观性使其与听众直接交流，极易感染和打动听众。

（四）工具性

演讲是一门科学，更是一个工具，是人们交流思想的工具。任何思想、任何学识、任何发明和创造，都可以借助演讲这个工具来传播。

（五）针对性

演讲是一种社会实践活动，它所面对的听众也是社会的成员。因此，演讲应具有社会现实的针对性，要与时俱进。演讲者的观点来源于对现实社会生活的归纳和提炼，只有这样，演讲才有说服力、感召力，才能引人深思，发人深省。

三、演讲的分类

演讲的类型多种多样。它的分类没有固定不变的规定，但每种分类都必须采用同一角度和同一标准。探讨演讲的分类，了解各种演讲的性质与特点、区别与联系，是演讲学研究的一个重要课题，对人们参加演讲实践具有一定的指导意义。

根据演讲活动的性质和特点，可以把演讲分成如下类型：

（一）从演讲内容上分类

主要有政治演讲、生活演讲、学术演讲等。

1. 政治演讲

政治演讲是为了一定的政治目的，出于某种政治动机，就某个政治问题以及与政治有关的问题而发表的演讲。它包括外交演讲、军事演讲、政府工作报告、各种会议上的总结报告、政治评论、就职演说、集会演讲、宣传演讲等。政治演讲的特点是具有鲜明的思想性、严密的逻辑性和强烈的鼓动性。

2. 生活演讲

生活演讲指演讲者就社会生活中存在的各种问题、风俗、现象而做的演讲，它表达了演讲者对这些问题的看法、见解和观点。这种演讲涵盖的内容更加广泛，如亲情友谊、迎送（欢迎词、欢送词）、祝酒、答谢等均属此类。

3. 学术演讲

学术演讲指演讲者就某些系统、专门的知识和学问而发表的演讲。一般指学校和其他场合的专题讲座、学术报告、学术发言、学术评论、科学讨论、科学报告或信息报告、学位论文的答辩等，它必须具有内容的科学性、论证的严密性和语言的准确性三大要素，其中学术演讲具有深刻的论证、高度的逻辑修养、严谨的语言风格的特点，同时还有一系列专门的术语。

（二）从演讲的表达形式上分类

主要有命题演讲、即兴演讲和论辩演讲等。

1. 命题演讲

命题演讲由别人拟定题目或演讲范围，并经过一定时间的准备后所做的演讲。它包含两种形式：全命题演讲和半命题演讲。全命题演讲的题目一般是由演讲组织部门来确定的。如某校举行五四青年节纪念活动以“青春·责任”为主题的演讲，要求以此组织材料，准备演讲。命题演讲的特点是：主题鲜明、针对性强、内容稳定、结构完整。

2. 即兴演讲

即兴演讲指演讲者在事先无准备的情况下就眼前场面、情境、事物、人物等临时起兴发表演讲，如婚礼祝辞、欢迎致辞、丧事悼念、聚会演讲等。它要求演讲者要紧扣主题、抓住由头、迅速组合、言简意赅。即兴演讲的特点是：有感而发、现场感强、篇幅短小。

3. 论辩演讲

论辩演讲指由两方或两方以上的人因对某个问题产生不同意见而展开面对面的语言交锋。其目的是坚持真理、批驳谬误、明辨是非。比如，我们生活中常见的法庭论辩、外交论辩、赛场论辩，以及每个人都曾经历过的生活论辩等。论辩演讲较之命题演讲、即兴演讲更难些，它要求演讲者必须具备：正确的思想、高尚的品质、严密的逻辑性、较强的应变性。论辩演讲的突出特点是：针锋相对，短兵相接。

四、演讲的技巧

演讲之所以受人欢迎，一方面是一种选拔人才的方式，同时也是一种极佳的宣传方式，让演讲者和听众都能受益匪浅。

（一）逻辑思维严密

优秀的演讲者，不仅要有广博的学识、精辟的见解、良好的道德修养以及娴熟运用语言的能力，而且必须具有较高的逻辑修养。所谓语言准确，实质上就是做到概念明确，判断恰当，推理合乎逻辑。优美的演讲语言总是包含着无懈可击的逻辑性。所以，演讲者掌握逻辑知识，有助于准确地表达思想，增强语言的表现力。

（二）语言讲究修辞

1. 设 问

设问就是提出问题，但不要求别人回答，而是为了启发人们去思考。用这种方法演讲，能立即将听众的注意力吸引到演讲者身上，集中精力来听取演讲的内容。闻一多先生的《最后一次演讲》一开始就有一个设问：“李先生究竟犯了什么罪，竟遭如此毒手？”这里不是有疑而问，而是无疑而问，接下来是论证李先生其实没有罪，有罪的是国民党当局。

2. 排 比

排比就是用 3 个以上结构形式相同或相似的句子从多方面层层深入进行表意的方法。

这种方法有加强语势、增强语言的节奏感和旋律美的效果。梁启超的《少年中国说》在结尾处连用了7个句式相同的句子："少年智则中国智，少年富则中国富，少年独立则国独立，少年自由则国自由，少年进步则国进步，少年胜于欧洲则国胜于欧洲，少年雄于地球则国雄于地球。"这组排比句，一句重于一句，层层递进，造成了动人心弦的雄健语势，淋漓尽致地表达了演讲者的热切希望和饱满激情，具有"震骇心魄""血沸神销"的魄力。

3. 比 喻

一个新鲜、隽永、精彩的比喻，可以使抽象的概念形象化、深奥的道理浅显化、复杂的事情简单化，而且听起来妙趣横生、耐人寻味。1858年6月，林肯发表了《家庭纠纷》的著名演讲。在演讲题目上，他就将美国比喻为一个大家庭，美国南北闹矛盾、搞分裂就像家庭闹纠纷一样。演讲中有这样一段话："一幢裂开的房子是站不住的。我相信这个政府不能永远保持半奴隶半自由的状态。我不期望房子崩塌，但我的确期望它停止分裂。"

4. 引 用

引用就是通过引用名言警句、诗歌、谚语、故事、道具等，加强演讲的说服力和吸引力，使演讲更为生动、形象，有助于听众对演讲的内容的理解。庄景华在《让我们彼此微笑》的演讲中说道：

真正的微笑，绝不是一种肌肉动力，它是人类美好感情的自然流露。它标志着一个人精神的富有。有一首诗写道：

"微笑一下并不费力，但它却产生无穷的魅力。
受惠者成为富有，施予者并不变穷。
它转瞬即逝，却往往留下永远的回忆。
它带来家庭之乐，又是友谊绝妙的表示。
它可使疲劳者解乏，又可给绝望者以勇气。
如果你偶尔遇到某个人，没有给你应得的微笑，
那么将你的微笑慷慨地给予别人，没有微笑的人更需要它。"

这首诗传自巴黎，是在充满尔虞我诈的资本主义社会里，一位诗人对人与人之间应以真诚相待的热情呼唤。我们中华民族有"文明之邦"的称誉。继承传统美德是我们这一代人，尤其是我们大学生义不容辞的责任。大学生的称号不就意味着我们的知识教养、我们的文明程度在一个较高的水准上吗？一枚校徽，只能在4年内证明我们的大学生身份，而知识教养形成的习惯可以伴我们终身。同学们，拆除人造的藩篱，让我们彼此微笑吧。

（三）态势语言规范

1. 头部语言

演讲中演讲者的头部不是僵直的，而是各种位型交替变化，时而正位，时而侧位，时而点头，时而摇头，时而低头，并配合各种手势和身姿，既有表现力，又生动多姿。

2. 面部语言

俗语说："出门观天色，进门看脸色。"察言观色，看脸色行事。这就是说，人的面部是可以反映出内心情绪变化的。例如，气愤时血管收缩，脸色苍白；激动时血管扩张，脸色涨红；高兴时笑逐颜开；得意时容姿焕发；失意时满脸阴沉。因此，演讲者在演讲时面部表情应该丰富，通过积极的调节、控制和支配，使表情准确地、自然地、恰当地表现自己丰富的情感，使听众便于领会。面部语言，可以将演讲者各种心理活动和情绪变化外化为面部的肌肉活动和神色的变化。

3. 手势语言

罗丹说："没有灵敏的手，最强烈的感情也是瘫痪的。"手势不在于多，而在于简练，在于有表现力。手势还需要自然协调。符合演讲者的身份和性格特征，恰如其分，和谐得体，就是自然。与演讲者的表情配合，与有声语言同步，与其他动作一致，不生硬、不粗俗、不琐屑，这就是协调。自然协调是一种美。

4. 仪表风度

仪表风度就是健康结实、精神抖擞、气宇轩昂、风度翩翩。什么是仪表？仪表就是演讲者的容貌、姿态，包括长相、体型、服饰等，主要是指演讲者的外部特征。总体要求是：整洁大方，庄重朴素；轻便自如，协调和谐；得体入时，因地制宜。风度是指通过个人的言谈、举止、仪表所表现出来个人风格和气度。风度虽然同样是从某些外部特征表现出来的，但却是一个人的精神气质、文化修养、心理禀赋等诸多因素的外化。比起仪表来，风度就显得更内在、更高雅、更丰富。精神充实的人，必然仪表堂堂、举止大方、行为端庄、谈吐高雅。

五、演讲与朗诵、报告的区别

（一）演讲不同于朗诵

（1）演讲与朗诵的范畴不同。演讲属精神实用艺术，侧重于宣传鼓动；朗诵属表演艺术，侧重于欣赏。

（2）演讲的选题有很强的现实性、时代性；朗诵的材料有很强的时空超越性。

（3）演讲讲究激情，其语言有特殊性。演讲有生活化的舞台表演语言，有舞台化了的生活语言，演讲一定要有激情点（高潮）；朗诵追求意境，其语言属于舞台表演语言。

（二）演讲不同于一般的报告

内容上，报告注重政策性、权威性、指导性；演讲则注重典型性、鲜明性。

语言上，报告要求朴实，感情表达不要求大起大落，其基调平稳；朗诵必须要有起伏；演讲不是表演，是表现，要注重控制情绪，最好的演讲者是他的眼泪在眼眶里，而听众的眼泪在脸上。

【案例】

假如给我三天光明

海伦·凯勒

我们谁都知道自己难免一死。但是这一天的到来，似乎遥遥无期。当然，人们要是健康无恙，谁又会想到它，谁又会整日惦记着它。于是便饱食终日无所事事。

有时我想，要是人们把活着的每一天都看作是生命的最后一天该有多好啊！这就便能显出生命的价值。如果认为岁月还相当漫长，我们的每一天就不会过得那样有意义有朝气，我们对生活就不会总是充满热情。

我们对待生命如此倦怠，在对待自己的各种天赋及自己的器官上又何尝不是如此？只有那些瞎了的人才会更加珍惜光明，那些成年后失明失聪的人更是如此。然而，那些耳聪目明的正常人却从来不好好利用他们的这些天赋。人们视而不见，充耳不闻，无任何鉴赏之心。事情往往就是这样，只有失去了东西，人们才会留恋它，生病了才会想到健康的幸福。

我有过这样的想法，如果让每一个人在他成年后的某个阶段瞎上几天、聋上几天该有多好，黑暗将使他们更加珍惜光明，寂静将使他们真正领略到喧哗的欢乐。最近一个朋友来看我，他刚从林中漫步回来。我问他看到了些什么，他说没有什么特别的东西。要不是我早就习惯了这样的回答，我真会大吃一惊。我终于领会到了这样一个道理，明眼人往往熟视无睹。

我多么渴望看看这个世上的一切。如果说凭我的触觉能得到如此大的乐趣，那么能让我亲眼目睹一下该有多好。奇怪的是明眼人对这一切却如此淡漠！那点缀世界的五彩缤纷和千姿百态在他们看来是那么平庸。也许人就是这样，有了的东西不知道欣赏，没有的东西一味追求。在明眼人的世上，视力这种天赋不过增添了一点方便罢了，并没有赋予他们的生活更多的意义。

假如我是一位大学校长，我要设一门必修课——“如何使用你的眼睛”。教授应该让学生知道，看清他们面前一闪而过的东西会给他们的生活带来多大的乐趣，从而唤醒人们那麻木、呆滞的心灵。

请你思考一下这个问题：假如你只有三天光明，你将如何使用你的眼睛？想到三天之后，太阳再也不会在你的眼前升起，你又将如何度过那宝贵的三日？你又会让你的眼睛停留在何处？

思考与练习

参考下列题目，举办演讲比赛。

1. 太阳底下最美丽的职业
2. 坚守心灵的一方沃土
3. 爱与责任
4. 生活从“心”开始

5. 从小事做起，树师德形象
6. 善待自己，呵护希望
7. 培养积极心态，感悟责任人生
8. 永不言弃，我心永恒
9. 让我们做身心健康的老师
10. 我是幼师，我自豪

第五节 朗诵训练

一、朗诵的定义

朗诵是指清晰、准确、响亮、有感情地把文章表达出来，是一种把文字作品转化为有声语言的创作活动。

具体来讲，朗诵是一门艺术，是文学作品的延伸，当朗诵者以优美的声音、清晰而富有激情的语言，同时通过内心感受辅之以手势、眼神等表情动作，绘声绘色地将文字作品生动形象地表达出来，给听众以强烈的感受和艺术上的享受时，朗诵就是融语言与表演为一体的艺术。

说话和朗诵都是语言表达的方式，都可传情达意，那么二者有什么差别呢？稍微思考一下就不难发现：朗诵是表达书面语言，而说话是表达口头语言。一个人只要没有生理缺陷，即使不认识字，也能说话，能与人交谈；而朗诵则要具有一定文化程度的人才能做到。因为，要朗诵，首先就得阅读。理解书面材料中所表达的思想感情，才能把无声的书面语言变成活生生的口头语。朗诵是阅读、思维、想象、口头表达等各种能力的综合运用。所以，朗诵要达到一定的效果，需要掌握一定的朗诵知识和技巧，需要经过一定的训练。

其实，朗诵作为一门口耳艺术，已经有了悠久的历史。《孟子》中就有“诵其诗，读其书”的说法，实际上就是当时朗诵盛况的真实反映。自那以后，朗诵便成为社会进程中文化教育生活的重要组成部分了。不过，在古代，人们不把朗诵叫朗诵，而叫吟诵或吟咏。当时文人墨客喜欢在一起一边饮酒、品茶，一边吟诗作赋，这就是最早的朗诵。

二、朗诵的特点

首先，朗诵是有声语言的“读”的艺术，所以具有有声性；并且这种“读”是有技巧的，并不是简单地把文字念出声来，而是要圆润悦耳，讲究吐字、音色，充满感情。

其次，朗诵有一定文字作品作为依据。这些作品的语言、结构、思想和感情都是确定的。朗诵者只能依据原作进行再创作，不能抛弃作品任意发挥，也就是说，朗诵具有依赖性。

再次，朗诵是朗诵者对文字作品的再次创作，这种再创作要求朗诵者深入理解、具体感受作品，调动自己的真情实感，把作品的无声文字变成饱含感情的有声语言，并配合各种技巧立体地展示出来。这说也就是朗诵的第三个特征——创作性。

又次，朗诵还具有规范性，主要表现在朗诵所选择的文字作品和使用的语言两方面。一般来说，朗诵作品都是规范的，它从思想内容到语言形式都是作者精心创作反复修改而成的，且朗诵者的语言表达也应采用普通话。

最后，因为与听众交流是朗诵直接而明确的目的，为此，要求朗诵者对所描述的环境、场面、人物的命运细加体味，并通过朗诵的语言、眼神、表情活灵活现地将这种感受传达给听众，以求他们的共鸣，所以朗诵还具有共鸣性。

三、朗诵和朗读的区别

在我们看来，似乎朗诵和朗读并没什么不同，都属于单向口语表达的基本形式，都是凭借文字作品进行的，实际上二者有很大的区别：

第一，朗诵的内容主要选取文学作品，如诗歌、散文、小说、故事、寓言、剧本台词等，但是朗读的范围很广，可以说只要是文字，都可以朗读。

第二，朗诵讲求艺术表达，要求气息要充沛，音色要优美，感情色彩要强烈，声音要艺术化；而朗读则不同，它本质上还是一种“念读”，一种应用型的朗声阅读，它更加注重语言的规范、语言的完整和语意的精确，以唤起听者的理智思考。

第三，朗诵一般是指舞台表演，它比朗读要求要高些。朗诵虽然也是按照书面材料诵读，但要求对材料十分熟悉，要求背诵，而且要讲究语言表达技巧；不仅要达意，还要传情，通过面部表情、动作、手势、身段等来加强表达效果。同时可以用相应的化妆、音乐、灯光来强化感情的表达。相对来说，在这些方面，朗读都显得弱些。

第四，朗诵更趋于严谨规范，它一般要求表达者运用标准的普通话进行。而朗读，当然也要求规范标准，但现实生活中，在听众听得明白，能够理解的前提下，方言朗读如读文件社论、读司法公文，以至课堂教学朗读也是存在的。

第五，朗诵的场合一般比较大，地点确定，且往往应有群体对象，而朗读的对象则可以是一个人、几个人或更多的人，人数比较随便，地点可以灵活选用。

四、朗诵的准备

（一）选定作品

一次成功的朗诵，首先取决于朗诵的作品，好的作品，是成功的一半。既然选择朗诵作品如此重要，那么，到底该如何选定朗诵作品呢？一般来说，选定作品应考虑一下几个方面：

第一，作品应有鲜明的主题，健康的内容，高雅的情趣。任何一篇优秀的文学作品，不论散文、诗歌、小说或童话、寓言都有一定立意，也就是说，作者通过一篇作品总要告诉人们一种道理，让人们从中受到教育和启示。朗诵前，选取作品要反复默读，认真分析，比较揣摩，选取内容健康，格调高雅之作。同时，感情要丰富，一篇作品若缺少了真挚而生动的情感，就等于失去了生命，是无以打动听众的。

第二，作品的语言应规范流畅，通俗易懂。因为朗诵主要是作用于人的听觉，转瞬即逝，在短暂的过程中，要唤起听众的思想感情，使之投入到作品的情境中去。若作品深奥难懂、情节曲折、任务庞杂，听来费神劳思，是难以引起听众共鸣的。

第三，作品应符合特定的要求。有些既定性主题朗诵活动，如朗诵比赛、朗诵联谊会等，所选朗诵作品要符合主题要求，不能离题。有些朗诵活动，在朗诵时间、体裁上都有规定，选材时都要注意这些。

第四，作品应符合朗诵者自身特点。朗诵者有年龄、性别、兴趣、爱好、文化层次等的不同，选材时，都要进行整体考虑。例如，老人喜欢节奏徐缓、语调平稳的文章；小朋友则喜欢节奏明快，内容生动活泼的文章；而年轻人则喜欢语调高昂、节奏强烈的作品，等等。另外，男性朗诵者应该选取起伏变化大，感情激越，适合宽厚雄浑音色的作品；女性朗诵者则应选取起伏变化小，感情平缓，适合平和亲切音色的作品。

（二）理解作品

选定好朗诵范本之后，接下来的工作就是对作品进行阅读理解。一般来说，我们可以按如下步骤进行：

第一步，查字典，弄清楚字、词、句的含义。因为，字、词是作品的有机组成部分，如果你要对作品进行整体控制，就必须弄清楚字、词、句等构成单位的基本义和引申义，对一些读不准、意义模棱两可的词语，一定要查字典，朗诵时，应争取不要在这方面出现任何错误。

第二步，理清作品的结构线索。一般来说，好的文章都有精巧的构思、完整的结构，往往一环扣一环、一层接一层，如行云流水，连绵不断。并且，只有理清文章结构思路，才能深入把握文章主题，使表达完美无缺。因此，我们进行作品阅读时，必须理顺作品思路，剖析其内容结构，对文章的开头结尾、过渡照应、层次安排、文章推进或文章转折都应了然于心。

第三步，把握作品的主旨灵魂。可以说作品主旨就是其灵魂，它明确地表达了作者的人生观、世界观和情感倾向。应该说，朗诵的终极目的就是把作者的创作目的、作品的主题传达给听众。所以，必须认真分析、揣摩作品，把握其深刻主题，以摸透作品的情感基调，确定表达的情感倾向。

第四步，分析作品的重点与难点。不同的作品有不同的侧重点和难点。例如，诗词重在语言，小说重在情节，古文难在词句表达，现代文难在意境体现。当你拿到作品后，应深入理解作品，分析其难点、重点，并根据其难点和重点，调用不同的表达技巧，设计表达方式。

【案例】

游子吟

慈母手中线，游子身上衣。
临行密密缝，意恐迟迟归。
谁言寸草心，报得三春晖。

【分析】

此诗历来为人们所歌咏。诵读时，应情真意切。开始诵“慈母”时应快而有力，“手中线”语气缓慢，边读边忆母亲的点滴往事。“游子”声音略提高，“身上衣”声音低缓，前面两字连读，“衣”字稍拖：“临行”节奏放慢，表现难舍之情。

“密密”连在一起，声音低沉有力，语速不宜快；“缝”字缓而有力，且延长读出。“意恐”音量稍微送高，声音中饱含担心之意。“迟迟归”中“迟迟”应比较低沉，语速适中。

“谁言”语气轻，语速缓和；“寸草心”连续，语气低缓。“报”响亮而有感情，“得”字紧跟“报”并延长时值；“三春晖”声音平缓并拖音读出，渗透着子女无法报答像阳光一样的母爱的内疚心情。

【案例】

雪花飘啊飘

清晨起来，拉开窗帘，一个银亮的世界展现在我的眼前。我一看见这纯白的雪片，就只想尽快扑进这雪白的世界。

妈妈送我走出家门，并三番五次叮嘱我路上小心。我只顾观赏雪景，自然觉得妈妈啰唆。“回去吧，真烦人！”便头也不回地上路了。

“妈妈，快，快拉我跑！”

雪地中一位年轻的母亲拉着身后的小女儿跑着、笑着，忽然，母亲脚下一滑，摔倒在雪地上，我忙跑过去拉起她，她却不顾自己，而是马上扶起坐在地上的小女儿。女儿也很懂事地给妈妈拍去头发上的雪，轻轻地问了一声：“妈妈，您疼不疼？”母亲由衷地笑了，笑得那么舒心。

望着雪片纷飞中母女俩紧紧相偎的身影，我的脑海里立刻映出了十年前相似的一幕：那时，我也曾十分乖巧地为妈妈拍雪，扶妈妈走路，可十年后同样的雪天，我却只顾自己的兴致把妈妈的关心搁到一边，也许妈妈并未留意我的话，但十七岁的我应该理解父母的苦心，因为在他们眼里我永远是个长不大的孩子。

也许刚才的那位母亲摔得很重，可小女儿简单的一句“妈妈，疼不疼”，便已化解了她的疼痛，不管外界多冷，一股股暖流也会涌上心头，这便是世上最动人的欣慰，也是像雪一样纯的真情。

雪花飘啊飘，我目送那对母女远去，便急切地回转身，我要回家对父母说：“爸爸、妈妈，雪大路滑，当心啊！”

【分析】

此文感情深厚，处处爱意浓浓，朗诵时，需投入真情实感。

从全文来看，第一段洁白的背景暗示了崇高的主旨，因此要读得平直而饱含感情，“扑”字要重读使之富于动感。

第二段中主人公对母亲啰唆的反感，可模拟厌烦情绪表达，“真烦人”读音稍重。第三段读到母女戏雪时，小女孩“妈妈，快，快拉我跑”的话语要读得轻快，用清晰爽朗的童音，朗诵时适当变音，更增童趣。“母亲”突然摔倒，读到“我”、“母亲”、“小女儿”的动作时，节奏稍快，一点点的紧张更突出关爱之情。“小女儿”的问话应轻读，音稍变。

小插曲给“我”的心灵启发。第五段感情变得深沉些，含有“我”的自责内疚，对父母无理的态度喟叹也凸显出来，用稍缓、轻柔的声音朗读，应显得深沉，有一定感染力。

最后一段，主人公心灵经雪净化，心里变得轻松愉快，节奏轻快。最后一句，感情迸发，气满声高的一句强烈的爱的表达，使情感达到高潮，爱意无限，荡气回肠。

思考与练习：

1. 练习朗诵《轻轻的一声叮咛》。

轻轻的一声叮咛

佚　名

出差在外，在一农家借宿一夜，天放亮时又踏上一段新路。一阵积水响，老大娘追出来，拿着一把她女儿的小花伞：“带上……”看她那慈祥的目光，霎时，我像是听见了母亲的叮咛。

路上果然下了大雨，许多人在树下店旁躲雨，我撑开那把伞，照旧走着，一种说不清却感人至深的温暖和情感洋溢在我的周围。

途中的一天晚上，我在招待所翻书 ，读到一篇《母性》的文章：

我和太太在马来西亚槟榔屿参加一个游览团体。向导带我们到橡胶园参观割胶。一个男童爬上一棵椰树，正打算用弯刀割下一个椰子，他母亲便在附近房子里叫嚷。

我告诉太太：“她说‘孩子，小心啊，别把手指割掉’。”

向导惊讶地问：“原来你懂马来话。”我答：“我不懂。不过我了解母亲的叮咛。”

出差回单位后，我把自己伞下的感受和这则故事说给一位长辈听，他的眼睛似乎有些湿润，他说他的母亲早已过世，但母亲那句“好好工作，注意身体”的嘱咐，一句最平常不过的话，伴随他走过了风风雨雨四十年，成了母亲最珍贵的遗产。

我感动至极。想起了我的母亲。小时候去上学时，她总在我出门时给我整理凌乱的衣服轻轻地叮咛：“走好，听老师话。”

又是一个雨天，我骑车去约会。中华门城门下，刚认识不久的女友走到我身边，轻轻地掀下雨披的帽子：“看你热得，快把雨披脱下来。”原来，雨早已停了，我额上全是汗。空气清新得很，吸入肺腑的全是温馨。

想到每次约会结束，我推着自行车准备走的时候，她忘不了说一句“骑好，晚上早一点休息”。于是我认可她了，因为没有爱心的人，是不会为别人着想的。

2. 练习朗诵苏轼的《水调歌头》。

水调歌头

苏　轼

明月几时有？把酒问青天。不知天上宫阙，今夕是何年？我欲乘风归去，惟恐琼楼玉宇，高处不胜寒，起舞弄清影，何似在人间？转朱阁，低绮户，照无眠。不应有恨、何事长向别时圆？人有悲欢离合，月有阴晴圆缺，此事古难全。但愿人长久，千里共婵娟。

3. 练习朗诵余光中的《乡愁》。

乡 愁

小时候
乡愁是一枚小小的邮票
我在这头
母亲在那头
长大后
乡愁是一张窄窄的船票
我在这头
新娘在那头
后来啊
乡愁是一方矮矮的坟墓
我在外头
母亲在里头
而现在
乡愁是一湾浅浅的海峡
我在这头
大陆在那头

第六节 交谈训练

一、交谈的定义

交谈，是指两个或两个以上的人的谈话或对白。是最常见的生活现象，又是一种十分有意义的交际活动。思想交流、工作洽谈、学术探讨、调查访问以及聊天、谈心、座谈、讨论等都是交谈。人们在交谈中可以沟通感情、消除误会、加深友谊、促进工作、增长知识、愉悦心情。

二、交谈的分类及特点

从目的和性质角度划分，交谈可分为聊天、谈心、问答、洽谈四种。聊天是一种随意的、非正式的交谈。谈心是一种互相倾诉心里话的交谈。问答是一种重在提问与回答的双向性交谈。洽谈是一种与他人商量彼此相关的事情的交谈。对于教师而言，家访也是交谈中的一种形式。

交谈具有下列特点：

第一，双向性。也就是交谈双方互为听众，互为发言人，围绕一个话题，发表各自的意见。

第二，灵活性。交谈双方可以随时提出自己感兴趣的话题，交谈的时间、地点、场合、方式、对象等，可以根据具体情况的不同来灵活地对待和处理。

第三，目的性。交谈双方说的每一句话，都是为了传递一定的信息或表达一定的思想服务的，说话人要根据交谈的情况，围绕交谈的目的调整谈话的内容，如发现谈话偏离目的，要随时加以调整来保证交谈目的的实现。

第四，通俗性。交谈一般不需要做书面准备，说话人也往往来不及对要表述的语言进行加工润色，因此，交谈的语言一般来说，口语性较强，平实自然，通俗易懂。

三、交谈中的和谐原则

第一，合作原则。交谈是一种典型的相互沟通合作的方式，没有沟通合作，交谈就变成了自言自语，所以，交谈中双方要互相配合，善于调动对方的谈话兴趣，并对对方的谈话做出积极的反应，切忌无动于衷，让对方处于唱独角戏的境地。

第二，听说并重的原则。交谈离不开说者和听者，但说者和听者不是一成不变的，而是瞬息之间相互变化，因此，双方要互相配合，说者要成功地把握说话的技巧，听者也要做一个听话能手。

第三，随机应变的原则。交谈是一种灵活性很强的语言交际活动，交谈中的话题可能是经常变幻不定的，交谈双方都要根据情况的不同，随机应变，及时调整自己说话的内容和方式。

四、教师与幼儿交谈的基本要求

第一，多表扬，多鼓励。对表现好的幼儿，要表扬，希望其发扬光大；对表现较差的幼儿，也不能脱口斥骂，要注意以肯定平和的语言自然地与他们交谈，幼儿也是有自尊心的，应把握好分寸。如：“嘿，嘿，你真棒……” “顶呱呱” “真聪明” “真能干”等，启发幼儿发扬优点，克服不足。

第二，以诚相待，亲切和蔼。教师只有像对待自己的子女那样，怀着真挚的爱，实实在在地跟幼儿说话，幼儿才会信任教师，才愿意把自己的真话、实话、心里话讲出来。如果教师过分严厉地与幼儿交谈，会使幼儿有话不敢说，甚至引起心理的逆反。

第三，选择好交谈的时机。与幼儿个别谈话，教师要选择好恰当的时机，谈早了，条件还不成熟，达不到预期的目的；谈晚了，又时过境迁，失去了作用，一般来说，在幼儿情绪发生波动时谈话效果比较好。如当幼儿刚进园时、幼儿有进步而得到表扬奖励时、幼儿之间发生矛盾时，都是个别谈话的最佳时机。

第四，做到恰到好处。教师措辞要恰如其分，实事求是。既不要人为地拔高，也不要大声斥责，伤害幼儿的自尊心。

五、交谈训练

（一）模拟教师与幼儿交谈

训练说明：双方交谈的话题要具体，如以教师询问幼儿为什么不喜欢吃西红柿为话题等。

（二）模拟家庭访问训练

训练说明：

（1）双方的话题要具体（如家庭访问是因为幼儿近阶段在幼儿园的异常表现，教师家访的目的，一是了解情况，二是要求家长配合，等等）。

（2）双方的立场不得发生转变（如“教师”认为幼儿的异常表现与家庭有关，教师已经尽了责任，“家长”有责任也有义务配合幼儿园工作；而“家长”则认为，自己也已尽了最大的努力，是幼儿园没有管好。双方还可辅之以多种原因的解释。“交谈”时，可以表示对对方的理解，但不要轻易接受对方的要求）。

（三）模拟求职交谈训练

训练说明：

（1）双方各自的身份及有关条件可以虚构，但内容要具体（“求职”者可以虚构必要的条件，“招聘者”可以虚构幼儿园）。

（2）双方的立场不得发生转变（“求职者”自始至终想进“招聘者”所在的幼儿园，“招聘者”想方设法将其“婉言”拒之门外。“求职者”不承认自己不够“应聘”条件，“招聘者”不能对求职者表示欢迎）。

（3）双方均不得有使交谈“卡住”的言行（“招聘者”不可以说“人已招满”或“不招聘”之类的话语，“求职者”不可以有“我还不一定肯来呢”之类的言辞，双方只能努力去说服双方）。

思考与练习：

1. 两个人或两人以上围绕中心话题展开交谈。

（1）诚信

（2）我们的榜样——雷锋

（3）第一堂课

（4）我看 ××× 电影

（5）老友重逢

2. 与同事或同学选择一个热点话题展开交谈，并把交谈内容记录下来（或录音），找出不恰当的地方并作修正。

第七节 听话能力训练

一、听话的定义要求

听话是在人际交往中通过听觉器官，接受有声语言吸取信息的过程。听话能力和说话能力是最为普通和应用最广泛的社会交际能力。

听话是吸收，说话是表达，只有听得准确、说得清楚，才能达到交际的目的。随着人类交际活动的频繁，特别是现代科技的迅速发展，用声音传播、保留信息的渠道越来越多了，除了远距离的通讯手段——电话，被人们广泛使用外，那些专门供人们听话的机器陆续问世，有关言语交际的资料表明，在人们日常的言语活动中，“听”占45%、“说”占30%、“读”占16%、“写”占9%。也就是说，人们有近一半的时间在听，可见“听”在日常交际活动中的重要地位。

对听话能力总的要求是：听得准、理解快、记得清，做到听话的一次准确性，有较强的听话品评力和听话组合力。

二、听话训练的内容

听话能力，是人对有声语言的感知和理解能力。只要没有听觉残疾，人在生理上都有听力，但听话能力不仅仅是听力。听话能力包含着复杂的智力活动，而且与人的知识水平、生活阅历、为人修养有着密切的联系。

（一）语音辨识的能力

语音是以说话者的发音器官所发出的声音为载体的，含有一定意义的信息流。对听话者来说，就是用听觉器官接受语音载体，以吸收、分析和理解说话者所发出的信息。听话者首先接触的是语音，人的听觉分析器对语音的辨识是听话的第一道关口。辨识能力是听话能力构成的重要因素。

语音辨识能力，是指对特定语音序列和构成语音各要素的辨别和感知能力，如对音素（元音和辅音）、音位和音节组合规则的感知和辨别，对语音音波（音高、音强、音长、音色）的感知和辨别。识别语音是一个复杂的动态变化的过程，要受主客观许多因素的影响。例如辨别语音要受上下文关系的影响。每一语音都处在系列之中，都是相联系、相比较而存在的。词语要放在句子中，放在与其他词的搭配和联系中来辨识。语音中的抑扬顿挫对语音辨识有很大影响。句法、句义也对语音辨识产生影响。其他如语速、方言、听话人的主观因素等，也会对语音辨识产生不同的影响。如注意力是否集中，能否熟练地领悟语词间的联系搭配，能否准确辨别方音影响等。

（二）听话的记忆能力

听话的记忆能力，是听话能力的重要构成因素。听到的话若不能记住，“左耳进，右耳出”，听话就没有什么意义了。听别人说话能迅速把外部语言材料所负载的信息转化成一种心理形式输入大脑并储存起来，不断地听，不断地记住，使记忆的材料形成网络和系统，这样，听话才是有意义的。

听话中记忆与理解是不可分的。记忆中的已有知识，是理解新听到的话的基础；理解又是记忆的前提。听话要记住“意义”，不等于说词语不重要。利用词语进行记忆，是人类独有的本领。词语有极强的概括力。听话时利用关键词语进行记忆是一条捷径。听话时着重记住说话人的观点和提法，着重记住对重点场景的描述，对重要事物分寸的估量，等等，都能强化听话的记忆。

（三）听话的理解能力

听话的理解力是听话能力的核心。听话的过程，是听者接受了说话者发出的语音，结合自己的已有知识，对其语言信息进行解释，揭示说话者发出语音含义的过程。既包括对含义的理解，又包括对其说话的意图、情感色彩的揣度。这个理解，不是消极的“翻译”，而是添加了听话者的推论、联想。要联系背景材料，了解说话者的目的性和针对性；要思索说话者的本义和言外之意；要领悟和探寻其深层次的含义。所以说，听话者是处在积极的思索、领悟和揣度中。

词语、句子、句群以至整个讲话意义的理解是听话能力的核心。要能听清说话者的大致内容及关键词语，力求准确、完整地理解。

另外，汉语中同音词、近音词多，也应注意识别。如“公式”与“公事”，“攻势”与“工事”，“娇气”与“骄气”，“食油”与“石油”，等等。应该学会在听话过程中从上下句的关系中迅速而准确地判断词语的含义。

三、听话技巧训练

（一）抓住中心，理解主旨

人们说话时，主要使用口头语言。口语的用词范围比较窄，句子比较短，结构比较简单，有时候还有重复、脱节、颠倒、补说的现象；加之口语随想随谈，一发即逝，要想全面、准确理解说话人的意思，应该学会抓中心、抓要点、理解主旨。一般来说，说话人在讲中心问题时，常常用强调的语气，辅之以重音、语速、手势的变化，这些只要在听话时注意观察，比较容易抓住。

（二）掌握层次，理清思路

一般人说话，前面往往是引子，是提示；当中一段话是主要内容，分层来说，每层还可以有解说或举例；最后是结论或强调。依据这样的规律，别人说话时，可以从说话人话语的层次来抓要点，同时也要注意各要点的内在联系，以理清说话人的思路。

（三）记住主要内容

听别人说话，不可能也没有必要一字不差全记下来，应记住主要内容。要做到这一点，听话时就要不断滤掉重复或模糊的信息，而主要记那些关键词语，特别是人名、地名、时间、重要数字以及事情的主要情节、规律性的认识和重要的结论，否则只会记住前面的，丢了后面的，最后一无所获。

（四）听音辨义，全面评价

正确理解说话人的意思，及时判断其说话内容的是非优劣，是听话的基本要求。要做到听音辨义，可在听话前列一个评价提纲，提纲中可包括：说话人的见解是否正确且有依据；说话人的思路是否明确；内容是否真实可信；听众反应如何；说话人的表达技巧以及总体评价；等等。这样在听话时，可以依据提纲有目的、有步骤地进行，特别是作为未来的教师，要学会全面评价说话人。

【案例】

听的艺术

雨　佳

美国知名主持人林克莱特一天采访一名小朋友，问他："你长大后想要当什么呀？"小朋友天真地回答："嗯，我要当飞机驾驶员！"林克莱特接着问："如果有一天，你的飞机飞到太平洋上空，所有引擎都熄火了，你会怎么办？"小朋友想了想："我会先告诉坐在飞机上的人绑好安全带，然后我挂上我的降落伞跳出去。"

当现场的观众笑得东倒西歪时，林克莱特继续注视着这孩子，想看他是不是自作聪明的家伙。

没想到，孩子的两行热泪夺眶而出，这才使得林克莱特发觉这孩子的悲悯之情远非笔墨所能形容。于是林克莱特问他："为什么要这么做？"小孩的答案透露出一个孩子真挚的想法："我要去拿燃料，我还要回来！我还要回来！！"

你听到别人说话时……你真的听懂他说的意思了吗？如果不懂，就请听别人说完吧，这就是"听的艺术"：一是听话不要听一半；二是不要把自己的意思，投射到别人所说的话上头。

思考与练习：

1. 谈谈你对培养听话能力重要性的理解。
2. 教师朗读下面的文章，学生听，记住时间、地点、事件、人物、原因、结果。

好事情

［苏联］奥谢叶娃

早上，小尤拉醒了。他看看窗外，太阳照耀着，天气很好。于是，小尤拉想：我今天一定要做点什么好事情才行。对，假使我妹妹掉进水里，我就奋不顾身地去救她……

"哥哥，今天天气真好，你陪我去玩好吗？"妹妹恰好走来了。

"去去去！走开！别扰乱我想事情！"

妹妹受了委屈，抹着眼泪走开了。

尤拉又想：假使狼来抓奶奶，我就用猎枪打它！

奶奶恰好在叫他：“小尤拉乖乖，帮我把碗碟收拾一下。”

“你自己收吧，我在想好事情，没有工夫！”

奶奶摇摇头，进厨房去了。

尤拉接着往下想：假使哈巴狗掉进井里，我就冒着危险把它捞上来。

哈巴狗恰好来了，它摇摇尾巴：“请给我点水喝吧，尤拉！”

“滚开！别打搅我想好事情。”

哈巴狗讨了个没趣，夹着尾巴跑开了。

尤拉想了一阵，便来到妈妈身旁：“妈妈，我想做点好事情，可做什么好呢？”

妈妈抚摸着尤拉的头说：“跟妹妹去玩，帮奶奶把碗碟收拾好或者给哈巴狗喝些水。”

3. 教师朗读下面的段子，学生听后回答问题。

（1）世界上第一架飞机的制造者莱特兄弟在试飞成功后前往欧洲旅行，在法国举行的一次欢迎酒会上，各界人士纷纷要莱特兄弟演讲，莱特无奈，只说了一句话：“据我所知，鸟类中会说话的只有鹦鹉，而鹦鹉是飞不高的。”

问题：莱特这样说的言外之意是什么？

（2）丈夫从商店里偷了东西回家，妻子责问丈夫：“你干这种事时，为什么不替我和孩子想一想？”丈夫回答：“当时我想到了，只是店里没有女人和孩子的衣服。”

问题：这则笑话中丈夫的回答为什么可笑？请作简要分析。

（3）“刘强先生吗？我是警察局的张警官。我要告诉你一个坏消息，你的妹夫给人谋杀了。”“什么！”刘强在电话的另一头说：“我昨天晚上才见过陈勇，我不信他真的被人杀了，你们肯定是他？”“验尸报告已证实，刘先生。我想现在到府上跟你谈谈看谁有杀你妹夫的嫌疑。”半个小时之后，张警官来到刘强的住所。“谁都知道陈勇有很多仇家。”刘强说，“他的生意伙伴赵东有一回说他盗用公款，还跟他大吵了几场。我二妹的丈夫周海也骂过陈勇，说他行为不端。说出来真丢人，陈勇和黑社会是有来往的，不过我们已经几个月没有他的消息了。另一个可能杀陈勇的人是我的三妹夫王毅，我知道他憎恨陈勇。我可以把他的地址告诉你，但你得答应不告诉他是我说的。”“不必了，刘强先生，根据你刚才说的，陈勇显然是你杀的。”

问题：张警官是凭什么破案的？

（4）20 世纪 50 年代初，一次周总理刚批阅完文件，顺手把笔放在桌子上，就接受一个美国记者的采访。那位美国记者看见桌上放的是一支美国派克钢笔，便问：“请问总理阁下，你们堂堂中国人，为什么还要用我们美国生产的钢笔呢？”周总理听完后说：“提起这支笔啊，那可说来话长了，这不是一支普通的笔，是一个朝鲜朋友在战场上得到的战利品，作为礼物送给我的。我觉得有意义，就收下了贵国的这支钢笔。”

问题：美国记者和周总理对答言外之意是什么？

第八节 心理调控能力训练

建立自信、充分准备和适应变化是消除紧张心理的主要途径，但在口语表达过程中，我们还可以运用以下具体方法来消除紧张心理。

一、树立自信

口语表达者不应在上台前多想可能导致口语表达失败的因素，如“好紧张好害怕”“我忘了要说的话怎么办”“听众嘲笑我怎么办”，等等。这种负面的自我暗示往往会导致失败的结局。在现实生活中大家也经常会看到这样一幕：小宝宝手里端着一个玻璃杯子，妈妈在一旁就特别担心小宝宝把杯子给打碎了，所以就对小宝宝说：“不要打碎、不要打碎、千万千万不要打碎！”结果还是打碎了。为什么是这样呢？从心理学角度讲，人的潜意识分不清楚是非对错，正确与否，它只接受肯定的信息。什么不要打碎、不要尿床、不要紧张、不要害怕等否定信息一概排斥，潜意识只接受打碎、尿床、紧张和害怕的肯定信息。

所以表达者对自己的题材和效果要充满自信，更要在精神上鼓励自己去争取成功。口语表达者可以用以下积极正面的文字反复暗示、刺激自己：“我的口语表达内容对听众具有极大的价值，听众一听一定会喜欢”“我非常熟悉这类口语表达题材，我一定会成功”“我已准备得非常充分了”“我会讲得很好，会讲得很成功，听众会非常喜欢的”，等等；想象口语表达结束，听众掌声雷动的情形，热血沸腾的动人场面。

二、记牢提纲

初学者常常把能够背诵作为准备充分的标志。背诵记忆，对于初学者可能是一种必要的准备方式。但是，背诵依赖的是机械记忆，逐字逐句地记忆不仅耗费大量的时间，而且容易造成心理麻痹。实际的口语表达过程中，一旦因怯场、听众骚动等情况而打断了思路，机械记忆的链条往往就被截断，口语表达者脑海中会一片空白，导致口语表达停顿。牢记提纲，随机应变是解决这一问题的最好方式。

三、眼神交流

有些人往往害怕与听众进行眼神的交流，于是出现了低头、抬头、侧身等影响口语表达效果的不正确的姿势。在表达中正视对方，不仅是出于礼貌，更重要的是全方位互动交流的需要。良好的互动氛围可迅速让人克服紧张，进入兴奋状态。

四、学会呼吸

适度的深呼吸有助于缓解紧张、焦躁、烦闷的情绪。怯场时，可以运用深呼吸法进行心理和生理调节：全身呈放松状态，目光转移到远方景物，做缓慢的腹式深呼吸，根据情况做 5 ~ 10 次，甚至更多次。很多运动员、歌星、主持人，他们在上场时也做深呼吸来调节自己的情绪。

五、借助手势

你在台上紧张的时候，会发现你的浑身肌肉紧缩着，绷得紧紧的，这个时候你换个动作，换个姿势，会直接减轻你的紧张程度。或者是握紧双拳，握得不能再紧之后放松，这样反复练习多做几下，身体就会慢慢放松下来。

六、专心表达

专心自己的说话，就是把注意力全部专注于你要表达的内容上，无暇顾及听众的反应，无暇关注听众，自然就会减轻紧张程度。不管怎样，口语表达形式多样，最重要的就是要多讲多练，积累成功的经验。

七、自我暗示

自我暗示在大众面前的口语表达是很重要的。因为一紧张自卑感就会加剧，往往会将自卑感带入表达中而增加紧张的程度。克服这种心理障碍的方法就是做强烈的、鼓励自己的暗示。自我暗示的方法很简单，运用得好，确实有效。下面给大家列出一些自我暗示的句子可供您参考：“只要勇敢地走上讲台我就没事了”“我已经做好充分的准备，不会出错的”“听众有他们自己的事，不会对我的表达太在意的”“潇洒地去表达吧，我能成功。”“紧张是胆小鬼的行为”“我已经走到了最恶劣的地步，不会再有更糟的事了，充满信心吧。”，等等。

思考与练习：

请列举还有哪些方法可以使注意力转移，消除紧张，让口语表达与紧张说再见。

第三编

幼儿教师职业口语

第四章 幼儿教师职业口语训练

第一节 幼儿教师职业口语概述

一、幼儿教师职业口语的要求

幼儿教师职业口语是教师在组织教育教学活动时向幼儿传授知识，培养幼儿各方面能力最重要的方法之一，它必须符合幼儿身心发展和教育教学规律。教师职业口语不仅是教育教学活动中最基本、最常用的手段，也是教师与幼儿沟通、交流最直接的、有效的方法。

【案例】

这是一家普通的幼儿园。

刚刚入园的幼儿被老师带进图书馆，很随便地坐在地毯上，接受他们人生的第一课。

“孩子们，我来给你们讲个故事。”于是，老师从书架上抽下一本书，讲了一个很浅显的童话。

“孩子们，”老师讲完故事后说，“这个故事就写在这本书中，这本书是一个作家写的。你们长大了，也一样能写这样的书。”

老师停顿了一下，接着问：“哪一位小朋友给大家讲一个故事？”

一位小朋友立即站起来：“我有一个爸爸，还有一个妈妈，还有我……”幼稚的童声在空中回荡。

随后，老师却用一张非常好的纸，很认真、很工整地把这个语无伦次的故事记录下来。

“下面，”老师说，“哪位小朋友来给这个故事配个插图呢？”

又一位小朋友站了起来，画一个“爸爸”，画一个“妈妈”，再画一个“我”。当然画得很不像，但老师同样认真地把它接过来，附在那一页故事的后面，然后取出一张精美的封皮纸，把它们装订在一起。封面上写上作者的姓名和插图者的姓名，出版的年、月、日。

老师把这本“书”高高地举起来：“孩子们，瞧，这是你们写的第一本书。孩子们，写书并不难，你们还小，所以只能写这本小书。但是，等你们长大了，就能写大书，成为伟大的人物。”

从以上案例，我们可以看出，幼儿教师职业口语要符合以下要求：

（一）幼儿教师职业口语必须符合教育、教学的基本要求

幼儿教师的职业口语是教师在教育教学过程中用来完成指定的教育教学任务的主要工具，因此幼儿教师职业口语要符合学前教育教学的一般规律。

（二）幼儿教师职业口语必须符合幼儿身心发展特点

在教师实施教育教学过程中，要求根据幼儿的身心发展特点，学会用恰当的话语与他们沟通，这样便于孩子理解、掌握知识，提升教育教学的整体水平。

（三）幼儿教师职业口语必须标准规范

幼儿教师的职业语言应当是标准或比较标准的普通话，应做到语音准确、清晰，声音圆润、持久、洪亮，有一定的感染力。在口语的遣词造句上要符合现代汉语的习惯，在叙事状物、抒情说理等方面都要做到用词恰当、语句通顺、表达得体。3 ~ 6 岁是幼儿语言学习的关键期和敏感期，是幼儿语言学习的高峰期。幼儿在这个阶段模仿能力强，而教师的语言就是他们学习语言的范本，所以作为幼儿教师必须有效利用幼儿这一关键期和敏感期对幼儿进行标准规范的口语教育。

二、幼儿教师职业口语的分类

根据《教师口语课程标准》规定：“教师口语是研究教师口语运用规律的一门应用语言学科。”作为教师职业语言的口语应具有鲜明的职业性，而幼儿教师职业口语的对象是幼儿，又有其特殊性。幼儿教师职业口语包括教学口语和教育口语。教学口语是幼儿园开展教学工作的必备工具，也是作为幼儿教师必须掌握的职业技能，它直接关系到幼儿园教学质量和幼儿思维、智力、语言水平的提高。教育口语是指幼儿教师对幼儿进行思想品德教育、行为规范教育过程中所使用的具有说服力、感染力的日常工作用语。幼儿正处于接受启蒙教育的时期，教师正确地运用教育口语，对于他们初步确立道德观念、培养良好的行为习惯具有极其重要的意义。

三、幼儿教师职业口语的三大要素

幼儿教师职业口语是幼儿教师在指定的环境中面对指定的对象，为了达到制订的教育教学目标而开展的一系列的富有艺术特色的语言行为。幼儿教师口语交际的特殊对象、特殊环境与特殊目的，形成了幼儿教师职业口语的三个基本要素。

（一）对象的特殊性

幼儿园的教师教授的对象是 3 ~ 6 岁的学龄前儿童，这个时期的幼儿的生理、心理发展都处在关键期。幼儿在园需要的是生活中能教会他们生活能力的好老师，在游戏中成为他们玩伴的好朋友，这就对幼儿教师职业语言提出了很高的要求。幼儿教师的职业口语必须根据孩子的年龄以及幼儿个性心理特征的发展情况，对其更为耐心细致地因材施教。

【案例】

蓉蓉是个十分聪明的孩子，成绩很好，尤其是音乐，几乎都是一听就会，在幼儿园音乐也一直很好，还曾经获得少儿十佳小歌手提名。当然，蓉蓉也有不理想的地方，就是无论他多么努力，画画总是画不好。

蓉蓉的老师总拿蓉蓉的画与他班里画得最好的那个同学做比较，经常批评蓉蓉没有想象力，涂颜色杂乱无章，等等。蓉蓉本来还想多多画画，弥补自己的不足，提高绘画的水平，但听到老师多次批评自己之后，蓉蓉也开始承认自己没有绘画能力了，并对绘画开始厌恶。

点评：教师一味地比较幼儿的不足，只会打击幼儿的自信心，使其产生逆反心理。此时只有多加鼓励，给予肯定与支持才能让幼儿重拾信心。

（二）环境的特殊性

幼儿园是幼儿学习和活动的主要场所，也是幼儿教师运用幼儿教师职业口语的特殊环境。一方面，幼儿教师要在一定的时间内完成既定的教育教学内容；另一方面，幼儿教师还必须结合当时的场景、场合等灵活地教学。在这特殊的环境中，幼儿教师的职业口语将受到一定局限，使用的语言也应随着环境的改变而改变。

（三）目的的特殊性

苏联教育家苏霍姆林斯基说："如果你想使知识不变成僵死的、静止的学问，就要把语言变成一个最主要的创造工具。"幼儿教育是培养德智体美劳全面发展的社会接班人的事业，幼儿教师职业口语的目的要与这一特定的培养目标紧紧联系。无论对全体幼儿讲话还是对个别幼儿谈话，无论是上课还是下课交流，教师都要有效利用职业口语达到熏陶、教育的目的。

思考与练习：

这位幼儿教师说的话有问题吗？为什么？

1.“明明，过来！把刚才你欺负花花的事给我交代清楚！否则让你吃不了兜着走！”

2.“怎么又是你在抢玩具，你就改不了这个德性，再这样叫你妈把你带走！”

3.“小朋友，你们知道雪是怎么形成的吗？是地球上的水蒸气蒸发到空中，在空中遇到冷空气，水蒸气冻成冰以后，落到地面上，就形成了雪。”

第二节　幼儿教师职业口语的运用原则

幼儿教师职业口语不同于其他口语，它要求语音标准、语法规范，深入浅出、生动形象，循循善诱、因材施教以及富有童趣化。只有学会运用恰当的方法传情达意，学会根据不同的情况选择不同的表达方式，才能在工作中正确地运用职业口语。

一、语音标准、语法规范

幼儿教师的工作性质决定了幼儿教师的职业口语必须规范化。如果说教师的行为是无声的语言、有形的榜样，那么教师的语言就是有声的行动、无形的楷模。幼儿喜欢模仿老师的语言和行为，教师的口语必须语音标准、语法规范，不能随心所欲，而要做到言传身教，把好的口语习惯带给幼儿。

【案例】

科学课上老师出示鸭和鹅的图片，并用不标准的普通话问幼儿："是鸭的屁股大还是鹅的屁股大。"结果把"鹅"读成了"喔"，幼儿集体回答："老师的屁股大。"

点评：教师的职业口语必须规范，如果使用不规范的语言，只会使幼儿产生误会，学到不良的语言习惯。

二、深入浅出、形象生动

教师的职业口语在表达上应深入浅出，情感充沛、真挚，使幼儿感觉身临其境，如见其人，如闻其声；使深奥的道理浅显化，抽象的道理具体化。教师还要注重运用修辞来增加语言的表现力，适当的比喻、拟人能引导幼儿的想象。例如：把蓝色想象为天空，把绿色想象为小草。还可以用适当的设问、反问造成悬念，启发幼儿挖掘问题后面的答案。例如："哗啦啦什么声音？""你觉得呢？"有时教师一两句幽默的插入也会使学生受到强烈的感染，留下鲜明、深刻的影响。

【案例】

幼儿园对植物进行裁剪，宝宝问："老师，树枝被剪掉了，会疼吗？大树妈妈会死吗？"老师没有急于回答，而是让宝宝伸出小手帮他剪指甲。剪完指甲后让宝宝看剪下来的指甲，对他说："你看，老师刚才给你剪掉了长长的指甲，你觉得疼不疼？"宝宝说："不疼！"老师又说："其实，裁剪树枝就像剪指甲一样，树妈妈一点都不疼，指甲太长了要剪掉，树枝长了也要剪掉，所以树妈妈不会死的，而且有些看上去强壮的枝干，其实只会吸收营养，这样不利于大树的生长，所以要剪去，这样可以让树妈妈第二年的枝叶更加茂密。"

点评：这位老师在解决问题的时候用了贴近孩子生活的案例，使问题变得形象生动，浅显易懂。

三、循循善诱，因材施教

教师在教学过程中，要根据幼儿的心理特征和认知规律，有针对性地发出语言信息并根据反馈不断调整，使幼儿以最佳效果接受信息。既注重共性，又关注个性，因材施教。对学习主动的幼儿应多激发，引导其确立新的学习目标；对学习不主动的幼儿，应该仔细揣摩其心态，多表扬，少批评，防止逆反心理的产生，并帮助幼儿分析薄弱环节，为其树立自信心。

四、富有幼儿情趣

幼儿教师职业口语要富有幼儿情趣，不是一味地模仿幼儿的语法混乱，用词不当的娃娃腔。是指教师的口语应贴近幼儿生活，符合幼儿的心理特征，表现幼儿的情感。应避免一些老师认为的教育口 语富有情趣就是模仿幼儿的语音、语调，使用幼儿常说的叠词，如鱼摆摆、洗手手等，其实这是对教育口语幼儿化的一个误区。

【案例】

户外活动时，我发现有几个孩子头上直冒汗，就示意他们脱掉衣服休息一下。没想到好多小朋友都脱下衣服，塞在我的手里。我抱着一大堆衣服，一边往活动室走，一边对他们说："这么多衣服，我要去把它们卖掉了。"小朋友们也纷纷伸手说："我卖一件！""我也卖一件！"……显然，他们把"买"字念成"卖"字了，"买"、"卖"不分。我灵机一动，说："好啊，我就卖给你们。可是这乱七八糟的衣服谁要啊？""不要！"孩子们都摆着手。我说："那么你们先把衣服加工整理好，再送到服装店里来，我卖给你们。"孩子们马上一个个拿回自己的衣服，小心地叠好，又送到我这儿的服装店里。这时我对他们说："现在我是售货员，你们是顾客。我拿衣服给你们，应该说："卖"，你们用钱换衣服，应该说"买"。说完，我就拿起一件衣服喊道："谁要买这件衣服？"反应快的芸芸马上应道："我要买这件衣服。"就这样，我不仅调整了孩子们的活动量，而且使他们在游戏中分清了"买"和"卖"，同时还锻炼了孩子们自己整理、折叠衣服的能力。

（金巧英：摘自《幼儿教育》，1996 年第 4 期）

点评：教师在发现幼儿的问题时用富有童趣的方式来纠正幼儿的错误，使幼儿更容易理解接受，并且得到了能力的训练。

思考与练习：

一、用富有儿童情趣的语言描述下列物品或现象。

① 发芽　② 冰淇淋　③ 斑马　④ 袋鼠

二、请留心身边老师所运用的教师职业口语，并分析各自的特点。

第三节　幼儿教师教学口语训练

幼儿教师教学口语是幼儿教师从事教学活动时所使用的工作用语。运用教学口语要注重教育性、启发性、生动性及形象性。

一、幼儿教师教学口语的要求

（一）语音准确规范、浅显简明

学前期是幼儿语言获得的关键期，此时获得的语言习惯最容易长期保持下来，教师的发音、用词、造句都会潜移默化影响孩子的语言能力。因此幼儿教师使用规范语言是组织教学活动的必要基础。

浅显简明的口语能帮助孩子记忆词汇。我们常发现孩子听过长的句子时，常常听了后面忘了前面。为了避免孩子出现听觉“周期性涣散”，教师在教学活动的过程中要减少复句的使用，尽可能地使用简单句、短句。

【案例】

中班户外游戏《山中大野狼》

老师讲述游戏规则时，以下有两种不同的说法：

（1）我们做游戏时要边绕圈走边念儿歌，当念到“要吃羊”时，全部蹲下（老师示范蹲下），被狼抓走的小羊就会被吃掉。

（2）我们在做游戏的时候，要一边走一边念儿歌，如果念到“要吃羊”的时候，请大家赶快地蹲下，不要让狼捉到你，如果狼捉到你了，你就会被它当成饭吃掉。

点评：面对相同的情景，不同能力的教师表现出来的教学口语就截然不同。第一段教学口语简明扼要，第二段则显得很啰唆，且没有说到点上。

（二）语速快慢适中，活泼轻松

口语表达的速度不当，将严重影响教学活动的效果。有的教师说话太快，幼儿听不清或跟不上老师的思维；有的教师说话过慢，幼儿听得不耐烦，又会心不在焉，出现小动作，产生厌烦心理。语速的快慢要视情况而定，并非一直快或一直慢。如大班语言活动《伞屋》，小笨熊的房屋被大风刮走了，这里可使用比较缓慢的语速来表达小笨熊伤心难过的心情。再如，要表示雷雨或者急切的心情时，教师就应该加快语速。同时，将融知识性、趣味性于一体的语言贯穿整个教学过程中，使课堂教学轻松活泼，调动幼儿的积极性。

（三）语调抑扬顿挫

在教学中幼儿教师说话不能太平，要有变化，这样才能唤起幼儿的注意力，也可以显示出口语表达的层次和情态。

根据活动环节、内容等需要，教师可以调节音量。音量不宜过大或过小，音量过大，会引起孩子恐慌，会伤害到自己的嗓子；音量过小，孩子听不清楚，而且也不能吸引孩子的注意力。

老师还应该通过自己的声音表现不同的声响、情感等，使幼儿听起来很逼真，也会激发孩子的兴趣。

（四）态势自然得体

态势是一种“无声的语言”。在教学活动中，教师的态势是无处不在的。教师组织活动时的态势能影响孩子的心情，乃至影响孩子学习的兴趣。

二、幼儿教师教学口语训练

（一）导入语训练

1. 导入语的概念

导入语是教师在活动开始时为吸引幼儿的注意力或者引出活动内容而设计的话。导入语有助于创设最佳的教学情境，引导幼儿很快地进入教学状态。

2. 导入语的要求

（1）简洁生动，富有启发性。

导入语使用的主要目的是引出活动的主题，及时抓住幼儿的注意力。切记要点到为止，不可喧宾夺主。

其次，简洁的语言中除了要清楚地表达主题外，还要有启发性，能激发幼儿结合已有经验进行思考。

【案例】

大班泥工活动《我为小鱼穿花衣》

教师出示多张鱼的图片，引导孩子观察，并指着图片说："大海里住着许多的小鱼，可是有只小鱼跟它的伙伴们长得不一样，它长得像石头，大家称它为'小石头鱼'。（出示小石头鱼）小石头鱼想把自己打扮得漂漂亮亮，让大家都喜欢它。如果你想帮助小石头鱼，那请你为它穿上美丽的花衣。"

点评：这段活动利用为小鱼穿花衣这个线索，深深吸引住幼儿的注意力，使幼儿一直为给小鱼穿花衣而全神贯注地完成任务。

（2）设计要新颖，引起幼儿兴趣。

导入语不仅仅是要引出主题，更要激发幼儿学习的欲望。使幼儿迅速步入精神兴奋状态，并在好奇心的驱使下产生强烈的探究意向，从而为新的探索活动做铺垫。一段设计新颖有效的导入语能满足幼儿的好奇心，有助于创设最佳的教学情境。

【案例】

大班语言活动《反义词》

师：（出示一个装满东西的神秘口袋）小朋友，今天老师带来了一个魔法口袋。魔法口袋变出的东西都有秘密，需要你们仔细观察哦。

点评：神秘的导入方法在很多教学活动里都适用，但是用得不好的话反而显得多余。这个活动的导入，简单新颖，直截了当，能瞬间引起幼儿的兴趣。

3. 导入语的方式

由于教学内容、教学对象以及教师本身的兴趣爱好和习惯的不同，教师设计的导入语也是各有不同的。在幼儿园教学活动中，常用的导入语方式有以下几种：

（1）教具导入。

教师在开始教学时借助实物、玩具、图片、影音资料等道具演示的形式导入活动，直观形象，既能调动幼儿参与活动的积极性，又让幼儿容易理解。

【案例】

中班语言活动《树真好》

师：老师给你们看一个字（把树倒贴在黑板上），认识吗？

幼：树。

师：请小朋友们再看看这个。你们看到了什么？（一棵用手工制作的银杏树贴在黑板上）

幼：真好看。我看到了金色的叶子，像蝴蝶一样……

点评：教师有效地运用教具和开放式的提问相结合，一下子抓住了幼儿的兴趣点，也在瞬间点到了主题。

（2）作品导入。

故事、儿歌、谜语、绘画等作品对幼儿具有特别的吸引力，教师可以根据活动内容和需要，选择与活动内容紧密联系的故事、儿歌、谜语等作品导入，给活动环境创造一种轻松和谐的气氛，以激发幼儿学习的兴趣。

【案例】

中班科学活动《蝴蝶》

师："'两根触角细又长，身穿一件花衣裳，百花丛中采花忙，好似漂亮小姑娘。'小朋友开动小脑筋，猜猜这是什么？"

点评：这样的导入在幼儿园教学活动中是比较常见的，教师利用与教授内容相关故事、儿歌或者谜语等形式来导入活动。通常这样的导入都是为了让幼儿感兴趣，并能在了解事物特征的基础上进行学习。

（3）游戏导入。

游戏是幼儿最喜爱的活动，也是幼儿园活动的主要形式。因此在活动开始时，教师不妨用游戏的方式或游戏的口吻创设游戏情境，激发幼儿的活动兴趣。

【案例】

中班语言活动《吹泡泡》

师：今天我们要来玩一个好玩的游戏，游戏的名字叫"吹泡泡"，我们班小朋友吹过泡泡吗？

幼：吹过。

师：伸出我们的小手，把我们的小手变成小泡泡，一起来吹泡泡。

师：小手。

幼：准备（小手伸出来）。

师：吹泡泡，吹泡泡（左右手大指和食指分别并拢做一个圆，跟着节奏手往上爬）

轻轻一弹就破了（大指和食指弹开）。

吹泡泡，吹泡泡（左右手大指和食指分别并拢做一个圆，跟着节奏手往上爬）。

轻轻一拍就破了（左右手拍合）。

师：刚才我们一起吹了泡泡，吹泡泡好玩吗？

幼：好玩。

师：游戏结束，我们一起听一个关于吹泡泡的故事，请你们仔细听。

点评：手指游戏可以锻炼宝宝手指肌肉的灵活度，利用贴近幼儿生活，幼儿又感兴趣的游戏导入，会让导入事半功倍。

（4）表演导入。

教师在活动开始时根据教学内容所需，通过幼儿戏剧、舞蹈等表演形式设置相关的教学情境，使幼儿有身临其境的感受，更好地激发学习兴趣。

【案例】

大班语言活动《认识新疆》

教师穿着新疆服饰说："小朋友们，你们看，我今天穿了一件好漂亮的裙子，一会我要穿着这件好看的裙子跳段舞哦。"（教师跳新疆舞蹈）

师：我刚才跳的舞好看吗？

幼：好看。

师：那你们知道这是哪个民族的舞蹈吗？

幼：不知道。

师：我刚才跳的是新疆维吾尔族的舞蹈，你们想去新疆玩吗？

幼：想。

师：那现在就请你们跟着我一起去新疆做客吧……

点评：这节课要让孩子走进新疆，了解新疆，但孩子们对新疆的了解并不多，通过穿戴新疆服饰进行新疆舞蹈表演的导入可以让孩子们有更直观的感受，激发幼儿的学习兴趣。

（5）悬念导入。

悬念导入是结合教育内容设计一些既符合幼儿认知水平，又生动有趣、富有启发性的问题，神秘地给幼儿制造悬念，满足幼儿好奇的心理，使幼儿产生探求事物奥秘的欲望。

【案例】

中班语言故事《会动的房子》

师：（出示各种造型房子的图片）我们住的房子会动吗？有一只小松鼠，造了一座房子，这座房子会不停地带它去旅行，这是怎么回事呢？让我们一起来听听故事《会动的房子》。

点评：教师用生活中不可能发生的事给孩子制造悬念进行导入，提高幼儿对故事的兴趣，调动幼儿的好奇心。

（6）实验导入。

教师通过直观形象的实验操作导入活动内容（多为科学活动使用），变抽象为具体，变深奥为浅显，培养幼儿的观察力，对幼儿理解、掌握新授内容起到事半功倍的作用。

【案例】

中班科学活动《浮与沉》

师：小朋友，今天我们一起来做个小实验好不好？

幼：好！

师：请小朋友们把充气玩具放进水里，看看有什么事情发生？

幼：它沉不下去，总浮起来、

师：用力往水里按，看能不能沉下去？

幼：不能！

师：这是为什么？

幼：有个力往上顶。

师：用手再按按，感受一下，是一种什么样的力？

师：这就是水的浮力。

点评：通过让幼儿玩水里的玩具，促使幼儿亲自发现问题，激发其求知的欲望。

（7）提问导入。

教师通过与本次活动相关的问题来调动幼儿的积极性与主动性，让幼儿快速进入学习、讨论的状态。

【案例】

大班早期阅读《会动的房子》

师：房子为什么会动？

幼：“因为有轮子”“因为地震了”“因为有人在拉”。

师：我们住的房子会动吗？为什么？

幼：“我们住的房子不会动，很重。”“很高，而且是水泥的。”

师：那小松鼠的房子为什么会动呢？我们一起去看看吧。

点评：老师的提问环环相扣，指引主题，激发了学生寻求答案的欲望。

（二）讲授语训练

讲授语是幼儿教师在活动组织中用来讲述、阐释教学内容的一种教学用语。3～6岁孩子的思维特点为具体形象性，并且主要是依赖口头语言来接受信息。因此，教师在组织活动中，使用的讲授语应讲清“是什么”“为什么”“怎么做”等问题，应使幼儿能够理解、乐于接受，达到良好的教学效果。

1. 讲授语的类型

在幼儿园教学活动中，讲授语一般分为讲述语、讲解语、总结语。

（1）讲述语。

讲述语是教师运用生动形象的语言对事物或事件进行清晰准确地描绘，使幼儿明白活动过程或活动规则等所使用的教学语言。讲述语可以分为叙述和描述两种。

叙述的语言要简洁明快、朴实无华，多半用于阐述和讲解自然现象或者实验操作等。

【案例】

大班科学活动《自然测量》

教师要小朋友用雪糕棒作为测量工具，测量桌子的边长有多少根雪糕棒的长度。

师：……测量时，雪糕棒的一头要对齐桌子的边角，在雪糕棒的另一头用粉笔画一条短线作为记号，第二次测量时要从记号开始接下去量。

点评：科学活动需要很强的逻辑性，但是语言又不能太过枯燥和复杂。本片段通过教师清晰准确简洁的表达，加上操作，使幼儿明确了测量的操作过程。

描述时要在形象化的讲述中融入感情，把复杂的情景具体地描述出来。

【案例】

中班语言活动《下雨前》

表演故事《下雨前》，要求幼儿讲述下雨前蜻蜓、青蛙、小鱼、蚂蚁的活动变化。然后讲解为什么会有这些变化。

师：下雨前，蜻蜓飞得很低，这是为什么呢？因为下雨前空气潮湿，蜻蜓觉得不舒服，很不高兴，所以蜻蜓飞得很低……

下雨前青蛙唱得欢，这是为什么？这是因为这时候空气潮湿，青蛙觉得舒服，特别高兴，所以比平时唱得欢……

小鱼为什么游出水面？因为这时水底闷得难受，小鱼只好游出水面来透气……

蚂蚁为什么忙着搬家？下雨的时候，雨水从山坡上冲下来，会把蚂蚁的房子冲垮，所以赶在下雨前往山坡上搬家。

点评：教师的语言符合幼儿语言的发展水平，有浓厚的童趣，把复杂的问题用生动有趣的语言讲出来，易于让幼儿身临其境，取得较好的教学效果。

（2）讲解语。

讲解语是教师在启发幼儿探索知识时运用提问、阐释、说明、分析、论证、概括等手段，对幼儿难以理解的问题进行讲解或提问，引导幼儿找到答案而使用的教学语言。

【案例】

大班语言活动《小丑鱼》中，教师想让幼儿理解小丑鱼的前后心理变化。

师：……大海里有许多各种各样不同颜色、不同形状的鱼，他们都在欢快地游着，小丑鱼为什么自己躲在珊瑚礁的缝隙里？它的心情怎么样？

引导幼儿认真观察图画书前半部分。

小结：小丑鱼觉得自己长得不好看，所以就常常自己躲起来，它很伤心，很孤独，很难过。

教师：……两条小鱼碰面以后，发生了什么事情？看看她们的表情，说说他们的心情怎么样?

点评：这段讲解语通过提问，循序渐进引导幼儿理解小丑鱼前后的心理变化过程。一步一步地提问，让幼儿清晰明白地了解教师所要表达的主要内容。

（3）总结语。

总结语是教师用简练精确的语言归纳出一个教学内容或问题，给幼儿一个总体概念的教学语言。

【案例】

大班语言活动《春天》

师：为什么说春天是一本彩色（会笑、会唱）的书?

幼儿自由谈论回答。

师：春天到了，各种颜色的花都开了，树和草都发芽了，就像一页一页彩色的画面，所以说，春天是一本彩色的书。春天，池塘里的冰融化了，春风在池塘里吹出了一个个小漩涡，就像小朋友微笑时脸上的小酒窝，所以说，春天是一本会笑的书。春天到了，打雷、下雨发出的声音，小燕子和青蛙等小动物的叫声，就像唱歌一样，所以说，春天是一本会唱歌的书。

点评：在提问之后，教师给予小结。这样的小结是充满诗情画意的，能给幼儿的不仅仅是书上的画面美，更多的是一种散文的意境美。

2. 讲授语的要求

讲授语需要讲清“是什么”“为什么”“怎么做”等问题，所以讲授语应当准确明白、生动有趣、感情丰富。

（1）要准确明白，有条理。由于教学对象的特殊性，要求教师在讲授时一定要准确明白地表达。教师讲授语由多个语段组成，所以也要求语句的组合要富有条理性、连贯性。

【案例】

中班艺术活动《有趣的色彩》

师：今天我们要用美丽的颜料来变魔术，先请小朋友来拿一张卡片，并在卡片上面涂上你最喜欢的颜色。涂好颜色后请把你的卡片拿给我（教师将幼儿涂好的卡片整齐地拼贴在大画纸上，组成一幅由色彩构成的图画，请幼儿观察）。

师：刚才你们涂的是什么颜色?

幼：红、黄、蓝、绿。

师：这种颜色像什么?

幼：红色像太阳、黄色像稻田、蓝色像天空、绿色像小草。

师：你为什么喜欢这种颜色?

幼：……（尊重幼儿的各种选择及缘由）。

师：你觉得这幅大图画像什么?

幼：五颜六色的，像彩虹。

师：嗯，今天我们用各种各样的颜色画漂亮的大彩虹，现在我们一起把美丽的大彩虹贴在我们的绘画墙上吧！

点评：教师的语言富有条理，有逻辑性，在教学活动中充分发挥幼儿的想象力，让活动变得更加丰富多彩。

（2）要生动有趣，易于身临其境。讲授语应该符合幼儿语言的发展水平，儿童口语色彩要浓厚。复杂的问题要用生动有趣、绘声绘色的语言讲出来，让幼儿身临其境，激发幼儿浓厚的学习兴趣。

【案例】

中班社会活动《我是男孩（女孩）》

教师出示男孩和女孩图片。

师：今天我们教室来了两位小客人，小朋友看看他们是男孩还是女孩？

幼：一个男孩，一个女孩。

师：那要怎么区分男孩女孩呢？

幼：女孩有长长的头发，男孩没有。女孩穿漂亮的长裙子，男孩穿短裤。

师：那你们家里有谁是男生？谁是女生？

幼：爷爷、爸爸、叔叔、哥哥是男生，奶奶、妈妈、阿姨、姐姐是女生。

师：那现在我们玩一个《开火车》的游戏，请男生小朋友一队，女生小朋友一队。

点评：教师用生动有趣、便于幼儿理解的方法进行教学，让幼儿正确区分男女，最后的游戏环节加深并巩固幼儿学习的知识，激发幼儿的学习兴趣。

（3）要深浅适度，符合幼儿认知发展水平。幼儿的理解能力受限，教师在组织教学的过程中，讲授也受到限制。所以教师在使用讲授语时，一定要深浅适度，针对不同年龄段的幼儿使用的讲授语难易程度也不一样，还要注意个别差异。

【案例】

中班科学活动《瓶吞鸡蛋》

师：瓶子比鸡蛋小，为什么瓶子还能把鸡蛋吞到瓶子里呢？它的奥妙在什么地方？现在请你们玩一玩放在桌子上的玩具，一边玩一边动脑筋想一想，鸡蛋是怎么进到瓶子里的？

小朋友自由玩十分钟

（首先让小朋友发表自己的意见，在此基础上老师揭示《瓶吞鸡蛋》的奥秘。）

师：大家对空气的妙用已经说出一些了，现在老师根据大家的意见说得更完整一些：瓶子的口比较小但能把比自己大的鸡蛋吞进去，是因为鸡蛋放进去之前，纸条就在瓶里燃烧了，瓶里的空气受到热膨胀，有一部分跑出瓶外，瓶里的空气显然比原来的少而变得稀薄；摆在瓶口上的鸡蛋有一定弹性，就往瓶里挤压，来补充跑掉的空气的位置。所以，尽管看上去鸡蛋比瓶口大一些，但瓶外面的压力大于瓶里面的压力，所以就挤进瓶里了。

（罗春英：摘自《学前教育》，1993年第7期）

点评：教师通俗讲解科学知识，用语简练明确，平实易懂。讲述中运用“尽管……但……所以”这个二重复句（整个句子在意义上包含着两种关系，在结构上形成了两个层次），给讲解增加了逻辑性，也更容易让大班的幼儿接受。

（三）提问语训练

在幼儿园的教育活动中教师的提问是一种与幼儿思想交流的重要手段，它能激发幼儿的求知欲，发展幼儿的思维和个性。提问语是指教师根据教学目标的要求，结合幼儿的实际情况向幼儿提出一些问题促进启发幼儿思考，帮助幼儿获取或者巩固知识的教学用语。

1. 提问语的类型

幼儿园教学提问语一般分为以下几种类型：

（1）回忆提问。

即针对幼儿掌握教学内容后，以一问一答的方式帮助幼儿复习巩固，进一步加深幼儿对所学知识的印象，培养幼儿记忆力而使用的提问方式。

【案例】

中班数学活动《神奇的图形》

师：我们上周学过三种图形宝宝。看看我们班的小朋友谁还记得？

幼：三角形，正方形，圆形。

师：哦，好棒。现在我们来看看小兔家房子都有哪些图形宝宝？小熊家有哪些图形宝宝？小兔家和小熊家有什么区别？

点评：教师引导幼儿回忆上次活动的内容后提问，引导幼儿根据已学知识进行回答，从而达到加深幼儿记忆，并由此引起幼儿学习兴趣。

（2）理解提问。

理解提问是指教师讲解概念后，要求幼儿在已有的经验上用自己的话对事实或者时间进行描述的提问。教师通过提出一些启发性的问题，能够由浅入深地引导幼儿去思考和探索新知识，获取新的经验。

【案例】

大班科学活动《动物怎样出生》

教师请幼儿观看动画，提问：说说小鸡是怎样出生的？小狗生下来是什么样子的？说说它们出生的不同。

点评：教师想让幼儿观看动画，幼儿对于小鸡、小狗的出生有了一个初步的了解。然后根据动画中的过程和自己的理解记忆进行描述。“说说他们的不同”则深一层地让幼儿思考问题，以探究新的知识。

（3）运用提问。

运用提问是指教师通过设置问题的情境，引导幼儿结合运用已有知识经验解决问题或者解释新问题的提问方式。幼儿在教师“有意”启发引导下，通过积极的思维活动，不仅学习到了新知识、新经验，还能培养幼儿独立思考和口语表达的能力。

【案例】

中班看图讲述《小兔的生日》

观察图一，教师提问：图画上是谁的家？谁是这个家的主人？谁是这个家的客人？

幼：这是小兔的家。

幼：小兔是这个家的主人。

幼：小猴和小猫是客人。

师：你是怎么知道的？

幼：故事的名字叫《小兔的生日》，其他小动物是来给小兔过生日。

师：小猴和小猫给小兔带来了什么？

幼：小猴带来了胡萝卜。

幼：小猫带来了青菜。

师：他们为什么带这些东西？他们是怎样想的？

幼：小兔过生日。

幼：小兔喜欢吃。

幼：带给小兔喜欢吃的东西。

点评：通过教师循序渐进、由浅入深地提问，幼儿根据老师的引导回答所理解的画面内容，并能根据这些回答简单地讲述图片故事的大概内容。

（4）分析提问。

分析提问是指把需要认知的事物的整体分解为各个部分，找出它们之间相互联系的提问方式。通过这种提问，能调动幼儿积极思考、分析、判断并作出回答。

【案例】

大班健康活动《小猴过生日》

教师讲完故事后提问：小猴一开始为什么不开心？

幼：因为下雨了，不可以出去玩。

师：他是怎样对待爸爸妈妈和小朋友的？

幼：把爸爸的蛋糕扔掉。

幼：不理睬小朋友。

师：如果你是小猴，怎么做？

……

点评：幼儿根据老师的提问，逐步地了解故事中小猴为什么不开心？因为不开心连爸爸和好朋友都不理睬。教师逐步引导幼儿在理解故事的基础上，让幼儿积极思考自己遇到困难怎样解决。

（5）评价提问。

评价提问是教师在教学活动中，引导幼儿对活动中的人物、时间、想法、做法等做出评价的提问类型。

【案例】

小班语言活动《过新年》

教师已经教过这首儿歌。复习时说：小朋友们你们听我念得对不对？

师：过新年，真热闹，挂灯笼，放鞭炮。穿新衣，戴新帽，小朋友们笑哈哈。

幼：对。

幼：不对。

师：哪里不对？

幼：小朋友们哈哈笑。

师：xx 真棒，找到了老师的错误。表扬。

点评：教师表扬敢指出老师错误的幼儿无疑是对幼儿的极大鼓舞。在评价中透露出赞赏的语气。

2. 提问的要求

（1）提问要难度适宜。

教师在组织教学的过程中，提问要有一定难度，才能激发孩子的求知欲，刺激其思维，让他们更加积极地参与活动。当然，问题的难度是相对的，对不同年龄、不同发展水平的幼儿提出的问题，应该符合如下原则：幼儿经过努力思考后，结合自身经验能回答出来。

【案例】

大班语言活动《野猫的城市》

目标是理解故事里野猫眼中的城市与现实生活中的城市的差异。教师在让幼儿观察图画后，提问：故事的名字叫什么？故事里都有谁？野猫在说什么？

点评：大班的孩子已经萌发了抽象思维的意识，比较喜欢有比赛性质的游戏、活动。案例中的提问太过于简单，都是描述性的问题，对于大班的孩子没有挑战性，不能激发幼儿的求知欲望。

（2）提问要能开启心智。

教师在设计提问时，应把开启幼儿心智放在首位。

【案例】

大班健康活动《换牙我不怕》

教师出示记录表，请幼儿将换牙记录卡片贴出。引导幼儿观察。

师：看了小朋友的换牙记录，你有什么想说的，有什么想问的？

幼：我们为什么会换牙？换牙会不会痛？

师：谁换牙了？换了几颗牙？谁多谁少谁没有换？为什么？

幼：一颗，三颗……

师：说说换牙的感受

幼：唱歌、说话、吃东西有不方便的地方

师：为什么换牙？换牙的时候有什么不方便？换牙的时候要注意什么？

点评：教师通过提问启发幼儿思考，让幼儿根据提问进行探索，找出解决问题的方法，学习新的知识。

（3）提问要具体、明了。

教师的提问要有明确的目的，语言要清晰明确，不要无意识地问或随便问。要使幼儿听到问题后轻松找到合情合理的思考方向，不会“丈二和尚摸不着头脑”。如有些教师习惯问“是吗”“对吗”“明白吗”等，这样的问题对解决知识重点难点毫无意义。提问应该是教师在备课过程中紧紧围绕教学目标有准备、有顺序而认真设计、提出的。提问要围绕教学的难点和重点来进行，要准确、明了。

【案例】

大班语言活动《风在哪里》

分段朗诵诗歌后，提问：为什么说春天吹绿了大地？夏天送来了凉爽？秋天飘来了果香？冬天带来了银装？

点评：这位教师的提问环环相扣，根据诗歌内容，逐步引导幼儿回忆内容。提问简洁而不复杂。很快激发了幼儿的积极动脑、主动探究的热情。

（4）提问要循序渐进，环环相扣。

一个教学活动的提问应该要由简到繁，由易到难，环环紧扣，层层递进。幼儿回答问题应像攀登阶梯一样，步步升高，让幼儿的思维也跟着“攀爬”。

【案例】

中班社会活动《会说话的图标》

教师让小朋友提前一周收集图标，下周上课时，依次提问：1. 谁来介绍自己收集到的图标？2. 你收集的图标是什么意思？它有什么用途？3. 如果没有这些图标行不行？为什么？

点评：幼儿通过最开始的收集图标到后来的知道这些图标的用途。教师一层一层地提问，由易到难，使幼儿增长了知识，也开阔了视野。

（四）应变语训练

由于教学活动是动态的而不是静态的，教师、幼儿、活动之间的沟通过程瞬息万变，有许多情况教师无法预测，甚至猝不及防。这就要求教师在教学过程中，能够根据信息交流的具体情况，熟练地运用应变语，冷静、机智、巧妙地调控教学活动，化解突如其来的变故，掌控教学中的主体地位。应变语是教师在组织教学活动中，能够根据突发交流信息巧妙处理、熟练运用的应急性教学口语。应变语是达成教学目标、取得最优化教学效果的重要条件。应变能力是每位教师都应具备的教学技能之一。

1. 应变语的技巧

（1）因势利导。

教师在组织教学的过程中顺着突发事件引导幼儿的一种应变方法。这种方法可以使教师在教学活动中面对幼儿意外发问时，能变被动为主动。

【案例】

大班折纸活动《神奇的衣服》

今天是美术折纸活动。教师刚说今天我们要学折衣服，立即就有几个小朋友说："老师，我会折。"看来。有些小朋友以前已经学过了。到底要不要继续呢？教师接着说："今天，老师给小朋友们变个魔术？"（教师做神秘的表情和动作）小朋友听到变魔术一下就安静了。教师把衣服的四角拉出，说"变"，一条裤子出来了。大家高兴得直拍手。小朋友说："老师真厉害。"

点评：案例中的教师成功地运用了应变语。教师临阵不慌巧妙地运用一个"变"字，既满足了幼儿的好奇心，又解决了课堂混乱问题，使自己设定的目标顺利完成。

（2）将错就错。

在教学活动中教师会因为自己的疏忽而发生错误，此时不要回避也不要紧张，要冷静地将错就错、妙语补失，从容地改正错误并引导幼儿推导出正确的答案。

【案例】

大班数学活动《降落伞》

在计算活动中，教师不小心把贴绒降落伞碰掉了。孩子们立刻发出："老师掉了。降落伞掉了。"教师灵机一动说："小朋友们数一数，有几个降落伞落下来了？还有几个贴在黑板上？一共有几个降落伞呢？"

点评：案例中的教师成功地运用了应变语。教师临阵不慌，巧妙地转换话题，既满足了幼儿的好奇心，又解决了教学问题，使自己设定的目标顺利完成。

（3）自然转移

教学活动中，有时候幼儿会提出一些老师不便回答或者不能回答的问题，还有一些与本次教学活动无关的问题，教师可以采取转移话题的方法来摆脱困难。

【案例】

中班美术活动《美丽的百褶裙》

活动一开始，教师放动画片让孩子们欣赏百褶裙。全班小朋友都在认真地看，突然有一个小朋友说："老师，好丑哦！"随后又有几个小朋友附和着说："好丑哦！上面的裙子好难看。"这时教师停止放映说："电视上的不好看，那么今天小朋友们来做魔术师，把我们自己的裙子变好看好吗？想一想怎么变？”

点评：案例中的老师巧妙地运用了应变语。既没有批评幼儿，也没有觉得尴尬，而是巧妙地把话题引入到教学中，使教学活动顺利完成。

2. 应变语的要求

（1）从容镇定，不要慌乱。教学活动过程中突发情况是各种各样的，应变语应因时而异、因人而异。无论在什么样的情况下，教师一定不可慌乱无措，要从容镇定，针对具体情况迅速地做出判断，解决问题，以保证教学活动顺利进行。

（2）求实坦诚，实事求是。求实的教学态度是教师启发幼儿、激发幼儿求知欲的重要手段之一。在应对突发事件时，切不可匆匆带过，也不得信口雌黄、随意编造，要实事求是，坦诚地组织应变语。

（3）和蔼可亲，切勿生硬。教学活动中的突发事件会影响教师情绪，会造成教师心里的不悦，但教师应保持和蔼可亲的态度去应对，不能因为孩子的话扫了自己的面子而一味地责备幼儿，影响幼儿参与活动的积极性。

（五）结束语训练

结束语是指教学活动结束时教师所用的教学口语。其主要目的是归纳总结活动的内容，使幼儿强化记忆，巩固知识和技能。

1. 结语的种类

（1）归纳总结。教学活动结束，把内容作简单的、概括性地归纳和总结，利于幼儿强化记忆。

【案例】

中班科学活动《认识彩虹》

教师引导幼儿做三棱镜实验和吹泡泡的实验之后提问：彩虹是怎么形成的？

（幼儿讨论回答）

师：下雨过后，太阳出来，天上有很多很多的小水滴，这些小水滴把太阳分成了赤、橙、黄、绿、青、蓝、紫七色，在天空中以弧形的形状出现。就是彩虹。

点评：通过实验和提问，幼儿知道了彩虹是怎样形成的。教师在幼儿的感性的认识上经过概括升华为理性的认识。这段结束语在提高幼儿的抽象思维能力方面起到了很重要的作用。

（2）画龙点睛。抓住重点，善始善终。结语要能充分地从现象迁移到本质，同时易于幼儿接受。

【案例】

中班语言活动《多变的脸》

教师启发幼儿谈话认识各种表情，为什么会有这些表情之后，小结。

教师：大家都喜欢笑的表情。笑就是高兴、快乐、开心。我们也要经常笑，让身边的人跟着我们笑，这样每个人都会很开心哦！

点评：教师这个结语让幼儿回顾了之前的知识，了解大家都喜欢笑的表情，笑代表开心、快乐，最后画龙点睛地引出要笑口常开。

（3）指导活动。教学过程中，一般将幼儿动手操作作为活动的高潮来安排，而将动手操作安排在活动结束部分则可以给幼儿充分的时间。

【案例】

中班美术活动《美丽的海底世界》

教师：小朋友真能干，每人都能认真画出自己喜欢的海底生物。现在将这些美丽的海洋生物放到大海里（将画好的海洋生物粘贴），让我们的大海变得更漂亮、更美丽。

点评：教师将幼儿动手操作环节放在了活动的最后，提高了幼儿的积极性，让幼儿既能游戏，又能巩固加深所学知识。

（4）发散延伸。这样的结语，可以激发幼儿的探索欲望，培养幼儿的探索精神。

【案例】

中班科学活动《各种各样的轮子》

通过讨论实验后，最后结束活动时教师说："今天我们知道了只有圆形的轮子才可以滚动，是最省力的。老师这里有很多的车没有轮子，他们很难过。我们来帮帮他们，给他们画上轮子。课后我们一起来画好吗？"

点评：教师用简洁的语言强调了实验的结果外，还把活动内容延伸到课外，使幼儿通过为各种车画轮子把间接经验转化为直接经验。

（5）行为评价。以评价幼儿的学习行为来结束活动。

【案例】

中班健康活动《神奇的跳圈》

活动结束时教师让幼儿集合后说：今天我们班的小朋友真的很棒，都很勇敢地跳过了去小熊家的障碍物"跳圈"，单脚跳和双脚跳都跳得非常好。现在，请小朋友变成小兔子跳回教室吧。

点评：教师最后在结束时评价这次活动小朋友的掌握情况，简单明了地指出了小朋友是否学会了单双脚跳的动作技能。

2. 结束语的要求

（1）突出重点，善始善终。结束语的目的在于归纳总结，巩固和强化教学，所以切忌过于花哨、重复，要简单明了，突出重点。

（2）语速适度，不宜过快或慢。结束语的语速要稳，语气要肯定，不要急于结束、草草收场。

（六）过渡语、演示示范语训练

1. 过渡语

过渡语是教育教学活动中起连接、过渡作用的教学用语。恰当地使用过渡语可以使内容层次分明、衔接自然。过渡语要简短、藏而不露。过渡语可以是一个词语、一句问话或者一个感叹、一个要求。过渡语的方式主要有以下几种：

（1）顺承式。

顺承式，即上面的问题自然为下一个问题做铺垫和预备，连接顺水推舟、自然流畅。

【案例】

小班语言活动《蚊子，苍蝇，快走开！》

师：真痒呀！小朋友们，你们觉得是什么东西把我咬成这样的？

幼：小虫子。

幼：可能是小蚂蚁。

幼：肯定是蚊子，我也被蚊子咬过了，还有一个一个的包呢？

师：那请小朋友们帮我从教室里找一找，把它们找出来贴在黑板上吧！

幼儿在教室里寻找蚊子的小卡片贴在黑板上。

点评：老师提出的第一个问题目的就是为下面的活动做铺垫，整个活动过程在老师精心设计的问题中流畅地进行。

（2）引导式。

教学活动前后内容虽是一个整体，但是又相对独立。在这样的转化处，教师要把前一部分内容引导到后一部分，使整个教学活动节奏分明、层次清楚。

【案例】

大班科学活动《快乐的小雨滴》

通过看看、做做、想想，使幼儿了解雨的形成、雨的特征之后，教师说：

小朋友们都知道风是怎么形成的了，那么风和人们有什么关系呢？下面老师讲一个故事给小朋友听，故事的名字叫《快乐的小雨滴》。（讲故事）

点评：教师通过讲实验活动环节和语言活动巧妙地衔接。这样的引导使幼儿对下一个活动继续保持极大的兴趣。

（3）直入式。

直接由上面的内容转入下面讲授的内容。

【案例】

大班科学活动《风的形成》

小朋友们通过讨论、观察、实验等方法了解了风的形成、风的特性后，教师说：“那小朋友们知不知道风和人们有什么关系呢？下面老师讲一个故事给小朋友听，听完这个故事，小朋友就明白了。故事的名字叫《有趣的风婆婆》。”

点评：教师利用故事很自然地从实验活动过渡到故事活动，使幼儿对将要进行的活动产生很大的兴趣。

2. 演示示范语

演示示范语就是教师在引导学生观察实物，观看图表、标本和观察实验仪器以及实验现象时所用的教学口语。借助实物、实验等，用清楚、明白、简洁的语言让学生了解事物的特征、演变过程以及事物之间的相互关系。要求条理清楚、简洁准确、把握关键。

【案例】

大班舞蹈《恰恰恰》

教师：……教师跟随音乐表演舞蹈，突出踵趾跑步的动作，请幼儿注意观察。边跳边说：脚跟前，脚尖后，跳跳跳跳。脚跟前，脚尖后，跳跳跳跳。

点评：这段演示语是教师在活动中给孩子讲解示范“踵趾跑步”的动作时所用，简单而清晰。幼儿可以直接观察教师的动作，结合类似儿歌的演示示范语，幼儿能很快地学习掌握动作要领。

思考与练习：

一、什么是导入语？导入语的作用是什么？

二、请根据下面提供的文学作品内容设计语言活动的导入语。

五花山

作者：薛卫民

小朋友，你们说山是什么颜色的？

我家就住在大森林里，我知道山是什么颜色的。

春天的山是绿色的，可那绿色是浅浅的，许多树叶儿刚冒出芽儿来，嘴角还带着嫩嫩的黄色呢。

夏天的山也是绿色的，可那绿色是深深的，一片片树叶儿，不管是大的还是小的，都像被绿色的蜡笔涂了，连雨点儿落上去，都给染绿了。

秋天的山呀，可不再是一个颜色了。下了一场秋霜后，你看吧，有的树林变成了金黄色，好像所有的阳光都照到那里去了；有的树林变成了杏黄色，远远地看去，就像枝头上挂满了熟透的杏子和梨子；有的树林变成了火红色，风一吹，树林跳起舞来，就像一簇簇火苗儿在跳跃，还有的树林变得紫红紫红，那颜色就像剧场里的大幕布。只有松树不怕秋霜，针样的叶儿还是那样翠绿翠绿的。

秋天的山就是这样五颜六色。一层金黄，一层翠绿，一层火红……人们给五颜六色的山起了个好听的名字，叫“五花山”。

三、任选下面的一项活动，设计讲授语。

1.《有趣的不倒翁》（中班）

2. 关于传统佳节“中秋节”的由来和习俗。（中班）

3. 数学活动“四等分”（大班）

4. 讲故事《小青虫的梦》（大班）

四、请为下列作品设计语言活动的提问语。

女儿给妈妈当妈妈

希儿听妈妈说，小孩是从妈妈肚里出来的。

希儿就觉得有点奇怪，她问妈妈：“那，你叫外婆‘妈妈’，你是从外婆肚子里生出来的吗？”

“是的呀。”妈妈直点头。

希儿很难相信，“你这么大，外婆的肚子这么小……”

那天，希儿骑着小自行车跟妈妈散步，她问妈妈：“妈妈，你能坐我的车吗？”

妈妈说：“不行，妈妈太大了。”

希儿想了想，说：“那等妈妈什么时候长小了再坐吧。”

有一次，希儿的手刚抓了蜜饯，黏糊糊的，就一把擦在爸爸的裤子上。妈妈吓唬她说：“你再淘气，妈妈就不要你了，让别人做你的妈妈吧。”

希儿有些发愁，她一点也不想离开妈妈，一点也不想像白雪公主那样让别人做妈妈，她对妈妈说：“我是从你肚子里生出来的呀，你怎么能不要我呢？”

妈妈说：“谁叫你这样淘气呢？”

希儿最后想了个不用跟妈妈分开的主意，“妈妈，你要是实在不愿意给我当妈妈，那我来当妈妈，你当女儿吧？”

妈妈忍不住笑了，问希儿：“你会当妈妈吗？”

希儿说：“我当妈妈，你做错事了，我也不骂你，我还是很爱你。”

妈妈说：“妈妈是因为爱小孩才骂小孩的呀，妈妈希望小孩知道什么是对的，什么是错的。”

“我不这样！”做了妈妈的希儿一定不骂自己的孩子，“我只是爱你，爱我的女儿。”

“如果，”做了女儿的妈妈说，“我不知道什么是对的，什么是错的，去干坏事了，怎么办？”

“那我就难受死了。”希儿无可奈何地说，“那我就不当妈妈了吧。”

五、下面的提问语设计得是否合适？若不合适，请修改。

1. 小班数学活动《“1”和“许多”》，提问：老师这里有许多的玩具，你能分辨出哪些是“1”，哪些是“许多”吗？

2. 大班科学活动《会发光的物体》，提问：你见过会发光的物体吗？为什么会发光呢？请说说发光的原因？

六、根据以下提示，设计相应的应变语。

大班科学活动《珍稀动物》

师：有时候，我们会赠送大熊猫给外国的朋友，你知道为什么要送大熊猫吗？

幼：因为大熊猫可爱，因为大熊猫很大。

师：熊猫是我国特有的珍稀动物，赠送珍稀动物给外国友人，可以表达我国促进友好交流的诚意。

幼：送小狗可以吗？

七、续说下列结束语

大班《神奇的指纹》

指导幼儿用指纹做简单的创意画，经过引导和讨论，请用归纳总结的方式进行小结。

八、请根据过渡语的作用和方式，给下列活动设计一段过渡语。

1. 大班语言活动《反义词》

2. 中班数学活动《数物对应》

3. 小班健康活动《小猫走路》

九、请为下列活动设计一段演示示范语。

1. 大班艺术活动《大家一起跳起来》

目标：学习用华尔兹舞步表现三拍子的节拍特点。

2. 中班科学活动《好玩的报纸》

目标：通过探索，发现多种玩报纸的方法。

第四节 幼儿教师教育口语训练

一、幼儿教师教育口语概述

教育口语是指在教学情境中教师所使用的语言，是教师根据德育任务，对幼儿进行思想品德、行为规范教育的工作口语，旨在培养幼儿良好的意志品质、美好的情感态度、良好的语言交际能力。

（一）幼儿教师教育口语原则

1. 热爱幼儿、尊重幼儿

每个幼儿都是一个独立的个体，他们有自己的思想和个性。幼儿教师要了解幼儿的性格，尊重幼儿的想法和行为，用发自内心的、真挚的爱来培养幼儿良好的行为习惯。

【案例】

一个小男孩住在一间杂货铺附近，每天都看到大人将一种东西交给杂货铺老板，然后换回自己需要的物品。于是有一天，他将一把石子递给老板“买糖”，老板迟疑片刻后，收下了石子，然后把糖“卖”给了他。这个小男孩就是前苏联教育家苏霍姆林斯基。他后来说：“这个老人的善良和对儿童的理解影响了我的一生。”

点评：这位杂货铺的老板不是教育家，但他拥有教育家的智慧，他没有用成人的逻辑去分析孩子的行为，而是用宽容维护了一个幼小生命的尊严。这是对儿童精神世界的深刻理解和尊重，也是值得我们教师学习的。

2. 实事求是、正面教育

幼儿在幼儿园里的每一次教学活动或每一阶段的教育活动目标，都是根据幼儿身心发展的规律提出的。通过有目的、有步骤的教育活动，促进幼儿情感、态度、能力、知识等方面的发展。教师传递给幼儿的所有语言信息，都应该有科学的依据，经过认真思量，准确无误、清楚明白地告知幼儿，让幼儿获得知识，积累经验。

【案例】

小朋友们，今天我们要来学习洗手，你们先看看老师是怎么做的。先把水龙头打开把手淋湿，然后抹上香皂，手心搓搓，手背搓搓，小手交叉洗洗手指头；最后再打开水龙头把小手冲干净，拿毛巾擦一擦。

点评：该教师语言简洁、通俗易懂，可以让幼儿更清晰地理解教师的要求，让孩子很快地掌握这个技巧，并养成勤洗手爱卫生的好习惯。

3. 亲切自然、浅显易懂

幼儿教师要遵从幼儿的身心发展水平，创设轻松愉快的学习环境，用幼儿容易理解的语言将学习内容传递给幼儿，让其在欢乐的氛围中进行体验和学习。幼儿教师在组织幼儿活动时应当较多使用常用的生活语言。

【案例】

在带领幼儿散步时，教师教幼儿以自己的身体为中心认识上、下方位。

师：小朋友们抬头看看，你们的上方有什么？

幼：我的上方是天空，我还看见了树上的小鸟和树叶。

师：那看看你们自己的脚下有什么？

幼：我的下面有马路、小草、小石子、泥土……

点评：在散步这种轻松愉快的氛围中，教师用亲切温和的语言指导幼儿以自己的身体为中心认识上、下方位，在不知不觉中让幼儿学到了新知识。

4. 针对实际、因材施教

教育有其特定的规律，其中最重要的一点就是对教育对象的差异性应遵循因材施教的原则。根据教育对象的差异，随着教育的内容、时间、场合的不同而变化，只有这样才能引起幼儿的注意，产生良好的效果。作为一名幼儿教师，要了解和掌握每一个幼儿的身心发展水平，知道幼儿的个别差异，有目的、有计划、循序渐进地进行有差别的教学，发现每个幼儿身上的闪光点，培养孩子的自信心和学习兴趣，让幼儿获得最适宜的发展。

【案例】

今天老师要教小朋友们制作爱心贺卡送给妈妈。制作贺卡需要把一个桃心从纸片上裁剪下来，粘贴到贺卡上。可明明却不喜欢做手工，因为每次手工课，他手中的剪刀都不听指挥，还经常剪到手指，明明很害怕，不想做了。这时老师看见了，走过来，对明明说："明明不着急，我们一起来学习怎么剪。"老师先教明明学习了拿剪刀的正确方法，接着和明明一起用报纸来进行练习，最后在老师的帮助下明明剪下个桃心。贺卡完成了，明明可开心了。

点评：老师了解幼儿的身心发展水平，在活动中没有强求能力不强的幼儿独立完成手工制作，而是在幼儿需要帮助时根据幼儿的能力水平及时给予帮助和指导，鼓励幼儿，增强幼儿的自信心。

（二）避免教育口语的误区

德国教育家第斯多惠说："教师本人在学校里是最重要的师表，是最直观的、最有益的模范。"无疑教师的形象是幼儿认知世界的一个重要成分，将潜移默化地熏陶着幼儿。教师的每一句话都会对幼儿产生关键性的影响，这种影响是其他教育手段不能代替的。因此，在幼儿园里的各种教育环境中，教师应有意识地注意自己的言行，规范自己的语言，并且尊重幼儿的人格，从爱出发，真诚宽容地对待每一个幼儿。

1. 积极正面引导，不说反话

在幼儿园里，教师是幼儿最相信的人，老师说什么他们都深信不疑。但这一时期幼儿理解能力却非常有限，只能理解教师正面、直接的语言，而不能理解教师语言中所潜藏的其他内容。所以，老师在与幼儿交流时，要使用正面语言，不能讲反话。

【案例】

成成是个性格活泼好动，好奇心极强的孩子。在一次语言教学活动中，成成对老师的教学内容不感兴趣，一会儿去扯菲菲头上扎的蝴蝶结，一会儿去拉龙龙的衣角，影响了教学秩序。老师实在看不下去，就对成成说道："不想参加活动，就出去嘛，请你不要影响其他小朋友。"听了老师的话成成真的就走出了教室，到操场上玩去了，气得老师哭笑不得。

点评：其实老师并不是真的要让成成走出教室，只是想让成成能好好参加活动，并且不影响其他小朋友。可是成成并不能理解老师的反话，反而信以为真啦！所以在教学活动中和幼儿交流时，都应该正面引导幼儿，不说反语。

2. 言辞委婉，不粗暴训斥

每个人都喜欢听委婉的话语，幼儿也不例外。和蔼可亲的老师只要一走进幼儿中间，便会让幼儿情绪稳定、感到快乐，从而使师幼之间的沟通非常顺畅。有的教师在教育幼儿时，常简单粗暴地训斥，这样往往会伤害幼儿的自尊心，产生师幼之间的“鸿沟”，不利于彼此良好的沟通。如果老师在说话时磨去一些“棱角”，使幼儿在听话时感到自己是被尊重的，就能从情感上接受老师的意见。

【案例】

瑞瑞是个活泼好动的男孩子，平时比较调皮，常常和小朋友发生矛盾，给老师带来很多困扰。在一次体育活动中，老师与小朋友们一起用体操棒练习新编的棒操，瑞瑞对体操棒十分感兴趣，变着花样摆弄着手中的棒子，小朋友们被瑞瑞的精彩表演吸引了。可是当瑞瑞用体操棒表演孙悟空的金箍棒时，却不小心将玲玲的鼻子打出血了，老师见状十分生气，对瑞瑞说道：“瑞瑞你这个坏孩子，到底要给老师惹多少麻烦！你真是没救了，赶紧让你爸妈把你带回家吧！”说完老师带着玲玲去了医务室，其他小朋友听了老师的话，也都跟着说瑞瑞不好。本来瑞瑞知道自己犯了错误，还非常愧疚，可看见老师、小朋友都这样责怪自己，他也就破罐子破摔不管了，继续挥舞着金箍棒，说道：“你们这些妖怪，我就是要用金箍棒打死你们！”

点评：如果老师先去了解事情发生的原因，并在批评瑞瑞时语言委婉一些，就不会让瑞瑞的逆反心理增强，也不会让其他小朋友排斥瑞瑞。而教师的训斥只会让瑞瑞的不良行为得到恶性发展，不利于瑞瑞良好性格的形成。

二、幼儿教师教育口语训练

（一）沟通语训练

1. 爱心是基础

高尔基说过：“谁爱孩子，孩子就爱他；只有爱孩子的人，他才可以教育好孩子。”没有爱，就没有教育。教师的爱心能驱使教师以最大的耐心和韧劲克服教学中遇到的各种困难，挖掘自身的潜能。教师的爱，对幼儿的发展是一种巨大的动力。有了这种爱，师幼之间才能建立起感情，才能激起幼儿对教师的亲近感和仰慕心理，从而把这种情感迁移到教师所传授的知识上。

【案例】

菲菲小朋友胆子很小，刚上幼儿园时情绪很不好，老师组织的活动她也不愿参加，甚至连吃饭、喝水也不愿意。了解到这些情况后，老师经常耐心地帮助她。最初喂她吃饭、喝水，后来慢慢引导她自己吃饭、喝水。在组织活动时也特别注意她，经常请她回答问题，或是表现自己。渐渐地，她对老师不再排斥，还和老师成了朋友，对老师提出的要求也会积极、认真地完成，性格也变得活泼、开朗许多。

点评：案例中教师耐心地去教导幼儿，并和幼儿共同去发现问题、解决问题，让幼儿感受到了爱，最终让幼儿在爱中成长。

2. 幽默少不了

幽默是人际关系中必不可少的“润滑剂”。作为一名幼儿教师，与幼儿交流时风趣幽默，幼儿就会情绪安定、感到快乐，师幼之间的沟通也会非常顺畅。

【案例】

午点时间到了，今天的午点是红枣馒头加哈密瓜，可是孩子们都对红枣不感兴趣，而且红枣皮的味道苦苦的，更让孩子们没有食欲，于是老师灵机一动，用小贩的腔调吆喝着：“哎，新疆哈密瓜嘞，又香又甜的新疆哈密瓜，谁先吃完红枣馒头，谁就吃新疆哈密瓜嘞。”听完老师搞笑的吆喝声，孩子们被逗乐了，也被哈密瓜馋得流口水，赶紧大口吃完餐盘中的红枣馒头，排队去取哈密瓜。

点评：教师用诙谐幽默的语调引发幼儿的兴趣，诱发幼儿对哈密瓜的向往，这样不仅给孩子们带来了快乐，又解决了孩子们挑食的问题。

3. 聆听很重要

在和幼儿交流的过程中，让幼儿听老师讲话很重要，但老师学会积极聆听幼儿讲话更重要。教师对幼儿积极聆听的态度，可以使幼儿觉得受到重视并肯定自己的价值。另外还要避免在幼儿讲话时，急于表达自己的想法、注意力不集中、打断幼儿的讲话等现象。

【案例】

小宝是班上年龄最小的小朋友，性格活泼、好动，特别喜欢玩水，总喜欢到洗手间洗手玩水，或是拿水杯接水，再把水倒入其他小朋友的水杯里。小宝经常趁老师不注意，把自己弄成一个水人。最让老师头痛的是，小宝的行为还带动了其他的小朋友。由于全班幼儿都是第一次上幼儿园，常规习惯还没有养成，幼儿的调皮总是让老师们措手不及。所以，老师们商量：坚决抵制幼儿玩水，如有小朋友再犯，一定严惩不贷。这天，老师看到牛牛趁小朋友上厕所又溜到洗漱间，赶紧跟去一看：牛牛在拧水龙头。老师着急地大声喊道：“牛牛你在干什么呢？”吓得牛牛赶紧缩回了手。老师正准备好好教育牛牛一番，可是牛牛大眼睛忽闪忽闪地望着老师说：“老师，水龙头哭了，我在帮它擦眼泪”。听了牛牛的话，老师愣住了，如果不听牛牛把话说完，那不是犯了大错。老师蹲下来，摸着牛牛的头：“牛牛是个好孩子，帮老师拧紧水龙头，真棒！”

点评：认真倾听，才能真正了解幼儿行为的真实动机，了解幼儿内心的想法。不能以表面现象来判断幼儿行为的对与错，应认真聆听幼儿的声音，了解事情的真相，才能避免老师的莽撞裁定而伤害幼儿。

（二）诱导语训练

1. 诱导语的功能

诱导语就是教师在教育中对幼儿进行劝说和引导的教育用语。诱导语需要教师循循善诱，疏导幼儿情绪，有效地对幼儿的行为进行劝阻，从而使幼儿愿意接受教师的建议，感受到教师的爱。在使用诱导语时，教师要注意语调平和，语速较慢，不要带有强烈的感情色彩。

【案例】

彦彦一直很调皮，喜欢玩一些危险的游戏。一天彦彦和妈妈在家，妈妈正在楼下收拾房间，只听彦彦在楼上叫："妈妈，妈妈，你快看，我爬得多高！"妈妈抬头一看，吓了一跳，彦彦正在楼梯的最高处，侧着身体翻出楼梯的扶手，摇摇欲坠。想喊她，又害怕孩子受到惊吓失手掉下来。于是小声地说："彦彦，妈妈看见了，妈妈现在和你玩一个'木头人不准动'的游戏好吗？妈妈给你准备了好吃的饼干，你站着不动妈妈上来接你下去吃饼干好不好？"彦彦回答："好的。"妈妈把彦彦抱下来后对彦彦说："彦彦，你刚才这样站在楼梯上很危险，如果掉下去多可怕，以后可不能这样了，但是你刚才乖乖听妈妈的话，很棒！现在我们去吃饼干吧。"

点评：这位妈妈如果在宝宝危险的时候大声训斥宝宝，势必会让宝宝受到惊吓，还有可能会失手摔下楼梯。妈妈只有用轻柔话语，指令性的游戏让宝宝分散注意力，帮助宝宝脱离危险，并在安全后对宝宝进行安全的指导才是最正确的做法。

2. 诱导语的使用技巧

（1）正面诱导、平等相待。

诱导语是教师与幼儿在平等的基础上进行语言交流，而不是教师对幼儿发出指令。所以，教师在使用诱导语时要充分尊重幼儿的看法，并有效地将幼儿言行引导到正确的轨道上来。

【案例】

在一次活动中，幼儿进行"猫抓老鼠"的游戏。可是大家都不愿意扮演猫，并争执了起来，几个孩子一赌气跑到旁边不玩了。老师知道原因后明知故问地说："你们为什么不玩了？"幼儿把刚才发生的事情描述了一遍。教师对幼儿说："没有猫谁来抓老鼠呢？我们一起想想看还有什么好办法，每个小朋友都可以说说自己的办法。"幼儿想了想，有的说："可以切西瓜分成两组进行"；有的说："可以男生女生分两队交叉进行"；还有的说："可以让每个小朋友都当一次小猫"。

点评：教师没有直接给出解决方法，而是尊重幼儿的看法，让幼儿自己开动脑筋想办法，鼓励他们学会协商解决问题。

（2）学会倾听，接纳包容。

作为教师要做到尊重幼儿，倾听幼儿的想法，了解幼儿内心世界的情感。对幼儿提出的意见做出恰当的反应，给予幼儿充分的理解与信任，并正确积极地引导幼儿，帮助其树立自信心。

【案例】

有一个小男孩认为自己是世界上最不幸的孩子，因为患脊髓灰质炎而留下了瘸腿和参差不齐且突出的牙齿。他很少与同学们游戏或玩耍，老师叫他回答问题时，他也总是低着头一言不发。

在一个平常的春天，小男孩的父亲从邻居家要了一些树苗，他想把它们栽在房前。他叫他的孩子们每人栽一棵。父亲对孩子们说，谁栽的树苗长得最好，就给谁买一件最喜欢的礼物。小男孩也想得到父亲的礼物。但看到兄妹们蹦蹦跳跳提水浇树的身影，不知怎么地，萌生出一种阴冷的想法：希望自己栽的那棵树早点死去。因此浇过一两次水后，再也没去搭理它。几天后，小男孩再去看他种的那棵树时，惊奇地发现它不仅没有枯萎，而且还长出了几片新叶子，与兄妹们种的树相比，显得更嫩绿、更有生气。父亲兑现了他的诺言，为小男孩买了一件他最喜欢的礼物，并对他说，从他栽的树来看，他长大后一定能成为一名出色的植物学家。从那以后，小男孩慢慢变得乐观向上起来。

一天晚上，小男孩躺在床上睡不着，看着窗外那明亮皎洁的月光，忽然想起生物老师曾说过的话：植物一般都在晚上生长，何不去看看自己种的那棵小树。当他轻手轻脚来到院子里时，却看见父亲用勺子在向自己栽种的那棵树下泼洒着什么。顿时，一切他都明白了，原来父亲一直在偷偷地为自己栽种的那棵小树施肥！他返回房间，任凭泪水肆意地奔流……

几十年过去了，那瘸腿的小男孩虽然没有成为一名植物学家，但他却成为了美国总统，他的名字叫富兰克林·罗斯福。爱是生命中最好的养料，哪怕只是一勺清水，也能使生命之树茁壮成长。也许那树是那样的平凡、不起眼，也许那树是如此的瘦小，甚至还有些枯萎，但只要有养料的浇灌，它就能长得枝繁叶茂，甚至长成参天大树。

点评：正是因为罗斯福的父亲正确及时地发现了罗斯福的问题，充分理解与包容他，并用激励的方式鼓励他，让他树立自信心，才获得成功。

（3）启发暗示，委婉表达。

诱导的目的是有效地说服幼儿，改变幼儿一些错误的认识、习惯或行为。教师要目标明确、以理服人，不要压制幼儿。要考虑幼儿的心理特征及接受能力，并借助打比方、做比较等方法引导幼儿由此及彼。

【案例】

每天午餐后的散步是小朋友们最开心的事，不仅有利于幼儿身体健康，又给幼儿们创设了一个轻松、自由的交流环境。但幼儿活泼好动，常发生追跑现象。老师虽然经常提醒，但收效甚微。于是，老师就试着换了一种方法，对他们说：“咱们来学小乌龟走路好吗？”幼儿特别感兴趣。之后，又引导他们模仿小蜗牛走路、小猫走路、小猴踩钢丝等动作，幼儿都非常高兴地慢慢走着。

点评：孩子们都觉得散步变成了游戏，这就将“老师让我散步，不让我跑”的被动行动转化为“我想散步”的自愿活动，既发挥了幼儿的主动性，又减少了幼儿散步时意外事故的发生。

（三）激励语训练

激励语是教师对幼儿表达中带有强烈肯定或热情希望的话语。激励语具有一定的鼓舞性和煽动性。

1. 激励语的功能

激励语能有效激发幼儿积极向上的情绪。幼儿年龄较小，自制力较差，如果刻意去压制他们的兴趣或表现的欲望，只会使他们对自己感兴趣的事物渐渐失去原有的兴趣。但教师如果使用有效激励语，就能在短时间内给幼儿带来巨大的向上力量。教师的激励性言语，能让幼儿从原先的不参加活动转变成积极地参与活动；能帮助幼儿形成良好的卫生和学习习惯，培养他们的自制力及做事的坚持性；还能潜移默化地影响幼儿的意志品质，促进幼儿个性的健康发展。激励性语言行为在幼儿的成长过程中起着不可估量的作用。作为教师应该根据实际情况具体地启发引导，把握不同幼儿的兴趣特点及他们各自的优势，使用更为恰当的激励性语言帮幼儿树立其自信心。

【案例】

一百多年前，一位穷苦的牧羊人带着两个幼小的儿子替别人放羊。

有一天，他们赶着羊来到一座山坡上，一群大雁鸣叫着从天空飞过，很快消失在远方。

牧羊人的小儿子问父亲："大雁要往哪里飞？"牧羊人说："它们要去一个温暖的地方，在那里安家，度过寒冷的冬天。"大儿子眨着眼睛羡慕地说："要是我们也能像大雁那样飞起来就好了。"小儿子也说："要能做一只会飞的大雁多好啊！"

牧羊人沉默了一会儿，然后对儿子说："只要你们想，你们也能飞起来。"

两个儿子试了试，都没能飞起来，他们用怀疑的眼神看着父亲。牧羊人说："让我飞给你们看。"于是他张开双臂，学着大雁的样子，但也没能飞起来。可是，牧羊人肯定地说："我因为年纪大了才飞不起来，而你们还太小。只要不断努力，将来就一定能飞起来，那时候，你们就可以去任何想去的地方。"

两个儿子牢牢记住父亲的话，并一直不懈地努力着。等到他们长大——哥哥 36 岁，弟弟 32 岁时——两人果真飞起来了，因为他们发明了飞机。

这个牧羊人的两个儿子，就是美国著名的莱特兄弟。

点评：信念是一支火把，它可以燃起一个人的激情和潜能，让他飞向梦想的天空。父亲的鼓励与肯定让兄弟俩深信：只要不断努力就能飞起来。作为教师，我们也要给幼儿更多的鼓励与肯定，给幼儿一片梦想的天空。

2. 激励语的使用技巧

（1）晓之以理，更应该动之以情。真正能触动孩子并激励孩子不断进步的激励性言语是融入教师真情的。既无情感的流露，也无发自内心对幼儿爱的表述，那样的激励就没有了感染力。教师是孩子的朋友，与孩子之间真诚的友谊和情感是实施激励性言语的桥梁。

【案例】

优优很喜欢运动，户外活动时能积极配合老师，但是在上一些比较安静的数学、美术课时就喜欢满教室乱跑。经过一段时间的观察后，王老师找优优单独谈了谈："优优，老师知道你很优秀，做操时动作很规范，上体育课时也很听老师的指令，但是老师希望你以后在美术课和数学课上也能同样表现优秀，老师相信你能做到，好吗？"

点评：教师先对幼儿进行表扬，激发孩子对原有爱好的喜爱，在表扬的基础上指出幼儿不足，并帮助孩子改正，使孩子更加容易接受。

（2）以情疏导，丰富的体态语少不了。体态语比口语更能表达情感，尤其对幼儿来说，这一方式更为重要。其主要原因：一是对幼儿来说，动作比语言易于理解。教师的一个微笑、一个举起大拇指的手势、点点头等，远比语言更能让幼儿感受到教师对他的关爱、鼓励和期待。二是幼儿有身体接触的需要。幼儿有皮肤饥渴，成人的双手抚摩可以满足需要，身体肌肤的接触有利于安定幼儿的情绪，使幼儿感到温暖、安全，消除紧张情绪。体态语是教师运用肢体语言和幼儿交流的手段，也是教师用手势、姿态、表情、身体移位等非言语手段对幼儿的活动做出积极有效肯定的无声语言。这种肯定远远超过了言语的范围，给了孩子莫大自信，抑制了他们注意力不集中、随心所欲、没有坚持性的习惯，让幼儿在感到亲切温暖的同时，获得了更多的满足和鼓励。

【案例】

又到了下午开放活动区域的时间，小班的小朋友已有一定的开区常规。可是才开区一会儿康康就跑来告诉老师："帅帅把娃娃家里小狗的腿折断了，还打翻了小狗的肉骨头，撒了一地呢。"听小朋友一说老师走到了"娃娃家"。看到帅帅后将他拉到教室的一边，老师蹲下来拉着帅帅的手，轻声问道："帅帅你有不开心的事吗，给老师讲一讲好不好？"

帅帅低着头不说话，老师摸着帅帅胖嘟嘟的小脸接着说："老师的帅帅今天怎么了，平时可喜欢和老师聊天，而且还帮老师整理小椅子，是很能干的小朋友。"这时帅帅难为情地说道："老师，是我不好，我去把小狗修好。"听帅帅这么说，老师让帅帅回到了娃娃家。帅帅回到娃娃家，找来彩带帮小狗把腿接好，并把散落的肉骨头一一捡回餐盘里，这时站在一旁的老师微笑着点点头，给帅帅竖起了大拇指，并抱了抱帅帅。帅帅看着老师嘴角露出了笑容，开心地和小朋友一块儿玩去了。

点评：幼儿虽小也是一个独立的个体，需要满足自尊心和面子观，虽然做错事情也需要老师给台阶下。老师以情引导，并通过体态语让幼儿感觉到老师对幼儿的爱和理解，让幼儿坦然接受错误，并乐意改正。

（四）表扬语训练

1. 表扬语的功能

俗话说得好："良言一句三冬暖，恶言一声暑天寒。"无论是大人还是孩子都喜欢受到表扬，老师的表扬能增强幼儿的自信心，增强幼儿学习的主动性，使幼儿在成长过程中有积极向上的阳光心态，使他们更加健康地发展。作为教师，首先要看到孩子的进步，通过老师的表扬让孩子看到自身不断增长的智慧和力量。表扬可以语言表达，也可以用非语言因素表达。老师充满信任的目光，亲切喜悦的笑脸，都会给孩子带来力量。

2. 表扬语的使用技巧

表扬是一种积极的教育手段，教师的表扬对幼儿性格的健康发展非常重要。但是表扬不可乱用。不恰当的表扬不仅不能起到积极作用，甚至可能适得其反。不恰当的表扬包括：

（1）恭维性的“高帽子”，比如“你最聪明了”。这类表扬有可能使幼儿骄傲自大、爱慕虚荣。

（2）不符合是非观念的表扬，比如幼儿做错了事，仍旧表扬幼儿。这类表扬会混淆幼儿的是非观念，不利于幼儿道德观念的形成。

（3）过分强调“爱”的表扬，比如“你的画真漂亮，老师真爱你呀”等。这类表扬使幼儿认为老师是因为画才爱自己的，一旦自己的画不漂亮，老师就不再爱自己了。这样，幼儿会因为有可能失去老师的爱而担心，甚至产生焦虑情绪，不利于幼儿性格的健康发展。

（4）有意识的表扬，对于幼儿良好行为习惯的养成无疑有着积极的意义。如：“你刚刚学画时，连笔都拿不住，现在已经会画手绢了”，“你这次做得比上次好多了”。孩子受到鼓励后，学习热情和思考探索的积极性会很高。

【案例】

倩倩小朋友在户外活动时总是磨磨蹭蹭，要很长时间才能从教室里喝完水出来，但有一次，她竟是全班第一个喝完水出来排队的，于是老师立刻当着全班小朋友的面表扬了她，并奖励给她一个小贴花。倩倩得到了表扬很高兴，连续好几天都得了第一名，其他小朋友看见了也以她为榜样。就这样，她不仅自己改掉了磨蹭的习惯，还带动了其他小朋友。

点评：及时表扬可以提高幼儿改正错误的积极性，树立幼儿的自信心，使幼儿在一种愉悦的氛围中茁壮成长。

3. 表扬语的类型

（1）直接表扬。

由于幼儿的年龄较小，理解能力有限，所以教师对幼儿的表扬要直接、具体。让幼儿直接感受到他是因为什么受到表扬，增强幼儿的自信心，使其不断成长。

【案例】

幼儿园小班小朋友刚刚入园，哭闹现象严重，通常一个孩子哭其他孩子也跟着一起哭。这时丽丽走过去告诉小朋友：“不哭不哭，妈妈下班就来接你了。”老师趁机对大家说：“丽丽上幼儿园都没有哭，真棒。”老师接着说：“爸爸妈妈去上班，小朋友就要去幼儿园，爸爸妈妈下班就会来接宝宝对吗？我们给上幼儿园没有哭的小朋友鼓鼓掌吧。”听完老师的话，其他哭的小朋友的哭声都慢慢弱了下来。

点评：教师对丽丽的直接表扬对其他小朋友起着示范作用，同时也增强了孩子的自信心。

（2）迂回表扬。

孩子做错事的时候不一定有勇气去面对，教师不能一味地去指责孩子。既然错误已经发生了，不如换一种方式去处理。给幼儿一个迂回的表扬，从另一个角度去看待问题和处理问题，说不定会有意想不到的收获。

【案例】

多年以前，在某地一个作案多起的地方，从未失手的小偷终于被警方抓到了，一名记者报道了这一案件。其中他的一句话改变了这个小偷的人生轨迹，他说：“像心思如此细密、手法如此灵巧、风格如此独特的小偷，干任何一个行业都会有所成就吧！”正是这句充满包容的话给了这位失足者自信。多年以后，这个小偷金盆洗手，通过努力成为一名成功人士。

点评：每个人都需要表扬和鼓励，面对宽阔的胸怀和博大的爱心，人人都有可能驱散心中的阴霾。

（3）间接表扬。

一些幼儿对教师直接的表扬并无反应或反应不大，认为老师的夸奖只是随口说说。这种类型的幼儿通常更注重别人对他的真心评价，一旦得知老师是发自内心的表扬就会对老师充满信任。

【案例】

凯凯在幼儿园对老师的表扬爱理不理的，总觉得跟他没什么关系。一个月过去了，幼儿园要给每个宝宝发家园联系册，对宝宝的情况进行点评。老师在家园联系册里写道：“凯凯，你在幼儿园乐于帮助老师及其他小朋友，有东西会和小朋友一起分享，真棒！老师希望你继续保持。”回家后，妈妈把家园联系册上老师写的评语读给凯凯听，凯凯听完很高兴，嘴里直嚷嚷：“老师表扬我了！老师表扬我了！”第二天去幼儿园凯凯比原来更积极主动了。

点评：教师用间接的语言给予幼儿鼓励与肯定，增强幼儿自信心，拉近师幼之间的距离，使幼儿更加信任、喜爱自己的教师。

（五）批评语训练

1. 批评语的使用技巧

批评语是教师教育口语的重要组成部分。批评幼儿要讲方式方法，只有饱含真诚、理解、尊重、信任的批评语，才能使幼儿亲近、信任教师，心悦诚服地接受教师的批评和指点并改正错误。

【案例】

每天早上8：10分是小朋友们做早操的时间，可笑笑却因为每天晚上睡得太晚，不能准时参加早锻炼。为此老师曾多次当着全班小朋友的面提醒她要早睡早起，希望她准时参加早锻炼，但效果都不佳。今天，笑笑又来迟到了，老师微笑着走到笑笑面前蹲下来，对笑笑说："笑笑今天做操做得真好！但是老师只看见了你做的后半节操，如果明天笑笑早早地来幼儿园，老师就能看到你做的全套操了。笑笑一定做得很棒，是吗？"第二天，笑笑果然准时参加了早锻炼。

点评：批评幼儿要从幼儿的角度去思考，尊重幼儿，分析幼儿的心理活动，给他们台阶下，教育的效果则会事半功倍。

批评时，不能损伤孩子的自尊心。当孩子做错事时，他可能也处于悔恨之中，不知所措。此时批评孩子，应先对孩子做得好的给予肯定，然后再指出做得不对的地方。批评孩子的错误时，只谈眼前的错事，不翻旧账，以前的事已经批评过就应该"结案"了。老翻旧账容易伤害孩子的自尊心，也会造成孩子对批评的抵触。

【案例】

一个星期天，小华（6岁）邀请他的伙伴们来家玩。他们玩得正开心，妈妈回来了。看到家里乱七八糟，妈妈火冒三丈，当着小朋友的面把他臭骂了一顿。儿子觉得自尊心受到严重挫伤，伙伴们也感到很尴尬。小华生气了，几天不理妈妈。妈妈意识到自己的粗暴，主动向儿子道歉，解开了儿子心里的疙瘩。

点评：无论是家长还是老师，在教育的时候都要注意不要伤害孩子的自尊心，不然只会适得其反。

在批评孩子时，可以搂着他的肩膀，或拉着他的手说话。批评过程中，眼睛正视孩子，身体有部分接触，这可以起到恩威并用的效果。批评过后要对孩子感情依旧，不要一直板着脸说话或不理睬孩子；如果本来打算和孩子出去玩，也不能以孩子今天做错事为理由而取消计划。要让孩子知道，做错了事就应该受到批评，但父母不会因为他做错事就不爱他。

【案例】

老师本来说好明天带大家去动物园春游，可是上课的时候，明明却不顾老师的提醒，一直在说话。老师一生气，决定不让明明参加明天的春游活动。明明听到后又哭又闹，大声嚷嚷老师坏、说话不算数，还躺在教室的地上满地打滚。

点评：老师不应该为明明今天所犯的错误而取消原本已经定好的计划，要让孩子知道做错了什么，而不是一味地用惩罚来压制孩子。

如果批评不符合事实，应允许孩子做出解释；但不是让他推卸责任，而是让他实事求是地面对。在批评孩子时，应要求孩子认真倾听。只有认真倾听，孩子才会明白老师的意思，弄清楚自己的过错，最后才能真正接受批评。

【案例】

10年前，我被调到一所乡村小学当班主任，教三年级语文。班上有个叫余虎的差生，跟大多数老师一样，我也同样只喜欢好成绩的学生，因而对于余虎，从来没拿正眼瞧过他。偶有课堂提问，也从来不叫他发言。

一天，我教学生们这样一个关键词："不是……也不是……而是……"我讲清了关系，就请同学们进行练习。为了验证他们是否掌握了这个关键词的用法，我问："谁能用这个关键词说一句话？"一时间，孩子们都举起手，踊跃地发言，我很高兴，认为大家已经掌握了这个关键词中的逻辑关系，于是宣布下课。

就在这个时候，余虎却独自举起手来，还没有站稳，就大声地说："老师，我也说一句话。我不是人，也不是狗，而是一只鸟！"班上立即"轰"的一声笑开了锅。

这个故意捣乱的家伙，难怪他的成绩会班上倒数第一！我气不打一处来，瞪了余虎一眼说："你，今天放学后留下！"

放学以后，余虎磨磨蹭蹭地走进我的办公室，低着头不言语。我看了他一眼，想到课堂上他的捣乱，又生起气来，问他："你不是人吗？"他看了我一眼，就赶紧又把头低了下去。我继续嘲讽地对他说："你不是狗大家都是知道的，至于是不是鸟，你自己难道不知道吗？"

话到这里，终于，我看见一滴眼泪挂在了余虎的脸上。看来，他是内心发现自己错了，我的心也软了下来，递给他一块毛巾，他不接，我就替他擦了擦。我的语气缓和了许多，轻声对他说："你说呀，你这是为什么呢？为什么要这么故意捣乱呢？"

突然间，余虎放声大哭起来，一边哭一边断断续续地说："老师，我没有……故意捣乱……我是想让大家都注意我……我都三年级了，就因为我学习差……同学们都不理我，上课时举手，哪个老师也不点名叫我，我心里难受……"

我一时哑口无言，又听他继续哽咽着说："我说这段话……一是想证明我也认真听讲了，会用这个关键词说话；二是想，你们谁都不理我，我只能不是狗，要是狗，大家会更讨厌我的，也不是人，是人为什么不理我呢？我……我还不如是一只鸟哩，飞得高高的，远远的，再也不回来了。"

看他的眼泪线一样地落下来，我突然感到对不起他，感到一只渴望高飞的鸟已被我们这些"自以为是"的老师用一种有色的眼光禁锢在了笼子中。我抚着他的头，轻声说："老师错了，放心，老师要让你做一只真正的鸟。"

从那以后，我对余虎投去了更多关注的目光。

一晃十年过去，去年暑假，余虎专程前来看我，他拿出一张某名牌大学的录取通知书给我报喜。他真诚地说："老师，谢谢您，是您给了我一片鸟的天空，让我飞向蓝天……"

（摘自《新少年》2007年第11期）

点评：在孩子犯下错误后老师应该积极地去寻找问题的根源，允许孩子去辩驳，在要求孩子认真聆听老师说的话的同时也要求老师认真聆听学生的心声。

2. 批评语的运用方法

（1）榜样法。

通过表扬做得好的行为，或者教师自己做表率，为幼儿提供一个可以学习的榜样，从而间接让幼儿改正错误的言行。

【案例】

大班的小朋友可以帮老师做一些事了，于是老师打算让他们每天进餐后帮忙做些类似擦餐桌，把桌椅摆放整齐等力所能及的事情。可有的幼儿根本不能擦干净桌面，有的幼儿虽说能帮老师擦桌子，但擦不到两下，就丢下毛巾去玩了。看到这一点，老师并没有放弃，而是让小朋友每天坚持做，并当着全班幼儿表扬擦得干净的小朋友："苏绮零小朋友不仅能把桌子擦得很干净，而且每次都坚持擦干净所有的餐桌才休息，老师很喜欢像苏绮零这样认真做事的小朋友，希望我们全班小朋友都能像苏绮零小朋友一样认真帮老师做事，老师相信你们都能做到！"接着，一边给小朋友示范，一边讲解怎样把桌面擦干净："首先将毛巾折叠，大小适合地握在手中，然后握着毛巾从桌子的左边往右边擦过去，擦到桌子边缘处再重复，直到把整张桌子擦干净。"通过老师的言传身教和小朋友的榜样示范，没过多久，班上的小朋友就都学会擦桌子了。

点评：教师首先自己做好示范，带幼儿一同练习，并表扬表现优异的小朋友，为其他幼儿提供一个学习的榜样。

（2）肯定法。

对要批评的事实进行分析，挖掘其中值得肯定的地方，激起幼儿自我批评的心理动机，使其自觉地认识缺点和错误，并进行改正。

【案例】

陶行知先生任育才小学校长。一天，他发现学生王友用泥块砸同学，当即制止了王友，并令王友放学时到校长办公室。放学后陶先生来到校长室，见王友等在门口，陶先生当即掏出一块糖果送给他："这是奖给你的，因为你按时来到这里，我却迟到了。"当王友怀疑地接过糖果后，陶先生又掏出一颗糖果放到他手里："这也是奖给你的，因为当我不让你打人时，你立即停手了，这说明你很尊重我。"说完，陶先生又掏出第三块糖果塞到王友手里："我调查过了，你砸他们，是因为他们欺负女学生，这说明你很正直，有跟坏人作斗争的勇气！"这时，王友哭了："校长，你打我两下吧，我错了，我砸的不是坏人，是我的同学呀……"陶先生满意地笑了，当即掏出第四块糖果过去："为你正确地认识错误，我再奖给你一块糖果……我的糖果完了，我看我们的谈话也该完了。"

点评：陶行知先生通过赏识帮助孩子克服消极因素，激发孩子的积极性，帮助孩子增强自信心，增强安全感。用肯定的方法帮助幼儿认识到自己的错误。

（3）暗示法。

在不伤害当事人自尊的情况下把批评用婉转的方法说出，做到不引起幼儿的反感和对立，营造最佳的接受批评的心态。

【案例】

大班有一名男生，捣乱现象天天都有，并经常拿别人的东西，多次教育都不见效果。一天下午，男孩妈妈来找教师，说男孩中午拿回家两朵小红花，并说是因为他表现好，老师奖给他的。妈妈对自己的孩子比较了解，从她的脸上教师看到了惊喜和疑惑。教师对她说，红花不是老师奖给的。男孩妈妈听后又气又急，连声说，“这孩子又撒谎，真该打！”教师对男孩妈妈说，“听到这个消息我很高兴，不管怎样，孩子把红花拿回家，是想得到你的表扬，这说明他有上进心，我们应该抓住他的这个特点，引导教育他。”他的妈妈深有感触地说：“对！这孩子就是喜欢表扬……”

老师找了个和他单独相处的机会对他说：“老师给你讲一个故事。”老师把美国总统华盛顿小时候砍倒父亲心爱的樱桃树，主动承认错误的故事讲给他听，接着又说：“老师今天丢了两朵小红花，你能帮老师找回来吗？”“老师，我能！”男孩的眼睛亮起来，接着又低下了头，说：“小红花是我拿的，我看到别的同学们都有小红花，我也想有一朵。老师的小红花是我趁没人注意拿走的。老师，我错了……”望着孩子天真的眼睛，老师说：“老师不批评你，而且还要奖给你两朵，一朵是因为你诚实，一朵是因为你敢于承认错误，你拿的两朵小红花你自己留着，只要得到表扬，你就在光荣榜上自己名字的后面贴上一朵，好吗？”他泛着红光的脸上充满自信地点了点头。

点评：人都会犯错误，更何况孩子。犯错误是孩子的权利，我们应以一颗慈爱的心善待孩子的缺点和错误。如果直接批评孩子可能会引起他的叛逆，教师用案例暗示幼儿，让孩子知道了自己错误的同时也保护了孩子的自尊心。

（4）幽默法。

运用幽默的言语对幼儿进行批评，可以避免幼儿直接接受批评的逆反心理，也可以让幼儿更容易接受教师的批评并进行改正。

【案例】

宝宝上幼儿园又迟到了，保育老师对他说：“今天你又迟到了，肯定是睡懒觉了。”主班老师说：“宝宝没有睡懒觉，是做梦做过头了。”

点评：教师用诙谐幽默的语言暗示了幼儿的错误，能让幼儿很快接受并改正。

（5）宽容法。

宽容法就是用一种宽大的态度理解和原谅学生的缺点和错误，使其自觉改正的批评方法。

【案例】

英国有一名叫约翰·詹姆士·迈克劳德的小学生，学了生物以后，非常想看看狗的内脏是怎样的，于是，就偷偷地杀了一只狗。

谁知这只狗恰是校长的宠物，校长决定给迈克劳德以处罚。而这位校长是一位高明的校长，他的惩罚是让迈克劳德画出狗的血液循环图和骨结构图。正是这个包含理解、宽容和善待情怀的“惩罚”，使小麦克劳德爱上了生物学，成了一位有名的解剖学家，并最终因发现胰岛素在治疗糖尿病中的作用而获得1923年诺贝尔生理学或医学奖。而这两张图，也被英国皮亚丹博物馆收藏。

点评：这位校长，把握了犯错误学生的心态，采取了非常适当的措施让学生弥补过错，这种宽容的惩罚方式给学生一种积极的影响和鞭策。

3. 运用批评语的注意事项

为了帮助幼儿改正错误，教师对幼儿进行批评教育是必需的。但教师应注意批评的语言，一些不恰当的语言会给幼儿的性格发展带来不利的影响。这类语言包括：

（1）谩骂和侮辱性的语言，如“废物、傻瓜”等。这类语言会损害幼儿的自尊心。

【案例】

果果是个聪明的孩子，在活动中也爱积极发言。今天因为注意力不集中，在老师提问的时候没能回答，老师很生气地对她说：“你不要觉得自己很聪明，不认真听课还不是像傻瓜一样答不出来！”听完老师的话，果果不再和老师亲近、说笑了。再参加活动时，也显得无精打采的了。

点评：虽然老师是情急之下才说出的话，但同样伤害了幼儿的自尊心，并让孩子对老师产生了厌恶之情。

（2）指责性的语言，如“坏孩子”等。这类语言因一件事而全面否定幼儿，使幼儿觉得老师不再爱自己了，从而失去对老师的信任感。

【案例】

春天来了，拉拉从乡下奶奶家给小朋友们带来了许多小蝌蚪，生活在城市里的小朋友们可喜欢这些小蝌蚪了，隆隆更是把他们当宝贝似的保护着，每天都申请当值日生去给小蝌蚪换水。可是，今天隆隆在换水时不注意将装蝌蚪的小盆打翻了，蝌蚪散落一地。隆隆在抢救蝌蚪的时候不小心捏死了2只小蝌蚪，一旁的小朋友们大叫起来：“老师，老师，快来！隆隆把小蝌蚪杀死了。”老师听到呼喊后，急忙跑来一看：蝌蚪散落一地，在地板上拼命地挣扎，还有两只蝌蚪已经被捏爆肚子躺在地板上。老师见状，生气地吼道：“隆隆你这坏孩子，怎么能这样对待小蝌蚪，真是太坏了。”隆隆被老师的批评吓得一言不发，并躲到一旁。一整天隆隆在幼儿园都是闷闷不乐的，第二天也没上幼儿园。

点评：尽管老师是在不知情的情况下对幼儿说出严厉的语言，但同样会让幼儿难以接受，会对幼儿的心理产生重创。

（3）压抑性的语言，如“住嘴”等。这类语言使幼儿不能发泄不良情绪，使幼儿变得行为畏缩，甚至产生精神疾病。

【案例】

老师教小朋友学习怎样用纸条制作成绵羊的卷羊毛，并让幼儿讨论有什么方法可以把纸条弄成卷曲状。小朋友纷纷议论起来，这时欢欢小朋友举手站起来回答问题了，还没等欢欢说完，成成就大声嚷嚷着："老师，我想到了！老师，我来说！"成成这么一说，别的小朋友也跟着嚷嚷起来。老师见状大声呵斥道："成成，闭嘴！老师又没请你！"看到老师这么生气，教室里一下安静了。在接下来的活动中，成成虽然很守规矩，但不像以前那样活泼好动了，在活动中也不爱表现、不积极发言了。

点评：幼儿参加活动的积极性、学习的兴趣，关键是靠老师的引导，或是肢体语言的暗示。老师过于粗暴的言辞会让幼儿难堪，心理承受不了，并会打击幼儿参加活动的积极性。

（4）威胁性的语言，如"你再不安静，我就打你"等。教师如果对性格懦弱的幼儿使用这种语言，幼儿就会变得更加胆小、缺乏开拓精神，甚至退缩畏惧；而如果针对的是性格倔强的幼儿，幼儿则会产生逆反心理。

【案例】

浩浩因父母离异，性格变得孤僻怪异。在班上不参加活动，自由散漫，常常无故争抢小朋友的玩具。今天又抢了红红的风车，还把红红推倒在地，只顾着自己玩风车。老师很生气，大声对浩浩说道："浩浩你怎么能这样对待小朋友！你再打小朋友，老师就打你了！你凶得很，你来打老师嘛！"可是，浩浩瞪了老师一眼走开了，之后还是有小朋友告状，说浩浩抢玩具、打人。老师真是拿他没办法。

点评：对于性格倔强的幼儿，不能用以牙还牙、以眼还眼的方法来教育幼儿，老师应了解幼儿的真实想法，采用委婉的、幼儿能接受的方式进行教育。

三、针对偶发事件的教育口语

（一）处理偶发事件的原则

幼儿园老师必须本着促进幼儿身心健康发展和班级工作的原则处理偶发事件。要迅速控制事态的发展，机智地采取恰当的方法来处理。在处理偶发事件时，要把握好以下几个原则：

1. 冷静包容

心理学研究表明，人们的成功有40%的智力因素、60%的情感因素。作为一名幼儿教师，必须用理智驾驭感情，保持冷静，积极思考对策，切忌惊慌失措、头脑发热、意气用事，尽可能在极短时间内妥善地消除或控制意外事态的发生或发展。

【案例】

户外活动时，老师组织了集体游戏后让幼儿自由活动。突然，莎莎跑来告诉老师：“高冉流血了，是强强推倒的！”老师一听吓坏了，赶紧跑过去。强强和高冉因争抢玩滑梯，高冉被强强推下了小扶梯，摔到了鼻子。看到高冉鼻子摔出血，强强也被吓坏了。老师赶紧给高冉止血，并让强强从滑梯上下来，请配班老师照顾着，然后带高冉去保健室找医生帮忙处理伤口。一切处理妥当后，老师才找强强进行批评教育。

点评：老师了解了事情发生的经过后，不是气急败坏急于追究幼儿的责任，而是首先考虑受伤幼儿，赶在第一时间帮幼儿处理好伤口，因为幼儿的安全是第一位的。

2. 坦诚相对

在面对活动中的意外，特别是幼儿行为语言失当时，教师千万不能用以牙还牙、以眼还眼的方法与幼儿正面交锋，而应该以真诚的爱心去感化幼儿、肯定幼儿的闪光点，要态度从容、直言相告，使幼儿认识并自觉改正错误。

【案例】

瑞瑞是新转入的小朋友，接触一段时间后才知道他很不喜欢吃茄子。因为我平时比较严厉，也多次给孩子们强调挑食不是好习惯，所以孩子们都不挑食。瑞瑞虽然也闹情绪，但我也会给他少添一些，他也能勉强接受。可是今天不知瑞瑞怎么了，虽然我已经给他少添了，他还是很不高兴。一直不见瑞瑞动筷子，嘴里还一直嘟囔着什么。我装不知道，继续给其他小朋友分餐。这时，坐在瑞瑞旁边的琪琪大声说：“老师，瑞瑞骂你是猪头老师，非要给他添茄子。”瑞瑞一听抢辩说：“我没有，我没有！”“你有，你有，我们全都听见了。”其他小朋友补充说道。我一听确实很生气，让吃茄子是为了你身体好，但这孩子反倒骂起人来，还当着这么多小朋友的面，真是惹人发火。我真想冲上去好好教训瑞瑞一番，可我回头一想：我要是狠狠批评瑞瑞一顿，他今天肯定不会吃茄子了，以前的功夫就白费了，以后想要瑞瑞吃茄子可就更难了。于是，我不以为然地说：“怎么吃饭时还有这么多声音，是谁不想吃饭，想去小小班给弟弟妹妹喂饭吗？”教室里一下安静了。瑞瑞也不再有牢骚，很快吃完第一碗饭，上来添饭时，我瞅了一眼瑞瑞的餐盘，茄子已经吃完了。我趁机表扬：“瑞瑞第一名来添饭啦，而且很喜欢吃茄子，茄子都已经吃完了，老师还要再给瑞瑞添一点茄子呢。”瑞瑞没说什么欣然回到位置，而我的心里乐开了花。

点评：老师冷处理的方法让幼儿知道自己错了，并留给幼儿调整的机会和时间，让幼儿能欣然接受。既轻松解决了幼儿的争论，又达到让瑞瑞吃茄子的目的，一举两得。

3. 灵活机智

无论发生何种情况，教师都必须积极思考对策，力求变被动为主动，做到机智灵活、随机应变。

【案例】

上课时，不知什么时候，一只蜻蜓飞进教室，还不时飞到小朋友中间，逗得孩子们一阵乐，自然分散了他们的注意力。老师并没有训斥幼儿注意力不集中，而是高兴地说道："哈哈，真是太好了。连小蜻蜓都来参加我们的活动，它来和我们班的小朋友比赛看看哪位小朋友学得最认真。"听老师这么一说，幼儿赶紧回过神来与老师继续学习，生怕被小蜻蜓比下去。

点评：老师巧妙的激将法，很快将幼儿的注意力吸引到自己身上，把自己的被动地位变为了主动，很好地完成了自己的教学活动。

（二）处理偶发事件的方法

1. 沉着冷静，就事论事

如果老师一遇到偶发的事情就怒发冲冠、大发雷霆，就不可能思考和选择好最佳的处理措施；如果幼儿的注意力都集中到偶发事件上，老师就更不好控制局面了，并且容易激发师生之间的矛盾。所以教师应机智果断，尽可能地把当事人的情绪平静下来，为下一步思考问题、解决问题赢得时间。不管事情发生在幼儿之间或是师幼之间，老师都要充分调查、了解事实的真相，公平公正地处理问题。在寻求事件处理办法时，可征求幼儿、家长、同事们的意见，有效处理好偶发事件。

【案例】

刘骜在班上活泼好动，比较调皮、霸道。小朋友们见到他都躲得远远的，不愿意招惹他。今天，又到了区域活动的时间，小朋友们都陆陆续续选择了自己喜欢的区域进行活动。不一会儿，老师听到了哇哇大哭的声音，小朋友跑过来告诉老师，是红红把刘骜打哭了。老师觉得很奇怪，平时只有刘骜把别的小朋友打哭，从来没有谁敢打刘骜的，而且老师也经常教育小朋友不能打人，这是怎么回事啊？老师循着哭声走了过去，刘骜还在哭，红红手握鼓棒站在音乐区看着刘骜，老师把刘骜拉到怀里安慰他。又拉过红红说："红红平时乖巧懂事，还是老师的小助手，今天是怎么回事啊？"红红低着头不说话，刘骜抢着说："红红用鼓棒打我的头，红红不是好孩子。"这一说红红都快哭了，老师问道："是真的吗？红红打人可不对啊，平时小朋友打人你都来告诉老师，知道打人不对。"这时旁边的萱萱说："刘骜不是音乐区的，他过来抢红红的小鼓，红红抢不过才用鼓棒打刘骜的。"老师一听才知道事情的缘由，教育红红的同时也一起教育了刘骜，两人都知道错在哪里，并相互道歉，然后各自回到区域活动去了。

点评：通过一段时间的相处，老师会了解每个孩子的性格，但是遇到突发事情时不能凭借以往经验想当然地判定，应充分了解事情的起因，公平公正地处理。

2. 因势利导，积极疏导

"势"，是指事情发展所表现出来的趋向。出现偶发事件时，要注意发现和挖掘事件本身所表现出来的积极意义，然后顺势把幼儿引向积极的一边；要善于发现幼儿身上的闪光点，把对个别幼儿的教育当成一次对全班幼儿引导教育的契机，使幼儿跟随老师的引导，自觉主动地参加到学习活动中。

【案例】

老师正和小朋友在教室开展活动，忽然窗外乌云密布，而且还传来阵阵轰隆隆的打雷声，这时明明大声叫着："打雷啦！打雷啦！要下大雨啦！"小朋友们一下子被明明的话吓住了，教室里炸开了锅。没办法继续上课了，老师于是灵机一动："现在老师请小朋友跟我一起到走廊上观察一下，要下雨时天气有什么变化，你发现了什么，告诉老师。"小朋友们欢呼雀跃，跟着老师来到走廊上，上了一堂有关下雨的科学课，效果还不错。

点评：幼儿既然对下雨更感兴趣，就趁着小朋友的兴趣开展活动，教学效果还会事半功倍。如果老师硬性将幼儿拉回课堂，教学效果肯定大打折扣。

3. 真情打动，晓之于理

有时，偶发事件是一些幼儿引起老师注意的一种方法。处理时，应当注意把严肃、善意的批评与信任、鼓励结合起来。不可感情用事，用训斥甚至是体罚或变相体罚，简单粗暴地处理。处理不当，易激起师生之间更大的矛盾，加重对立情绪。

【案例】

老师带着小朋友们到操场进行体育活动，主要练习投掷的方法，还没等老师讲解示范结束，小朋友们早已跃跃欲试，听到老师一声令下，就迫不及待地去取沙包练习。突然，有人大声喊："老师，老师，耀耀打人啦！"老师急忙跑去，玲玲的额头被耀耀的沙包打中，已经红肿了，而耀耀站在一旁低着头一声不吭。老师赶紧找来保育员阿姨带玲玲去医务室，然后把耀耀拉到一边，对耀耀说："老师知道耀耀很喜欢参加体育活动，在活动中表现也很积极，但是用沙包打到小朋友是很危险的事情，你告诉老师怎么回事好不好？"于是，耀耀告诉老师，是因为玲玲和耀耀站得很近，耀耀用力投掷时，沙包才打到玲玲的额头的。老师笑着拉着耀耀的手说："老师知道耀耀是懂事的乖孩子，那我们一起去给玲玲说对不起，以后玩沙包时要注意安全，不能再伤害到小朋友。"耀耀听了，使劲儿地点点头说："老师，我知道错了，我以后不用沙包打小朋友的头了。"

点评：了解事情发生的原因，站在幼儿的角度理解孩子，让孩子坦然地接受批评并改正错误。

总而言之，幼儿教师处理突发事件的能力是幼儿教师综合运用教育手段能力的表现，是幼儿教师灵活运用教育原则临场应变的技巧，是幼儿教师的一种"教育机智"。这种"教育机智"不是与生俱来的，而是来源于幼儿教育实践，凭着对学前教育事业的热爱，在实践中不断地磨炼，在经验中逐渐形成的教育能力和教育技巧。作为一名幼儿教师，只要掌握处理偶发事件的原则，采用科学、有效的方法，就不难处理好各种偶发事件，创造性地完成教学任务，从而不断地充实自己的教学机智。

思考与练习：

一、教育口语对日常教学有何帮助？试举例说明。

二、教育口语有哪些误区？试举例说明。

三、围绕教育口语的原则和要求，分析下面案例中运用教育口语时存在的问题并予以纠正。

1. 班上几个反应敏捷、语言能力较强的小朋友总是在老师提问时七嘴八舌地抢答，不仅扰乱了课堂记录纪律，而且还影响了其他幼儿的学习和活动。为了维持好课堂常规，老师生气地对他们大声训斥：“吵什么吵，像你们这种没有规矩的我都不听，我也不会请你们回答问题。”

2.“你真是能干，和班上的小朋友打架也就算了，竟然连别班的小朋友都敢打，你凶，你厉害，老师真是佩服你五体投地啊！”

3.“你们就喜欢和我唱反调，平常让你们安静一点，都当作耳旁风，吵得教室的屋顶都要被掀翻了，今天有老师来听课一个个全变成哑巴，一句话也不说，就故意整我，让我难堪，你们真行，都是老师的乖宝贝！”

四、在一日活动中，哪些活动可运用沟通语？请举例说明。

五、结合工作实际和沟通语的功能，对以下案例进行分析。

新老师刚到新班级，小朋友们总会感觉有些陌生和害怕。陈老师刚来的时候智杰一直不太搭理陈老师，直到有一天下午，其他小朋友都走了只有智杰还一个人在看书，陈老师走过去主动和他聊起天来。

师：智杰今年多大了？

幼：3岁。

师：智杰家住哪里？

幼：金阳。

师：老师家也住金阳，就在那儿。

幼：那里是哪里？（智杰指着外面的房子，哈哈地笑起来）

师：那陈老师去你家做客好不好？

幼：好，我家有好吃的零食，还有甜的、大大的。

师：甜的、大大的是西瓜吧？

幼：是的，可好吃了。

老师和智杰正聊着，妈妈就来接他了，智杰不舍地拉着陈老师的手，请陈老师去他家做客。

六、围绕教育口语的基本类型，分析下列案例属于教育口语中的哪种类型。

1. 由于自己的疏忽，忽视了与沈睿达小朋友的情感交流。在进餐时，他故意东张西望、说说笑笑，影响旁边的幼儿吃饭。经过我的观察，与他多次交谈，他慢慢从心里接受了我。经过一段时间的努力，他能安静、专心地进餐了。

2. 早餐过后，孩子们都坐在自己的位置上和好朋友聊天、玩玩具，只见东东把自己的板凳当小车一样推来推去，还发出“轰隆轰隆”的声音，其他小朋友很快效仿。我生气地走到他的旁边看着他，他立刻拿好自己的凳子，坐到旁边去了。他在凳子上东倒西歪，跪在凳子上到处看，甚至站到凳子上往下跳，旁边的小朋友也随他一起跳。我找到他的玩具，走到他身边说：“你的好伙伴呢？怎么在我这里呢？”他从我手中拿过玩具，看了看玩具又看了看我。我知道他对手中的玩具没有兴趣，于是我引导他找到玩具的新玩法，可以让玩具小人变动作下腰、劈叉，还可以叫玩具做操、打拳等。这下他非常高兴地摆弄起自己的玩具，嘴里还说：“看，我在叫他练功夫！”我惊叹道：“哇！东东小朋友的玩具小人真厉害！你一定还能变出更多的动作，快试试吧！”于是他便乐在其中了。

3. 在区域活动结束后，老师发现编织区的材料没有整理好放回材料框中，于是老师说：“小朋友们，今天在活动区玩得开心吗？”

幼：“开心！”

师：“小朋友们玩得很开心，可我们班编织区的材料宝宝今天很不开心，老师也很不开心。因为小朋友没有在活动结束时把他们送回家，而且乱七八糟地散放着，我们班的小朋友怎么能这样不爱惜我们的操作材料呢？它们说如果小朋友这样不爱惜它们，以后它们就不和小朋友一起玩游戏了！你们是不是以后都不去编织区玩了？”

幼：“不是！”

师：“那小朋友们该怎么做呢？”

幼：“要把材料宝宝送回家。”

幼：“不能把材料乱扔。”

幼：“要爱惜材料，不损坏。”

师：（微笑着点点头）“我知道我们的小朋友是最懂事的，下次一定能将材料收放整齐。”

七、如果你遇到这样的偶发事件，你会如何处理？

清晨，老师如往常一样在教室门口迎接每个孩子入园。这时看见孟飞与爸爸一起走了过来，只是孟飞又哭又闹，被爸爸强行拽着往教室走。老师赶紧走上前询问，想从爸爸手中把孟飞接过来，可是孟飞却躲到爸爸身后，哭得更厉害。爸爸说：“不知道今天是怎么了，就是不愿意上幼儿园，打也打了，哄也哄了，就是没有效果。”

第五节 幼儿语言发展非正常现象的发现和早期矫正

幼儿语言发展异常是指幼儿在言语沟通上有一定程度的异常状态存在，导致在表情达意或理解上有困难。也就是指幼儿在发育过程中其语言发育没有达到与其年龄相当的水平，在语言的听取、接受和理解上出现了困难。幼儿教师应该具备相关的知识与技能，用出色的听辨能力与观察能力，敏锐地发现幼儿语言发展的障碍；用高超的语言示范能力，联合家长甚至求助语言矫治专家、耳鼻喉科医生等专业人士，及时介入幼儿的语言矫正，以免错过最佳矫治期，影响孩子语言能力的发展而抱憾终身。

幼儿语言发展异常可分为构音异常、发声异常和节律异常（口吃）、语言发育迟缓等。

一、幼儿语言发展的规律和特点

美国教育家霍华德·加纳德曾提出：人的智能包括 7 种，而语言交往能力排在第一位，语言发育是智力发育的基础。而幼儿期是人大脑发育最快的时期，这个时期幼儿的语言发展十分迅速，是掌握语言的关键期。要充分运用幼儿语言发展的关键期，探索并开发幼儿语言的智能。

儿童语言的发展是指儿童对母语的理解和运用能力，随着时间的推移而发生变化的过程。汉语是比较复杂的语言，正常儿童到了三四岁时就已经掌握了汉语口语的主要部分。经过幼儿园教育，到了学龄前，他们已经能够用语言与他人进行简单的交际，在说话时正确使用语言规则，还知道一定数量的书面语言的意义。幼儿没有特殊的语言学习能力，语言学习能力是认知能力的一种。因此幼儿入园后，环境的变化及幼儿身心的发展使幼儿认知范围不断扩大，语言模仿能力迅速提高，为语言的发展提供了有利条件。幼儿教师要遵循幼儿语言发展的规律，在各项教育教学活动中，培养幼儿正常的语言能力，及时发现幼儿在语言学习中的异常现象，通过正确引导或适当纠正，使幼儿健康地成长。幼儿语言发展主要分为语音、词汇、句子三个方面。

（一）语音的发展

幼儿语言发展一般分为两个阶段，即前语言阶段（0 ~ 1 岁）和“真正语言”阶段（1 ~ 3 岁）。

前语言阶段即简单发音阶段（1 ~ 3 月）、连续音节阶段（4 ~ 8 月）、模仿发音——学话萌芽阶段（9 ~ 12 月）。简单发音阶段的发音是婴儿的本能行为。哭是儿童最初的发音，在孩子哭声稍停的时候我们可以听到“ei、ou、ai、nei”等音。发这些音不需要较多的唇舌运动，只要一张口，气流自口腔冲出，音也就发出了。这与孩子发音器官未发育完善有关。连续音节阶段不仅韵母增多，声母也出现了，而且可以连续重复同一个音节。如“ba-ba，da-da，ma-ma”等。模仿发音——学话萌芽阶段，幼儿所发的连续音节不只是同一个音节的重复，而且明显地增加了不同音节的连续发音，音调也开始多样化，如“a-jüe-lu-bi，a-lu-lu”。在成人的教育下，婴儿渐渐能够把一定的语音和某个具体事物联系起来，用一定的声音表示一定的意思。

“真正语言”阶段是语音过渡阶段，这一阶段的基本规律是先听懂，后说话。1 ~ 1.5 岁，幼儿理解语言的能力发展很快，在此基础上，开始主动说出一些词。2 岁以后，语言表达能力迅速发展，逐渐能用完整的句子表达自己的思想，此时幼儿的语言基本形成。幼儿语音的发展主要表现在以下两个方面：

1. 掌握本民族的全部语音

掌握本民族语言的全部语音，包括准确分辨和正确发出语音两个方面。

幼儿语音辨别能力已经开始发展，但对个别音，尤其是辅音，如“b”和“p”、“d”和“t”等还会混淆。

正确发音比听准音要困难一些。在幼儿发音方面，韵母的发音正确率高，声母的发音正确率相对较低。幼儿发音错误的多为 zh、ch、sh、r 和 z、c、s，g、k 与 d、t，j、q、 x 与 z、c、s，n 与 l，sh、s 与 d，sh、s 与 zh、z 等辅音混淆。幼儿的发音能力会随着发音器官的成熟和大脑皮层对发音器官的调节功能发展而提高。在正常教育下，幼儿在 4 岁时基本能掌握本民族的全部语音。

【案例】

妈妈让圆圆（3 岁）帮忙拿一个杯子，可圆圆却听成了“佩斯”。

点评：由于圆圆的辨音能力还在发展中，所以圆圆在听“杯子”的时候才不能正确理解。

【案例】

午点时间到了，老师给小朋友们发放苹果，乐乐（5 岁）说：“老师，我要 gà 的。”

仔仔（2 岁）很喜欢外公。刚上幼儿园时，很焦虑，每天起床总嚷嚷：“我不去幼儿园，我要去外 dōng 家！”

阳阳（6 岁）上小学了，一天，他对院子里的小伙伴说：“我们老 zī 好漂亮哦！”

点评：其实，乐乐想要“大的”苹果，仔仔要去“外公家”，阳阳的“老师”好漂亮，但他们在辅音的发音上有障碍，于是 d、g 混淆，sh（s）、z 混淆。而且，从这几个幼儿身上，我们能看出，幼儿的语言发展是有差异的，像仔仔就属于发展超前的，2 岁可以说含词量很多、结构较完整的句子，发音情况也很好。

2. 对语音的意识开始形成

当幼儿开始能自觉地辨别发音是否正确、自觉模仿正确的发音、纠正别人错误的发音时，这就说明幼儿的语音意识已经开始形成。

【案例】

点点（4 岁）上课讲故事时不小心把“美丽的小花”读成了“美丽的小发”，班上几个调皮的孩子哈哈大笑，并模仿：“小发。”

点评：当孩子开始纠正其他小朋友的错误发音，并开始笑话、故意模仿小朋友的错误发音，这说明幼儿语音意识正在形成。

（二）词汇的发展

词汇是语言的基本构成单位，词语是否丰富、是否恰当使用，直接影响语言的表达能力。幼儿词汇的发展主要表现在词汇数量的增加，词汇的扩大以及对词义理解的加深三个方面。

幼儿期词汇的数量增长很快，几乎每年增长一倍。据调查，3 岁幼儿的词汇达 1000 ~ 1 100 个，4 岁为 1600 ~ 2 000 个，5 岁增长至 2200 ~ 3000 个，6 岁则达到 3000 ~ 4000 个。词汇可分为实词和虚词两大类，幼儿一般先掌握实词，然后掌握虚词。实词是指意义比较具体的词，如名词、动词、形容词、数量词、代词、副词等；虚词是指意义比较抽象的词，不能单独作为句子成分，如连词、介词、助词、语气词等。在词汇量不断增加，词类不断扩大的同时，幼儿所掌握的每一个词的本身含义也逐渐确切和加深。幼儿对词义的理解有以下发展趋势：首先是理解意义比较具体的词，然后才开始理解比较抽象概括的词；首先理解的是词的具体意义，然后才开始比较深刻地理解词意。

【案例】

妈妈说："这个人长得真困难。"宝宝（5岁）回复："那我帮助她吧！"

点评：幼儿对词汇的理解首先是掌握具体形象的词，然后才是抽象的，所以当孩子听到妈妈说"困难"的时候并不能理解妈妈说的是难看的意思，而理解为有了困难需要帮助。

（三）句子的发展

幼儿句子的发展通常从简单到复杂，句子结构从混沌一体到逐渐分化，从松散到逐步严谨，由呆板压缩到逐步灵活。幼儿掌握句型的顺序是：单词句（1～1.5岁）—双词句（2岁左右）—简单完整句（2岁开始）—复合句（2.5岁开始）。儿童一开始只能说一些连主谓语都不分的单词句，逐渐单词句分化为主谓结构和动宾结构的双词句，最终句子的结构越来越复杂，层次也越来越分明。儿童最初的句子不仅简单，而且不完整，常常漏掉一些句子的成分。由于认识的局限性和词汇的贫乏，幼儿最初说出的语句只有主要词汇，因此显得内容单调、形式呆板。渐渐地，幼儿开始加上一些修饰语，使句子也变得复杂起来，表现的内容逐渐丰富。

【案例】

吃饭时，明明（4岁）想对妈妈说："我用小勺吃饭，你用筷子吃饭。"可却说成了"我吃小勺，你吃筷子。"

点评：明明现在还不能完整表达语句，由于词汇的匮乏所以只能说出句子中的关键成分，造成句子的不完整。

二、幼儿语言发展异常现象概述

（一）幼儿语言发展异常的概念及分类

每个人的语言能力是有很大差别的，具体到婴幼儿阶段，差距更是明显存在。由于个别差异、环境等因素导致有些幼儿出现语言发展异常。幼儿语言发展异常，是指幼儿个体在言语沟通上存在相当程度的异常状态，导致幼儿在交流、讲述时出现语言困难，也就是指幼儿在发育过程中其语言发展没有达到与其年龄相当的水平。

幼儿语言发展异常主要包括说话异常（指口语异常）与语言异常两类。说话异常是指说话者本人无法用口头语言的形式将自己的意愿和想法清楚、流畅地表达出来，从而导致无法通过口头语言与其他人进行言语交流沟通。语言异常是指对语言符号及规则不能正确地加以理解和表达。凡是语音、语义、语法、语用、语言表达、语言认知上发生异常或在语言发展上有迟缓，都属于语言发展异常。幼儿语言发展异常，最常见的主要是构音异常、发声异常、节律异常（口吃）、语言发展迟缓和语言能力丧失五种现象。

（二）幼儿非正常语言发展现象简介

1. 构音异常

构音异常是指没有任何口腔构造上及神经生理上的异常，在构音过程中由于发音位置、时间、方向、气流的错误或口腔动作不协调，而造成说话时语言不清楚，影响口语清晰度的情况。也就是幼儿在说话时咬字、吐词含糊不清。例如，构音异常儿童在说话时常把“裤子”说成“兔子”，把“公园”说成“东园”，等等。构音异常主要的类型有：丢音、换音、错音。构音异常是一种较常见的语言障碍现象，即使是在智力发展正常、生理条件较好的幼儿中，也经常会发生构音异常的问题。

【案例】

嘟嘟（5岁）指着门外的小狗对妈妈说：“小抖，小抖来咯！”

点评：嘟嘟实际上是想说小狗，可由于她语音的异常，不能正确地发出“狗”这个音，所以她说出来的是“小抖”。

2. 口吃

口吃是指说话时字音重复或词句中断的现象，是一种习惯性的语言缺陷，通称“结巴”。它是牵涉到了遗传基因、神经生理发育、心理压力和语言行为等诸多方面的非常复杂的语言失调症。口吃也称节律异常，就是说话结巴、口语不流畅型异常。幼儿期口吃主要表现有：

（1）连发性口吃。口吃患者在紧张或习惯的说话中，不由自主地连续重复一个字，如：“你、你、你、你、你干什么？”“我、我、我、我加萝卜，你、你、你、你加、加、加、加、菜。”这是最常见的症状，也是最易矫治的一种。

（2）难发性口吃。一句话、一个词组、一个单词的第一个难发，必须借助于手舞足蹈等伴随动作方可发出。经常拖长一个字的字音，如：老——师，学——校。

（3）往复性口吃。一句话中的某一个音节“词音”讲过后必须重复再讲一遍后才能往下进行。如：“我昨天到……昨天到商场……商场买衣服了。”“前天我去……我去大剧院……大剧院，买了一张……一张……一张音乐会……音乐会的票。”

除此，还时常伴随一些不必要的怪相，如闭眼、眨眼、颜面鼓起来、紧张、手舞足蹈等；说话的态度犹豫不定，吞吞吐吐，有时有意避开说话的场面；还有的在说话时出现字音替代或省略，使语言表达杂乱无章，无法让人听明白。造成口吃的原因很多，模仿性是幼儿阶段一大原因。口吃的感染性很强，由于幼儿的语言机能还不完善，容易受其他口吃的人影响，如孩子们之间互相的模仿，经常和口吃的人接触均可能导致口吃；父母在幼儿学说话阶段要求过急，幼儿发音不准或咬字不清楚时，父母急于做过多的矫正，甚至在孩子一句话还没说完的时候就经常打断进行矫正，使孩子在心理上造成压力，在说话的时候出现紧张，害怕说错。越怕说错，心理压力越大，精神越紧张，失去说话的信心，而导致口吃。突然的精神刺激，如受惊吓、环境突然改变等造成心理紧张，没有得到有效的缓解。除此以外，遗传因素和生理因素也有可能导致口吃。

【案例】

琪琪（5岁）家附近住着一个口吃的老爷爷，爷爷每天见着琪琪都会给琪琪打招呼："琪—琪，早，早，早上好。"琪琪觉得爷爷这样说话很好玩，于是也开始模仿爷爷："早，早，早上好。"渐渐的，琪琪也开始出现口吃症状。

点评：儿童的模仿能力和接受暗示的能力是很强的，在这个时期也是幼儿学习、掌握语言的关键时期。如果周围有人口吃，幼儿便会很快学起来，逐渐地就产生了口吃。

3. 语言发育迟缓

语言发育迟缓是指由于智力低下、听力障碍、构音器官疾病、中枢神经系统疾病、语言环境不良等因素导致的幼儿口头表达能力或语言理解能力明显落后于同龄幼儿正常发育水平。这类幼儿通过言语训练虽然不能达到正常幼儿的言语发育水平，但是可以尽量发挥和促进被限制的言语，不仅言语障碍会有很大程度的改善，还能促进患儿的社会适应能力。

导致幼儿语言发育迟缓的因素是多方面的，主要包括感官方面、认知方面、情绪障碍（目前最有代表性的是儿童自闭症）、动作能力、社会行为等。

（1）感官方面。幼儿学习语言开始都是利用视觉、听觉、嗅觉、触觉、味觉、运动觉等各种感观吸收外界的讯息，有些幼儿出现选择性的听觉，会忽视一些声音；有些则对某些频率的声音过度敏感，所以我们会看到孩子突然的尖叫、情绪不安。有研究证实，他们是听到某种频率的声音，一般人并不会听到或理会这种声音，但对他们可能造成极大的刺激或耳朵疼痛，从而引发他们的情绪问题。

（2）认知方面。认知能力包括感知能力、观察力、注意力、记忆力、想象力等思维能力。一些幼儿伴随着轻、中、重度不等的智能障碍，严重影响到幼儿语言发展的能力，导致出现语言迟缓。例如自闭症幼儿的注意力比较短暂，持续力比较低，排斥一些正常幼儿能接受的声音，从而影响学习效果。

（3）动作能力。一些幼儿的大动作，如跑、跳、攀爬等一般都很正常，比较大的问题在于动作的模仿和动作的计划。动作的模仿问题可以从要求他跟我们做拍手、摸头、蹲下、站起来、一些韵律性的动作看出，他们这方面的配合能力通常不佳；动作计划就是给他下达指令后，他达成的能力也是有问题的。我们的发音就是要靠大脑高层次的指挥系统来完成，所以许多幼儿想要发某种音却发不出来，即使口形做对了，也没有声音，这种发音和构音的协调很差，就是动作计划的问题。

（4）社会行为。语言的发展是以互动为依据，听与说之间来产生沟通的。一些幼儿拒绝与人交流，或者说在交流沟通上存在问题，那么语言的发展也存在迟缓的现象。

另外，语言环境贫乏也是严重影响幼儿语言发育异常的原因。在幼儿语言发育早期，语言环境被剥夺或脱离语言环境，也会导致语言发育异常。有些孩子生下来就被长期隔离或缺少语言刺激，从而导致语言发育迟缓。如果错过了语言发展的关键期，就很难达到正常人的水平。

【案例】

1920年10月，一位印度传教士辛格（Singh，J. A. L.）在印度加尔各答的丛林中发现两个由狼哺育长大的女孩。大的女孩约8岁，小的1岁半左右。据推测，她们估计是在半岁左右时被母狼带到洞里去的。辛格给她们起了名字，大的叫卡玛拉（Kamala）、小的叫阿玛拉（Amala）。当她们被领进孤儿院时，一切生活习惯都同野兽一样，不会用双脚站立，只能用四肢走路。她们害怕日光，在太阳下，眼睛只睁开一条窄缝，而且，不断地眨眼。她们习惯在黑夜里看东西。她们经常白天睡觉，一到晚上则活泼起来。每夜10点、1点和3点循例发出非人非兽的尖锐的怪声。她们完全不懂语言，也不发出人类的音节。她们两人经常动物似地卷伏在一起，不愿与他人接近。她们不会用手拿东西，吃起东西来真的是狼吞虎咽，喝水也和狼一样用舌头舔。吃东西时，如果有人或有动物走近，便呜呜作声去吓唬人。在太阳下晒得热时，即张着嘴，伸出舌头来，和狗一样的喘气。她们不肯洗澡，也不肯穿衣服，并随地便溺。

她们被领进孤儿院后，辛格夫妇异常爱护她们，耐心抚养和教育她们。总的说来，小的阿玛拉的发展比大的卡玛拉的发展快些。进了孤儿院两个月后，当她口渴时，她开始会说“bhoo（水，孟加拉语）”，并且较早对别的孩子的活动表现兴趣。遗憾的是，阿玛拉进院不到一年，便死了。卡玛拉用了25个月才开始说第一个词“ma”，4年后一共只学会了6个字，7年后增加到45个字，并曾说出用3个字组成的句子。进院后16个多月卡玛拉才会用膝盖走路，2年8个月才会用两脚站起来，5年多才会用两脚走路，但快跑时又会用四肢爬行。卡玛拉一直活到17岁。但她直到死还没真正学会说话，智力只相当于三四岁的孩子。

（摘自：[印]辛格：《狼孩：对卡马拉和阿玛拉的抚养日记》）

点评：狼孩至死都没有学会说话，是因为在语言发展的关键期没有良好的语言环境，导致了狼孩语言发展的缓慢。

4. 失语症

失语症是言语获得后的障碍，是由于大脑损伤所引起的言语功能受损或丧失，常表现为听、说、读、写、计算等方面的障碍。失语症，用字面语言来解释就是语言的功能丧失或言语困难。障碍的形式取决于脑损害部位，一般分运动和感知两类，分别涉及语言表达和语言理解两方面。失语症是指由于神经中枢病损导致的抽象信号思维障碍，而丧失口语、文字的表达和领悟能力的临床症候群。失语症不包括由于意识障碍和普通的智力减退造成的语言症状，也不包括听觉、视觉、书写、发音等感觉和运动器官损害引起的语言、阅读和书写障碍。因先天或幼年疾病引致学习困难，造成的语言机能缺陷不属于失语症范畴。失语症的病理原因主要是由大脑皮层一定区域的损伤所引起的比较严重的言语障碍。例如，大脑皮层额下回后部功能发生障碍时，病人发声器官的神经支配虽然正常，且可听懂语言，但不能说话，这叫运动失语症；又如皮层颞上回功能丧失的人，虽可听到声音，但听不懂语言的内容，这叫感觉失语症。产生失语症的大脑皮层损伤一般发生在左侧大脑，右侧皮层相应区的损伤并不产生明显的言语障碍。这种左侧大脑皮层占优势的现象主要是和人类习惯使用右手进行劳动有密切关系。2 ~ 3 岁以前的幼儿大脑两半球任何一侧相应区域受到损伤，言语障碍没有明显的差别，说明两半球都和言语功能有关。10 ~ 12 岁，左侧优势正在逐步建立中，左侧大脑受伤引起失语症后，由于补偿作用，在右侧大脑可再建起言语活动中枢，因此在一定程度内仍有可能重新学会讲话。此后，左侧优势形成之后，如果是左脑皮层损伤就很难重新学会讲话，形成永久性失语。由此可见，儿童失语症的及早诊断和及早治疗是有重要意义的。

（三）语言发展异常幼儿的语言特征

1. 构音异常幼儿的语言特征

构音异常儿童又分为痉挛性构音异常、迟缓性构音异常、运动型构音异常、失调性构音异常、器质性构音异常、技能型构音异常等。

（1）痉挛性构音异常儿童的言语表现：嗓音里有一种急促的、很紧的发声，时常在词尾出现语调过低，语调分裂，单一音量，鼻音过重，重音减弱或消失，辅音发音不准确，严重者元音也受到影响，言语的速度减慢。

（2）弛缓性（麻痹性）构音异常儿童的言语表现：言语可以接受，只是欠清晰，唇音歪曲，不适宜的停顿，气息声和鼻音过重等。混合性构音异常儿童言语表现为：气息声，高鼻音，音量控制失常，不适宜的音量控制，气急嗓音，发音歪曲，不同程度的鼻音过重等；有些还表现为重音减弱，单一的音量和音调，说话时不适宜的停顿，费力音，鼻音过重，辅音歪曲等。

（3）运动性构音异常的言语表现：音量异常，元音歪曲，有的在说话时出现异常的停顿和嗓音震撼，辅音异常，过分吸气等。

（4）失调性构音异常的言语表现：在说话过程中不规则的发音停顿，过分或平等重音，起音迟缓，爆发性音，声音颤抖，语调异常。

（5）器质性构音异常的言语表现：由于鼻咽腔闭锁不全而导致的过重鼻音，五官共鸣异常，以及声门爆破音，咽头爆破音，咽头摩擦音的构音异常；由于摩擦音、爆破音所需的口腔内压不足而导致的辅音歪曲和省略。

（6）机能性构音异常的言语表现：在说话中常出现辅音替代，齿音的构音后移，发舌根爆破音及摩擦音时，不使用舌尖或舌前部；呼出的气流不经口腔中部，而是由侧方漏出；另外还常出现韵母歪曲，声母的歪曲与省略等。

2. 口吃幼儿的语言特征

口吃幼儿在说话时常出现以下现象：

（1）音素、音节的重复及词的部分重复。如要回家，口吃儿童常说成“要要……要要……要回家”；

（2）说话时辅音或母音延长，如跑 p—ɑo；

（3）说话时重音或爆破音常常在不自然的位置中出现；

（4）由于幼儿意识到自己口吃，在努力改变时，常出现歪曲音或紧张性发音，导致说话时断断续续；

（5）在词或句子中常出现间歇，或不恰当的停顿；

（6）说话时，发第一个音常伴有一些急速呼吸、构音器官的准备性运动；

（7）常出现词或句子重复现象，如：我，我，要，要吃……饭。

（8）在说话时常插入与表达意图不相关的语音、词、短句等；

（9）常常在词、词组或句子还没说完时出现停止；

（10）声音的大小、高低、音质的变化异常。

其实并不是每一个口吃儿童都有上述的言语症状，它是根据幼儿口吃的程度来决定的。有的口吃儿童可能表现出上述一种或两种语言症状，也可能表现出多种语言症状；而有的口吃幼儿是存在先天发音器官或者系统发育问题。

3. 语言发育迟缓幼儿语言特征

（1）过了说话的年龄仍不会说话。

（2）说话晚或很晚。

（3）开始说话后，比别的正常孩子发展慢或出现停滞。

（4）虽然会说话，但语言技能较低。

（5）语言、词汇和语法应用均低于同龄儿童。

（6）只会用单词交流不会用句子表达。

（7）交流技能低。

（8）回答问题反应差。

（9）语言理解和遵循指令困难。

（四）语言发展异常儿童的早期鉴别

1. 构音异常鉴别

（1）幼儿的语音是否有替代情形。

（2）幼儿的语音是否有省略情形。

（3）幼儿的语音是否有歪曲情形。

（4）幼儿说话的语音是否含糊不清、很难理解。

2. 口吃的症状

（1）幼儿是否为说话结巴而自卑烦恼。

（2）幼儿说话是否比同龄儿童有更多的词汇、字音重复。

（3）幼儿说话时是否对有些语句的表达感到困难。

（4）幼儿说话是否经常有语句顿塞的情形。

（5）幼儿说话是否有明显缺乏顺畅的节律。

3. 语言发育迟缓鉴别

（1）幼儿语言的发展程度是否比同龄幼儿迟缓。

（2）幼儿所拥有的词汇是否比同龄幼儿少很多。
（3）幼儿说话时是否比同龄幼儿有更多的省略或者替代。
（4）幼儿说话时所使用的语句是否比同龄幼儿更为简单。
（5）同一年龄而言，幼儿在语句、词汇的排列顺序方面是否有很多错误。
（6）同一年龄而言，幼儿对大部分代词、名词的使用是否正确。
（7）同一年龄而言，幼儿所使用的语句是否合乎语法规则。

4. 听力残疾导致的说话异常鉴别

（1）是否比同龄的幼儿语言发展迟缓。
（2）是否反应迟钝、回答问题困难。
（3）说话时是否发出不必要的大声。
（4）在学习说话时期是否仍然没有模仿学习说话的举动。
（5）过了正常说话的年龄是否仍然不会说话。
（6）是否经常要求别人重复刚刚说过的话。
（7）是否经常不断地打断别人的谈话。
（8）是否经常答非所问。
（9）是否对电视、电话及他人的说话等声音毫无反应或反应迟缓。
（10）听别人谈话时是否特别注意别人的表情。
（11）与其谈话时是否脸部常无表情。

三、儿童语言发展异常的矫正与训练

（一）幼儿构音异常的矫正与训练

当孩子有口齿不清的问题时，应接受语言治疗师的构音矫正。语言治疗师将是孩子最佳的协助者，他可以透过评量找出孩子错误的语音及语音错误的类型，再应用音韵历程分析构音矫正的方法，将错误音做矫正，帮助孩子改善构音异常的问题。在治疗过程中，治疗师将对幼儿进行诱发目标音发音的练习，家长则可和幼儿做以下练习：

1. 舌头运动

拿棒冰或棒棒糖让宝宝把舌头伸出来舔，目的是松软宝宝的舌系带。

2. 脸颊运动一

用手轻轻按摩宝宝的脸颊，或是用轻巧型专用按摩器按摩因为不说话而可能僵硬的双颊。

3. 脸颊运动二

带医护用手套，将食指及中指伸进宝宝嘴里，按摩口腔两侧肌肉。

4. 腹部运动

做仰卧起坐，训练丹田。妈妈将一只手掌放在宝宝的脖子后托住宝宝的头，另一只手轻轻地压在宝宝的肚子上。慢慢地将宝宝的头带起，压在肚子上的手在宝宝将坐起时，稍稍轻轻压一下。目的是教宝宝坐起来时肚子要用力。

5. 压舌根

用压舌棒或冰棍压住宝宝的舌头，强迫宝宝发出“啊”及“呃”的声音，训练声带发音。

6. 吹泡泡

让宝宝吹很多很多的水泡泡，或是训练宝宝吹气球，一直“呼、呼、呼”。

（二）幼儿口吃的矫正与训练

口吃治疗有其时间性，最佳治疗时期应在 6 岁之前。口吃孩子的家长及老师还要注意增强孩子的自信心，对孩子进行行为训练。在孩子出现口吃时，不要打断，而应该及时正确引导。此外，还可以对孩子进行节律训练，如让幼儿说顺口溜等。孩子口吃对其心理健康十分有害。出于社会和周围的一些压力，如受到讥讽和嘲笑，口吃将会影响孩子正常的社会交往，会使孩子的性格有攻击性，对他人产生敌意。因此，要正确矫正幼儿口吃，必须给幼儿创造一个良好的语言环境，增强他的自信心同时，还应本着早期发现早期治疗的原则，努力帮助孩子进行矫正。另外，家长及老师在给幼儿做训练时应掌握以下方法及要点：

（1）让孩子减慢说话的速度。这样可以减少口吃的发生频率，又可使人听得清楚。当孩子不再口吃时，再慢慢提高其说话速度。

（2）让孩子说话时降低音量。因为轻声说话能有效地防止口吃。

（3）对于每句话的第一个字要诱导孩子缓慢地、轻轻地发出音来，然后向第二个字轻轻地滑动。因为口吃的孩子大多对短语的第一个字发音感到困难，如果发音过急或过重，势必会发生口吃，因此这一点很关键。

（4）多讲多练。在日常生活中要利用一切机会与口吃的孩子交流以练习说话，不要间断或半途而废。可以让孩子唱歌、念儿歌、讲故事或复述个人愉快的事，锻炼其说话的连贯性，以帮助其纠正口吃。

（三）语言发育迟缓的矫正与训练

口齿不清、说话模糊是儿童在语言发展过程中因发育迟缓而出现的一种现象，经过及时纠正是可以克服的。如果不及时消除问题，有部分儿童会慢慢形成不良发音习惯，吐字不清，形成较严重的语言障碍，从而产生阅读困难，影响学习成绩，甚至影响孩子长大成人后的工作和生活。所以，家长、老师在给幼儿做训练时要做到以下几点：

1. 多让孩子重复练习

孩子刚开始学说话时，每学一个新词，都要反复多次才能掌握。而孩子要掌握这个词，就要能正确区分这个词的发音和其他词有什么不同，这同样要求孩子的语言器官能协调运动。幼儿由于分析、综合能力还处在萌芽之中，而且小肌肉也不发达，发音器官要协调运动就会出现困难，所以常出现口齿不清、发音不准的情况。这时，父母及老师要引导孩子每学会一个新词都要重复练习，以此来发展孩子的发音器官以及肌肉组织的细小动作的协调性，从而锻炼听觉器官的敏感性。在日常生活中，父母及老师可以从孩子身边最熟悉的事物教起，从孩子最感兴趣的事物入手；先教单字，再教词语，当积累到一定量的词语后再慢慢过渡到句子。在教孩子说话的过程中，要进行得自然、有趣。

【案例】

明明说话“湿”“吃”不分，妈妈趁晚上洗脸的机会问明明。

妈妈：毛巾放进水里怎么了？

幼：湿了。

妈妈：对，毛巾放进水里湿了（加重语气）。

起床了，妈妈趁着给明明做饭的机会问明明。

妈妈：妈妈做饭给谁吃啊？

幼：给宝宝吃。

妈妈：对，妈妈做饭给宝宝吃（加重语气）。

点评：妈妈对宝宝的练习进行得很自然、有趣，妈妈有意识地让孩子多练习“湿”“吃”的发音，这样不断地练习对纠正孩子“sh”“ch”不分的音很有帮助。

2. 要耐心示范和讲解

纠正孩子的语言发育迟缓，父母榜样的作用很大。父母在给孩子做示范时，要照顾到孩子听和看两方面的能力，以便他们模仿。有时候，为了配合口型的示范，父母还需要有合适的讲解。比如唇音（爸、抱、拍），主要是上下唇的活动，父母在做示范时，孩子容易看到，就易于模仿。而更多难发的音需要舌头参与活动，不易被孩子看到，所以小孩子就不易发准。父母教孩子发这些音时，要告诉他们发哪个音舌头要怎样，然后让孩子仔细看，再带孩子试着发这些音。孩子掌握了这些发音诀窍，说话自然就流利了。

3. 要求孩子正确发音并多鼓励

父母要注意，从孩子学说话开始，就应该要求孩子正确发音，不要让孩子娇滴滴地说话。否则，一旦形成习惯，就要花费很大的气力才能矫正过来。

同时，在孩子学说话阶段，父母只要发现孩子在语言学习上有点滴进步，就要及时鼓励。孩子喜欢表扬，父母的表扬能不断激起孩子学习语言的积极性。

当父母发现孩子说话含混不清、进步不快时，切忌着急上火、大发脾气甚至打骂孩子，这样只会造成孩子恐惧、紧张的情绪，加重孩子的口齿不清。

4. 思想上要重视，行为上要自然

孩子在说话时，家长要听一听孩子是某些音发不好，还是所有的话都说不清楚。如果孩子到了四五岁，还是所有的话都说不清楚，家长应带孩子到口腔科看看。如果孩子很多音都发得很好，只有很少的音发不清楚，肯定是孩子对这些音素的掌握有困难，随着孩子说话机会的增多，口齿不清的现象会慢慢变好。

思考与练习：

1. 简述幼儿语言发展的特点。
2. 举例说明幼儿掌握词汇的规律。
3. 简述幼儿掌握句型的顺序。
4. 你曾经观察出幼儿的语言发展障碍吗？你是如何观察出来的？
5. 搜集成功矫治幼儿语言障碍的案例，并总结方法。
6. 查阅矫治幼儿语言障碍的文献，并认真阅读。

第四编

幼儿教师交际口语

第五章　幼儿教师交际口语训练

幼儿教师交际语是教师接触幼儿之外的不同职业、不同类型的人员，参加各种目的、各种类别的活动时所使用的一种口头语言。教师交际语是一种与教师平时使用的教育、教学语言不同的口头语言，也是教师因工作需要必须掌握的一种语言。

良好的交际语可以让教师创造和谐的人际关系、顺利开展工作，同时也为教师自身的发展创造良好的机会。教师具备良好的口语交际能力，就能针对具体交际情景、交际对象使用合乎交际场合并让交际对象满意的语言。如家访时，教师若能既充分表达自己的意思又让家长毫无顾虑地表达他们的意见，就能构建教师与家长的和谐关系，更利于幼儿的健康成长；再如，主持集会时能让参与者听话准确、气氛和谐、畅所欲言，工作就能得以顺利开展。

第一节　幼儿教师交际语的特点

一、充分尊重

教师在交际过程中要充分尊重别人，也充分尊重自己，做到入乡随俗与自信大方的和谐统一。入乡随俗，《现代汉语词典》的解释为：到一个地方就按照当地的风俗习惯生活。教师在交际中的入乡随俗具体表现为尊重交际对象的人格尊严、民族情感、文化传承、职业习惯、理想信仰、个人爱好，等等。但是，强调入乡随俗并不意味着教师在交际活动中畏畏缩缩、战战兢兢、如履薄冰，生怕哪里礼节不周而引起对方的不满，而应该与自信大方和谐统一起来。

自信即相信自己，是一种积极进取的心理品质，是对自我驾驭环境、利用环境能力的坚定信赖。自信不等于我行我素、矜持傲慢，自信是相信自己作为正常人拥有其他人具有的一切天赋，自信的人认为任何交际礼仪的方法、技巧都是自己可以掌握的。他们知道坚定的自信必须有事前精心的准备，他们也愿意接受挑战，激发他们改善社交环境、达成交际效果的斗志。他们保持着一种积极主动的心理状态，即使面对交际中的意外情况，也能处乱不惊、镇定自若，及时、圆满地采取应急措施予以补救，而不会心慌意乱、手足无措。就算真的出现差错，也敢于大方地表示歉意，求得对方的谅解，从而化险为夷、安然过关。入乡随俗与自信大方的和谐统一能使教师迅速地与自己的交际对象打成一片，赢得信任和尊重，并最终达成交际的目的。

二、内外兼修

内，即内在修养，指理论、知识、艺术、思想等方面的一定水平以及养成的正确的待人处事的态度；外，即人的仪态，具体指身材、容貌、服饰、神情、姿态等。古今中外，教师这个职业总是与崇高、光辉、奉献、无私、春蚕、蜡烛、楷模等词语紧密相连，这体现了历史和现实对教师价值的认同，也折射出社会和时代对教师修养的期望。仪态在很大程度上反映出教师内在的文化素养、审美观念和精神气质，是教师交际语无声的、外在的体现，是对有声交际语的有力补充。因此，教师交际语必须表现出仪态端庄、内涵丰富、修养深厚的和谐统一。

三、定位准确

教师在教学工作中，接触的对象主要是幼儿。教师处在教育者的位置，在与幼儿的交流中起主导作用；而且由于幼儿的年龄特点，教师的教育、教学语言一般富有儿童语言色彩。在教育、教学以外的交际场合，教师的角色转变为具体的交际角色，语言也要做相应的调整。教师应针对不同的交际对象、不同的交际目的、自己的角色定位。在不同的交际环境下说出适合教师角色的话，既要体现出自己的学识修养，又不给别人留好为人师的印象。但不论在何种交际场合，教师都要意识到自己的教师身份。因为这些场合下的交际口语，虽然交际对象不再是幼儿，但仍是一种工作语言。因此，教师在这些交际场合要时刻意识到自己的教师身份，要注意通过得体的语言。体现教师的职业内涵与文化修养。说话谦和有礼、端庄大方，既不高高在上、傲视一切，又不猥琐卑下、唯唯诺诺。

四、目标清晰

目标是教师的交际所追求的预期效果，无论是家访、与同事相处、参加校外活动还是参与集会，教师的交际语都要讲求效益，达到一定目的，获得具体的结果。为实现交际目标，教师在交际环境中，要想方设法创设融洽氛围。教师在交际过程中接触对象的年龄有长有幼、知识水平参差不齐、生活处境贫富不等、社会地位高低不一、性格情绪多种多样，教师要充分考虑不同交际对象的特点，不论接触何种级别、何种类型的人，都真诚地与人交谈，尽可能找出双方共同感兴趣的话题，创设和谐的谈话氛围。只有明确了目标，并紧紧围绕这个目标创设良好的交际氛围，才能使教师的交际语富有成效。

第二节 幼儿教师交际语的类别及表达方式

教师接触教育、教学之外人员的场合使用的交际语，主要分为以下几类：与家长沟通交际语、校内工作交际语、校外工作交际语、集会交际语等。

一、与家长沟通交际语

幼儿园教育与家庭教育是紧密相连的一个教育整体。幼儿家长是幼儿教师教育幼儿的主要合作者，教师与家长交际，互通情况，争取家长配合，是影响教育效果的不可忽视的重要一环，在教师交际工作口语中占有重要地位。幼儿家长分布在社会各层各界，背景不同，层次不同，知识修养、素质各异，能否实现有效的交际，在很大程度上取决于教师的交际技巧。因此，教师必须具备与幼儿家长沟通的言语技能。教师和家长的交际形式，包括家访（包括电话家访）、来园离园接待、约谈、在家长活动中的讲话等。

（一）家访交际语

1. 家访交际语的准备

家访是教师、家长、幼儿之间加强联系的纽带，教师走访幼儿家庭，可以增进家园之间的相互了解，但处置不当，也可能会使家长和幼儿对老师产生不该有的误解。成功的家庭访问应该对交际目的了然于心，对交际对象提前关注，对交际环节提前预设。

家庭访问的交际目的主要有以下几种：

第一，沟通。家长是教师教育孩子的有力同盟，教师家访的一个重要目的就是要与家长相互沟通孩子的成长信息。家长关心孩子的范围非常广泛，比如，我的孩子在幼儿园表现怎样？我的孩子在幼儿园与同伴相处如何，我的孩子在幼儿园吃得好吗，我的孩子是否适应新的环境，等等；教师也需要了解幼儿家庭及幼儿在家的表现，以使教育更有针对性。因此，教师家访时，可与幼儿家长相互沟通信息，共同为幼儿的健康发展创造理想的氛围。

第二，教育。幼儿的教育需要家长配合，家长的某些做法或言辞对幼儿产生不良影响，或者是伤害了孩子的感情，影响了孩子的成长等情况，都需要教师进行家访。教师要针对具体情况，选择恰当的语言，对家长或幼儿进行教育，力争教师与家长达成共识，给孩子创设良好的成长环境。

第三，探视。幼儿生病没上幼儿园或是住院了，幼儿家里出了意外，教师可能到幼儿家中探视。这样可以使教师及时掌握幼儿情况，根据幼儿情况采取适当措施，安慰、鼓励幼儿，让他们感觉到教师的关爱。

家访的交际对象是个性丰富的。从社会地位来看，幼儿家长有社会认可度高的，也有低的；从经济状况来看，幼儿家庭有富裕的、一般的、较差的；从家庭成员构成来看，有三代同堂、三口之家、单亲家庭、再婚重组家庭、借宿亲戚家等情况；而且家庭成员的职业也是千差万别的，可能有工人、农民、知识分子、商人等；从家长性格来看，有开朗的或内向的、健谈的或木讷的、积极的或消极的、热情的或冷漠的、谦逊的或傲慢的，等等。教师家访时要针对不同家庭、不同性格、不同民族、不同文化背景、不同职业、不同信仰、不同爱好的家长使用不同的语言。

家访的交际环节是复杂多变的，要提前进行精心的设计，包括了解交际对象、明确交际目的、设计交际话题、规范交际礼仪，等等。家访的地点不在幼儿园而在幼儿家中，教师脱离了平时习惯的幼儿园环境，语言也应有所调整。面对幼儿家长，教师需要改变在幼儿园时针对幼儿的语言，体现成人之间的谈话风格。双方谈话的内容不能偏离谈话中心即幼儿，要紧紧围绕幼儿的在园表现、习惯养成、性格发展等方面进行。只有提前预设交际环节的方方面面，才能在家访时有的放矢、从容应对、有效沟通，即使遭遇尴尬，也能急而不乱、处置有度。

2. 家访交际语的运用原则

（1）创设平等的交流环境。教师既不能在交流中有一种心理上的优势，认为自己掌握系统的教育理论，受过专门的教育技能训练，在幼儿的教育问题上自己是权威、专家，家长理所应当接受自己对幼儿学习与成长的意见，配合自己的教育方案，对家长提出的不同看法不屑一顾。但也不能被动倾听，完全丧失交际的主动权。有的家长受过较高教育，对孩子的教育有一套自己的理论，觉得比教师更高明；有的家长社会地位较高或经济比较富裕，心理上有一种优越感，认为教师没什么了不起。无论是哪种情形，教师都要设法创设平等的交际环境，语气平和、充满自信、不卑不亢，既善于倾听，又不随便附和，并对家长的言语做出积极的反应。教师在倾听时眼睛要注视着对方，对他们的话题显示出极大的关注，身体前倾，通过点头、扬眉或者对家长讲的内容报以适当的微笑，甚至向家长提一些相关的问题等方法来鼓励家长充分发表意见。

（2）突出谈话主题，合理安排谈话时间。

家访中双方交流的中心是孩子的教育情况，教师与家长双方要有意识地控制谈话的范围以突出谈话的主题。教师向家长详细介绍幼儿的表现、个性发展情况、同伴交往情况等各方面的信息，让家长在全面、具体了解孩子情况的基础上采取相应的教育措施，促进孩子的健康发展。教师也要向家长详细了解幼儿在家的具体情况，如孩子的家庭教育环境、孩子的家庭情况尤其是不利于孩子良性发展的情况、孩子的健康信息、孩子过敏的食物及其他饮食禁忌等。

教师家访要合理安排时间。第一，要提前预约。教师家访前一定要与幼儿家长联系好，不要做不速之客。第二，要选择好家访对象。教师可以从几方面选择家访家庭：一是新生家访，针对入园焦虑典型的幼儿；二是探视性家访，针对生病没到幼儿园或家里出了突发事件的幼儿；三是教育性家访，针对在成长过程中出现某些问题的或家长的某些做法、某些言辞产生了不良的影响而影响其成长的。第三，掌握时间，访而有度。家访的时间最好限定在半小时以内，教师就幼儿问题与家长取得一致意见后，及时告辞。

（3）正面表扬为主，巧作建议为辅。

家长都希望听到教师表扬自己的孩子，即使孩子在某些方面有欠缺，家长也不希望教师当面批评。教师这样做了，家长表面上不会说什么，心里却可能不太高兴，甚至在孩子的教育问题上采取与教师相抵触的措施。因此，家访时教师不要直接批评幼儿的缺点，最好先从正面入手对幼儿进行评价，在家长心情愉快的同时，再巧妙地提出建议与批评，这样做的效果要比直接批评幼儿好得多。

（4）仪态端庄大方，说话平实亲和。

教师职业的特殊性决定了家访教师的仪态必须端庄大方，即使是下班时间，教师也要注意着装得体，穿得太邋遢或太新潮都会导致家长对教师的怀疑与反感。手和手臂的姿势要恰当，面部表情要放松，没有如抓头、拽耳朵、擦脖子等不良的无意识行为。由于绝大多数家长都不是教育工作者，对他们来讲有时很难理解教育术语的确切含义，教师在与家长的谈话中如果使用过多的教育术语，可能会造成双方交流的障碍，家长由此也会感到在谈话中处于被动地位，产生紧张、惭愧情绪，甚至觉得自己很愚蠢，对孩子的教育也就很难提出自己的建议，发表自己的看法。因此，教师在家访过程中要注意尽可能少用或不用教育术语，必须要用时，也要对使用的术语用通俗的语言进行解释。尽量使用叙述性的语言，具体、通俗、详细地把孩子各方面的表现活生生地展现给家长。这样，家访才会取得预期的效果，否则，家访很难收到成效。

【案例1】

老师：哟！您家养了这么多好看的花！

家长（爷爷）：老师您过奖了。

老师：养这么多花不容易吧？

家长：是啊，要浇水、施肥、剪枝、松土……什么时候，什么花施什么肥都有讲究，侍弄不好就不开花。

老师：对。养花跟育人一样，您对养花这么有研究，对您的孙子的教育肯定也有很多心得体会吧……

点评：老师从养花说到育人，这是巧妙的连接，找到了和家长的共同话题，创造了交流的良好氛围，抓住了实现交际目标的契机。

【案例2】

老师：你们的儿子乐乐在幼儿园爱动脑筋，聪明活泼。

家长：但是，乐乐有个缺点，不能自己玩儿、自己做事，回家后总缠着我们，叫我们跟他玩。这样一来，整个业余时间都被他占去了，我们想做点别的事也不行。您看这怎么办？

老师：是啊，这是这个阶段孩子的特点。他们现在还缺乏自制能力，对父母有依恋感，所以回到家总在你们身边活动，这是可以理解的。你们不要表示不耐烦，更不要呵斥他。另外，是不是给他布置些任务让他独立完成，完成了就表扬他。

家长：对，我们还要跟他商量：乐乐长大了，可以自己玩了。爸爸妈妈不打扰乐乐画画看书，乐乐也不打扰爸爸妈妈学习，比比看谁能安安静静做事？老师看这样行不行？

老师：好，这样很好！

点评：老师用探讨、商量、表扬孩子的语言和家长交流，自然引出了教师希望家长说出的话。之后再对孩子缺点进行分析，帮助家长出主意，赢得了家长的信任，达到了彼此交流、互通情况的目的，有效地实现了幼儿园教育和家庭教育的协同与互补。

【案例3】

一位幼儿园老师第一次走访某孩子家庭，见客厅里有两位年纪相仿的成年男子，她凭着与幼儿容貌相似的程度，向其中一位说道："我是奇奇的老师。如果没有猜错的话，您就是奇奇的父亲。"对方点头称是，另一位男子则指着孩子的父亲插言道："他是我们总经理！"老师微微一笑，答道："这一点我早从'幼儿登记表'中知道了。不过，我这次来可是找奇奇的父亲的。"

点评：巧妙的回答，把自己置于与孩子家长平等的地位上。接下来她侃侃而谈，毫不拘束，受到了家长的尊重。

（二）接待家长来访交际语

幼儿教师应通过多种方式与家长保持经常性的联系与沟通，尤为注重个别沟通。家长来园离园或接受教师约谈到园了解自己孩子的相关情况，是教师和家长沟通最常用且非常有效的方式。

教师要充分利用家长每天接送孩子来园、离园的时间及时交流孩子情况，也可以与家长有目的、有准备、有计划地约谈。在交谈中，教师简要、全面地介绍孩子在园里的表现，着重谈孩子的进步和优点，展示孩子的作品，并提出需要注意和改进的地方。家长谈孩子在家里的情况，入园后或近来的变化与长进，存在的问题以及对园里的希望。双方共商下一阶段具体的教育目标与措施，以便共同有效地促进孩子的发展。每次交流的主题与内容不尽相同。比如，孩子入园后的第一次交谈，着重听家长介绍孩子的生活、习惯和兴趣等，教师则说明园里的教育计划；根据家长或教师的建议，集中讨论孩子发展的某方面问题。

教师在接待来访家长时，交际语的运用要注意以下几点：

1. 做好准备工作

要对全班幼儿有客观而全面的了解，要关注平时接触少的家长。如果是约谈，要及时告知家长约谈的时间、地点与内容，征得家长的同意。在约谈前，教师要汇集、查阅孩子各方面发展情况的材料，进行分析，提取有用的事例。

2. 待客热情，营造宽松的氛围，以平等的身份与家长交谈

家长来访时，教师要立即起身邀请家长进屋，微笑问候、热情让座、问明来意。不要将家长堵在门外问话，不能冷淡，更不能斥责。

有些家长，对约谈会感到拘束、不自在，或有顾虑。教师要注意营造轻松的氛围，比如说一些孩子和班上有趣的事。在交谈时也要自然一些，显得亲切，从而能自然地进入交谈。

教师切勿以专家自居，采取居高临下的态度教训家长，不要发号施令似的说“必须”“应该”怎样，更不能责怪家长；要尊重家长，多倾听家长的话。教师提出共同促进孩子发展的措施时，宜采用商量的口吻，征求家长的意见。

3. 说话得体，避免使用专用术语，谈孩子缺点时要注意方式

谈话时要尊重家长的意见，认真倾听，多用商量的口吻。介绍孩子的情况要具体，要用平实直白的语言。

对孩子的评价一定要客观、全面，既要肯定优点、进步，也要真诚地提出不足之处。在谈孩子的缺点时，要根据情况，区别对待。如果与家长很熟悉，可以说得直率一些。有些家长自尊心强，把谈孩子的缺点视为对自己的批评，感到有压力。所以，教师特别要注意方式，不要用“迟钝”“调皮”等字眼来形容孩子，以免家长听了不舒服。

与家长交谈，不要谈论别的孩子，也不要与别的孩子进行比较，说长道短。因为这样

做会使家长怀疑老师在别人面前是否也这样说自己的孩子。

4. 客观、冷静、真诚地面对家长的建议、意见和误解

有些家长会提建议，其中不乏好点子，教师要充分利用。因教师工作处理不当而引来家长的意见，如孩子受伤、被小朋友欺负、受教师体罚、受到不公正待遇，等等，这种情况要真心认错，以诚相待。因家长对教师教育方法不理解而引发误解，不要当面否定家长，要选择时机巧妙沟通。

5. 交谈完毕要肯定收获，教师要做小结

教师要指出交谈对家园双方都有益，强调对自己的工作有帮助，如进一步了解孩子有利于今后的教育工作。同时，对家长表示谢意，欢迎家长以后继续支持园里的工作，自己愿意竭诚与家长密切合作，共同促进孩子的发展。

小结的内容包括：谁提出约谈；谁参加了交谈；提出了哪些问题及解决的措施；约定了什么时间继续沟通；有关措施实施情况。

【案例1】

工作第一年教养日记选录

今天早晨我带上午班，有一位家长送幼儿来园后，我对她说："你家旋旋生活自理方面不太强，衣服到现在还不能自己穿，眼看天冷了，这几天是否能在家教一教。"没等我话说完，这个家长就打断道："到这里来的幼儿是不是都不会自己穿衣服？"我说是的。她又说："我们是独生子女，在家当然是大人帮她穿。"接下去又讲出很难听的话。当时我听了很生气，同时也感到委屈。我是为了让你家孩子更聪明、更能干，是为你们好，这个家长怎么这么不懂道理，不识好人心。可事后冷静下来想一想，是否我说话态度不好，可我回想了一下，我讲话的态度没有什么不好。在下午备课时，我就把这事同大余老师讲了。大余老师听后分析道："对家长提出配合的要求，可以从各个角度去提。如果从体谅大人，让孩子做些力所能及的事，这样大人就可以省些力，孩子多做做也会变得聪明，这样家长可能就容易接受。也可以先说些孩子进步的地方，再提些希望，这样家长也容易接受。如果一针见血、锋芒毕露的话，家长就不容易接受了。"这件事给我的教训是：语言是很有艺术性的，作为一名教师更要善于掌握语言的艺术性。同样一句话，有艺术地讲和没艺术地讲，收到的效果是不同的。

（上海市长宁区实验幼儿园　周剑）

【案例2】

巧化干戈（节选）

一天下午美术活动后，孩子们正在收拾绘画用品。开开一边收拾，一边玩着记号笔，一不小心画在了同桌妞妞的脸上。这时，妞妞的奶奶来接孩子了，主班教师肖老师赶紧和妞妞的奶奶一起带妞妞去盥洗室清洗，却发现印迹很难一下子洗掉。尽管肖老师诚恳地道歉，奶奶的脸上仍写满了不悦。回家后，奶奶想尽办法要把妞妞脸上的印迹洗干净，不光把香皂、

洗面奶、药皂全用遍了，还要用酒精消毒，结果把妞妞的脸洗破了。妞妞痛得大哭，一家人又气又急，认为都是开开的错。妞妞的爸爸气冲冲地打电话给肖老师，说要找开开的家长谈谈。肖老师在电话里再次向妞妞爸爸表达了歉意，还劝导他：孩子之间偶尔有些小摩擦很正常，由于孩子年龄小，他们往往不能很好地控制自己的动作。开开绝非故意，希望家长能够谅解。妞妞爸爸无意责怪教师，但坚持要和开开的家长谈谈。

第二天，肖老师根据平时对双方家长性格脾气的了解，与开开妈妈进行了沟通。肖老师首先自我批评："由于我们工作的疏忽，发生了这样的事情。"然后劝慰开开的妈妈："事情发展成现在这样，不能全怪开开。将心比心，妞妞很无辜，家长生气也是可以理解的。虽然妞妞的家长也有一定的责任，但整个事件是开开引起的。现在最重要的是得到妞妞家长的谅解，希望您能和妞妞的家长好好谈谈，诚恳地道个歉，相信妞妞的家长会理解的。"

双方家长的见面很顺利：开开妈妈一个劲地道歉，还买了营养品给妞妞；妞妞爸爸感受到开开妈妈真诚的态度也就不再说什么了，临走时还向肖老师致歉，说麻烦老师了。开开妈妈很感谢肖老师，表示一定会配合老师教育开开。就这样，一场干戈顺利化解。

在化解干戈的过程中，肖老师运用了两种策略：一是"错开锋芒"。肖老师在分析双方家长的性格脾气后，安排了开开妈妈和妞妞爸爸"对话"。怒气冲冲的"爸爸"面对语调和缓的"妈妈"，火气就已消了大半。如果两个"妈妈"或者两个"爸爸"碰面，就可能出现针锋相对的局面。二是"晓之以理，动之以情"。肖老师一方面劝导妞妞爸爸客观地看待这次事件，另一方面真诚地劝慰开开妈妈，为双方互相谅解打下了良好的基础。这一策略的关键是真诚，正是教师诚恳的态度感染了双方家长，使他们能心平气和地解决争端。

（赵明琨：《巧化干戈》，摘自《幼儿教育》，2008 年第 5 期）

（三）家长活动交际语

1. 家长会

家长会是目前被广泛使用的家园交流方式。幼儿家长按照教师通知的时间来到幼儿园，参加教师组织的一些活动，听取教师对班级幼儿各方面情况的汇报，家长之间就某个专题展开一些讨论，家长之间、家长与教师之间就幼儿教育情况展开交流。家长会可以实现教师、家长之间的双向交流。家长把孩子在家里的一些表现告诉教师，教师把幼儿在校的表现告诉家长；教师也可以在此宣传幼儿园的一些改革措施、正在开展的一些活动、正在实施的一些课程，得到家长们的支持与理解；教师还可以向家长宣传一些相关教育理念，并借此机会作一些介绍，取得家长的支持与理解。另外，家长会也为家长与家长之间相互交流提供了一个平台。在家长会上，家长之间可以相互交流教育孩子的经验、体会、方法，甚至苦恼；还可以就幼儿园教育方法、制度交流看法。

主持家长会是教师应具备的基本口语交际技能，教师需要掌握相应的口语交际技能。

在家长会中，作为会议的主持人，教师要协调所有幼儿、家长的活动。因此，为了有效地主持家长会，教师必须掌握一定的口语交际方法与技巧。这对提高家长会的质量，活跃家长会的气氛是非常必要的。主持家长会应注意以下几个方面：

（1）会前积极沟通，消除家长紧张心理。

家长会正式开始之前，教师最好先与家长沟通几分钟，借此消除紧张气氛，双方沟通的话题可以非常轻松、广泛。参加会议的家长们有各种各样的想法，有的家长认为幼儿园是教师的领地，教师掌握着孩子在幼儿园所有活动的生杀大权，自己如果得罪了教师，教师会把怨气发泄在孩子身上；有的家长认为幼儿教育自己懂得不多，教师是权威与专家，自己应该向教师多学习；还有的家长因为自己孩子表现不好，害怕教师点到自己，因而有一种潜在的防备心理；还有个别家长幼年有过很不愉快的经历，导致家长本身对幼儿园、对教师有畏惧心理，到了幼儿园，以前不愉快的记忆又都回来了。这些都可能使家长在参加会议时有紧张情绪，不敢讲话或不敢讲真话。最好是先与家长私下沟通一会儿，以闲聊的方式缓解家长的紧张情绪。

（2）熟悉议程，主持会议有条不紊。家长会的议程一般包括以下几项：

第一，迎客。在会议正式开始之前，教师提前在教室门口欢迎家长，并可在事前将教室桌椅排成圆桌形以淡化主客、尊卑之分。

第二，介绍班级情况。教师向家长介绍本班级的整体情况。整体况有好有坏，幼儿表现有优有劣，教师介绍时要注意汇报次序与语言的使用，以积极的事情开始和结束。以积极的事情开头，可以让家长产生兴奋感；以积极的事情结束，可以让家长离开幼儿园时，心里充满希望。汇报要对事不对人，不要提及幼儿姓名，尤其是在谈论不好的事情时，更不能指名道姓。不要让幼儿家长下不来台，更要避免幼儿回家后会遭到家长的惩罚。教师在汇报中对班级的强、弱方面尽可能都涉及，不能报喜不报忧，也不能报忧不报喜。教师谈话过程中不要显露对幼儿明显的喜爱与厌恶，就算教师在谈话过程中不提及、涉及幼儿的名字，也会让那些发展滞后幼儿的家长产生一种自卑感，从而影响教师与家长的沟通，甚至造成这些家长今后可能以各种理由拒绝参加家长会。

第三，家长交流。幼儿家长在交流时要成为会议的主要发言者，教师则应该采取各种有效的调控手段，保证家长会顺利、高效地进行。

首先，限定讨论范围。家长会的时间是有限的，在有限的时间内不可能讨论交流所有问题，教师应给家长限定讨论交流的范围，让家长就某一个问题交换意见，发表看法。一旦发现家长的发言偏离了中心，教师要及时转移话题，不要为打断家长的讲话而感到内疚。

其次，适时慎重发言。多数家长认为教师是教育的权威与专家，教师的意见无疑是正确的。即使有的家长认为教师的意见不正确，但害怕说出不同意见，教师会把不满发泄在孩子身上。所以，教师在讨论交流中一般不要发表自己的看法，尤其是在讨论交流开始时。否则，会大大限制家长的发言，或把他们的发言引到自己的观点上来，导致家长讨论失去意义。

对家长会上出现的冷场，教师可以采用不同方法来化解。若家长是因为对谈论交流议题不明白、不理解而感到无从开口，教师就要详细、具体地解释议题并耐心地启发，让已经理解的家长先发言，以此带动其他家长发言；若是因为家长们太拘谨，谁也不愿意先发言，教师可用生动、幽默的语言缓解紧张气氛，然后再引入正题。

再次，兼顾所有家长。教师在家长讨论交流时要密切关注所有家长，尤其是那些内向、腼腆的家长，尽可能让他们也参加进来。一旦他们有发言的迹象，教师可以在言语上适当照顾他们，给他们创设发言的机会。家长在讨论交流过程中难免会意见不一，严重时甚至出现争辩，教师要客观公正地对待。如双方分歧不太严重，可把双方争论的问题让其他家长共同参加讨论，发表各自看法；如双方分歧难以弥合，就果断中止双方讨论。

最后，教师和家长个别交流。一般来说，家长会的最后一个程序是教师、家长个别交流。教师面对的是家长个体，口语的内容和特点也因此发生一些变化，此时教师的交际语应注意以下几方面：

① 态度要诚恳，语言要平实。诚恳的态度可以让家长感觉到教师的诚意，从而愿意与教师谈一些深入的问题。特别是与发展滞后或表现不好的幼儿家长交流，这类家长在教师面前往往有一种抬不起头来的感觉，如果用厌恶、讽刺、挖苦的语言伤害了家长的自尊心，这些家长就可能对孩子采取惩罚性措施，还可能以种种理由逃避家长会；更为严重的是还会增加孩子对教师、对幼儿园的厌恶感，产生较强的负面效应。

平实的语言使家长容易理解，过于专业的教育术语可能使有的家长产生无知感而不敢表达自己意见。同时，教师要把介绍的重点放在实事求是地描述幼儿在校的各种具体行为上，尽可能详细地向家长讲述幼儿在课堂上及课后的各种表现。不要简单地用“你的孩子不错”“你的孩子表现还可以”“他在某些方面还需要努力”等笼统的语言来描述一个幼儿的情况，使家长不知从何入手来配合幼儿园的教育。

② 讲述客观，评价全面，建议具体。教师介绍幼儿情况时要实事求是，不能为了引起家长的重视而只讲不好的表现，也不能为了让家长高兴而只讲好的表现。应该真实地把幼儿的整体表现提供给家长，进而对幼儿进行全面评价，既肯定优点也指出差距，同时针对具体方面提出相应建议。建议可以针对幼儿的优势，也可以针对劣势。教师也可以多向家长了解幼儿在家情况，并据此对自己的教育手段作相应的调整。

2. 亲子活动

亲子活动是幼儿园牵头组织，幼儿与家长一起参加的各种活动，如亲子运动会、亲子才艺展示、亲子手工、亲子郊游、嘉宾有约、友好小组等。教师在此类活动中起组织、协调作用，因此必须要运用适宜的交际口语方能取得较好的活动效果。教师组织此类活动需注意：①教师向家长传递的合作信息必须到位；②教师与家长的交流要兼顾所有对象。

总之，教师与家长沟通交际语要做到：态度谦和，开诚布公，实事求是，勇于担当，有理有据，言简意赅。

【案例】

调动家长参与家长会的热情（节选）

我班以往的家长会总是由教师唱主角，"教师讲家长听"，家长的参与热情不高，为此，我们进行了大胆的尝试，大大激发了他们参与的热情。

录像播放。孩子的活动镜头永远是家长最感兴趣的内容，我们拍摄了每个孩子在园活动的情景（如活动区、角色游戏等），在家长会刚开始的时候播放，不仅吸引了家长的目光，调动了家长的情绪，营造了宽松、融洽的气氛，也使家长会的出席率得到了很大的提高。

小组讨论。针对教育中的疑难问题，我们尝试请家长以抽签的方式抽取题目，分组讨论后，每组派代表发言，并结合展示板，阐述小组讨论的结果，共享信息。例如，我园进行了"促进幼儿个性和谐发展的研究"，家长们以"独立、自信、合作、创新"为分项，分四组进行交流和讨论："你在日常生活中是如何培养幼儿独立性（或其他）品质的？"采用小组题板有很多好处，首先家长发言的面广了，其次家长发言的任务意识强了，家长们纷纷出点子，尽量丰富自己一组的题板内容。最后，讨论结果一目了然，有利于家长分享育儿经验。

（摘自许丽萍：《调动家长参与家长会的热情》）

教师与家长沟通常用交际语举要

1. 您好，我是某某幼儿园某某老师，很高兴见到您和孩子！

2. 今天与您交流，我很有信心让孩子尽快适应幼儿园的生活。

3. 原来您的爱好这么广泛，这对孩子影响肯定很大，那您的孩子兴趣是不是也很广泛？以后有机会请您向其他家长讲讲，让大家一起学习学习。

4. 您在孩子入园前对他进行针对性教育，这很有必要，能减轻孩子的入园焦虑。

5. 我想看看孩子，您觉得这个时间方便吗？

6. 实在抱歉，打扰您了，谢谢您的配合！

7. 看到孩子在好转，我们就放心了，相信很快就能回到幼儿园了。

8. 请您放心，我和其他老师在这期间会对他特殊照顾。如果孩子好转请一定及时告诉我们，让我们调整教育方法，否则对孩子身心发展不利。

9. 这孩子太可爱了，老师和小朋友都很喜欢他，继续加油。

10. 真的很希望孩子取得更大的进步，这需要我们双方共同努力。

11. 这孩子的优点可多了，但有一个问题需要我们共同探讨探讨……

12. 您的孩子最近某些方面表现很好，但是今天发生了……如果改进一下，孩子的进步就会更大。

13. 您说的我很有同感，如果能坚持做就更好了。

14. 请相信孩子的能力，他会做好的。

15. 您不要着急，孩子偶尔犯错误是难免的，我们一起来慢慢引导他。

16. 孩子之间的问题可以让他们自己来解决，放心吧，他们会成为好朋友的。

17. 我们向您推荐好的育儿知识读物，您一定有收获的，孩子也会受益。

18. 对不起，今天我没有尽到做老师的全部责任。我知道您作为家长一定很心疼，假如我是您，我也一样，希望您能原谅。

19. 很抱歉，孩子受伤了，我们很心疼，以后我们会更加关注。

20. 您有这样的心情我很理解，等我们冷静下来再谈好吗？

21. 您有什么想法，我们可以坐下来谈谈，都是为了孩子好。

22. 别着急，我们坐下来好好谈谈吧！

23. 您有特别需要我们帮助的事情吗？

24. 您有什么事情需要老师做吗？

25. 谢谢您的提醒！我查查看，了解清楚了马上给您答复，好吗？

26. 我们非常欣赏您这样直言不讳的家长，您的建议我们会认真考虑的。

27. 各位家长好！我是某某老师，今天我们家长会的议程有……

28. 今天我讲的是一种现象而不是针对某个孩子或家长。

29. 请相信我这样做的目的只有一个：为了孩子健康发展。

30. 刚才这位家长的建议让我很受启发，谁还有不同意见？

31. 不要着急，请两位意见不同的家长慢慢讲讲各自的理由。

32. 谢谢各位的参与，相信刚才的讨论会对我们今后的育儿工作有所帮助。

33. 我们这次活动的目的是……真的需要你们家长的配合。

34. 我们的活动需要家长配合的有以下几项……您觉得哪项内容可以帮助我们？

35. 谢谢家长们的帮助，相信我们的合作能让孩子开心，使孩子受益。

【链接 1】

理解家长对孩子的爱

（程莉莉　中国福利会托儿所）

母爱是多么强烈、自私、狂热地占据我们整个心灵的感情

——邓肯

爱孩子？哪个家长不爱自己的孩子？是啊，亲子之爱是天性，但爱的方式各不相同，有的能促进孩子的发展，有的却会阻碍孩子的发展。

案例一：

毛头七岁了，一直以来他的大名都被“毛头”替代着。毛头妈妈中年得子，对孩子太过宠爱，喜欢事事包办。两三岁的时候，孩子不需要开口，“金手指”点到哪里，需求就能得到满足。孩子如果错过了语言发展的关键期，开口就可能特别晚。学走路也是如此：在家由保姆抱着，出门坐着司机开的车，孩子不需要走路。尽管“毛头”高大、健康，但他却不会走楼梯，甚至连玩滑梯也害怕。在这样无微不至的照顾下，孩子逐渐长大，和同龄孩子的差异越来越明显，孩子的心理也比较脆弱，遇到困难不是叫就是哭。

分析：这是典型的溺爱，并不是真正的爱。孩子不是家长个人的私有物，这种不顾后果，缺乏理性，只懂得物质上满足孩子的爱，所关照的并不是孩子的心，而是孩子表面的需要。

案例二：

晓慧参加了各种兴趣班——唱歌、学英语、认字、学钢琴……每天的时间被安排得满满的，家长辛苦奔波接送。由于家长教育心切，催着、哄着孩子尽快达到各项所谓的标准。孩子刚会走路就让她练快跑，刚学会钢琴就让她参加钢琴跳级考，刚学会认字就要求她一字不能读错，刚学会唱一首歌就张罗着让她上台去演出。

分析：这是典型的"望子成龙"现象，要求过急的结果是剥夺了孩子发展所需要的过程和时间，造成了成长中的"夹生饭"。由于孩子的生理和心理发展必须有足够的时间，家长一定要学会做必要的等待，给予孩子充足的时间。揠苗助长的结果，只能是累坏了家长，毁了孩子。

以上的案例里都有家长浓浓的爱，爱的表现总是具体的、实际的。有的爱是理智的，有的爱却是不理智的。作为老师，我们会遇到各种家长。那么，我们究竟该怎样去理解家长对孩子的爱呢?

一、尊重家长

幼儿教师面对的不仅是千差万别的孩子，而且还有千差万别的幼儿家长。每个幼儿不仅有直接的家长——父母，还有与之关系密切的许多"家长"——爷爷、奶奶、姥姥、姥爷，等等，可以说，一个幼儿有多位家长。我们要以平等的态度对待家长，尊重他们的人格与观点，要耐心、虚心、诚心地听取家长的一些合理的建议，努力营造和谐、轻松、愉快的交流环境。

二、肯定孩子

教师对孩子的一句微不足道的称赞，都会让家长感到高兴。因此，教师要把幼儿的优点、点滴进步都告诉家长，不要吝惜对幼儿的期望和赞美。奖赏性的行为和语言在一定程度上强化了孩子继续努力的心理；同时，这种肯定也使家长轻松、自信、愉快地面对教师，主动与教师交流孩子目前存在的一些不足或育儿的困惑以期望得到教师的指点与帮助。这样，教师与家长交流的主题就会得到延伸，成为真正意义上的交流。

三、注重个别沟通

家长之间的差异是客观存在的，家长的教育观念和教育方法也不尽相同，这就需要教师深入地了解家长，以便有针对性地与家长沟通。例如，案例一中的毛头妈妈，由于对孩子的年龄特点不了解，错过了教育孩子的关键期。我们教师是有一定育儿知识的专业人员，应耐心地告诉他科学的育儿方式，针对个别问题及时想对策。如帮助毛头独立走楼梯，从老师的搀过渡到同伴扶，再过渡到自己走，并设立进班制度，从源头上杜绝家长抱进园的行为。并通过各种方式启发、引导家长，让他们了解孩子的身心特点，更新育儿观念，掌握正确的育儿方法。

四、换位思考

教师要换位思考，体谅家长的爱子之心。在父母眼中，自己的孩子最棒。他们认为自己孩子犯了错误，只是一时糊涂；孩子的调皮，是一种可爱。教师因为是施教者，容易产生优越感，遇事爱坚持自己的观点，"好为人师"，这其实很容易影响与家长的关系。如果教师了解了父母的角色，多站在家长的角度去关心孩子，理解家长的心情和需求，让家长感受到是真心喜爱、关心他们的孩子，家长就会变得更容易接受教师的意见和建议。

五、对孩子共同的爱

老师要以一颗真诚、善良、理解的心去表现对孩子的关爱之情。共同的爱使家长和教师的距离被拉得很近，从而换来了家长的信赖。例如，案例二中的晓慧家长，他只顾急匆匆地催孩子“向前走”。我们可以善意地提醒他能否停下脚步问问孩子：“宝贝，你累不累？”其实，教师能产生这方面的思想对家长是一种触动。

没有哪一位家长会说“我不爱我的孩子”。理解家长的爱，回应他们的爱，指导他们好好爱。因为理解，所以支持；因为支持，所以爱；因为爱，所以家园的教育才会和谐。

【链接 2】

发挥家访的家园沟通作用

（张肖芹 上海市浦东新区张江经典幼儿园）

苏霍姆林斯基曾说过：“教育过程中要充满爱和期待，如果把一份爱心放在家访中，就会取得意想不到的效果。”

芃芃受伤后

芃芃是一个聪明、优秀的孩子，父母都是大学教师，平时与老师的沟通、交流不多。这天早上来园，芃芃有些闷闷不乐，爸爸匆忙地将孩子送到操场上便离开了。由于天气比较寒冷，班主任王老师和汤老师让芃芃去运动一会，没想到才跑了一小会，就听“扑通”一声，芃芃摔倒在地并大哭不止。老师连忙将她送到医院，经医生诊断，芃芃的左手小臂骨折。在和家长沟通时，芃芃的家长显得非常激动，觉得孩子受伤的直接责任人就是老师，还对幼儿园提出了不合理的要求。这时，班主任老师觉得家访是非常必要的。于是，当天晚上便来到孩子家中，首先对孩子的受伤表示了深深的歉意，并把事情的来龙去脉一五一十地告诉家长，让家长感受到老师的诚意。芃芃受伤后的一周里，班主任每天通过电话家访的方式了解孩子的情况，让家长非常感动。一个月后，芃芃伤愈了，家长和教师之间的关系也更融洽了，还成为了很好的朋友。

从上面的例子可以看出，家访是班主任做好班级工作的有效手段，是幼儿园与家庭教育相结合的重要途径。

1. 家访的目的和时机

为了使教师与家长的谈话不至于离题，教师家访前一定要有明确的目的，并拟定谈话思路。明确家访目的：一是使幼儿有机会与教师进行一对一的接触与交流，使双方增进了解，产生亲近感；二是使教师进一步了解幼儿的情况，尤其是了解幼儿的家庭环境与家庭教育情况，以便采取更好的教育对策，同时，争取家长与幼儿园的良好配合，促进幼儿全面的发展；三是使家长对今后幼儿园的工作有更好的了解。教师在家访中要与家长沟通信息，力争使家长对幼儿园，教师产生信任感，并争取家长对幼儿教育工作的支持与配合。

作为教师，还应明确家访的时机。一般来说，新生入园之前的情况摸底家访、幼儿发生偶发事件后的沟通家访、幼儿升入高一年龄班后的家访都是非常有必要的。此外，平时以面谈、约谈、电话联系的方式加强与家长的沟通与联系，也是非常必要的。

2. 家访前的准备

首先，应确定家访内容。以新小班的幼儿家访为例，家访的主要目的是了解幼儿的情况及家长的教育观念，以便采取更有针对性的教育策略。在家访中，教师可以先就家长关心的幼儿园教育理念和课程做简单地介绍，然后把重点放在了解幼儿的情况上，提出这类问题：宝宝平时喜欢做哪些事情？宝宝最喜欢的东西是什么？最爱吃的食物是什么？如果宝宝哭闹了，一般哪些安抚方法比较有效？宝宝体质如何？会自己吃饭吗？会自己大小便吗？会用语言表达自己的意思吗？——通过这一系列的问题深入了解新入园幼儿的具体情况，了解他们的家庭教育状况，与家长沟通教育观念，从而帮助幼儿尽快适应幼儿园生活。

其次，合理规划好家访的各项事宜。如，事先安排好家访路线，以同一小区或相近的小区为一组路线。家访当天，教师要对每一个幼儿家庭家访时间有个预计，注意控制好时间，一般每一家庭停留时间在 30 分钟左右。在家访前一周，要约好时间，家访前 1 ~ 2 天和家长再次确认时间，如有变动，提前电话通知家长。

3. 家访的技巧和礼仪

首先，要注意家访时的言行。教师与家长谈话时，态度要坦诚，语气要舒缓，语言要委婉中肯，应从爱护幼儿的角度出发，像家庭成员一样真心实意地与家长交流，使家长在情感上与教师接近。如在新生家访中，为了和孩子更好沟通，教师可用亲切的口吻和孩子进行对话："宝宝喜欢吃什么呀？""宝宝能不能表演一个节目？""宝宝以后上了幼儿园会不会自己吃饭？"，等等。这样幼儿很快就会和教师建立感情，家长对教师也有了深刻的印象。

其次，要注意家访时的仪表。马卡连柯说过："教育工作人员和幼儿一样，需要说话的时候才说话，需要说多少就说多少，不能随便靠在墙上或伏在桌上，不能躺在沙发上，不随地吐痰，不抛掷烟头。"一个教师，不仅要有良好的仪表形象，还应注意自己的举止风度，使自己的举止大方、谈吐文雅、神态自然、待人亲切。新生家访是幼儿、家长与教师的初次见面，因此，教师的仪表服饰要大方，得体，不穿过分暴露的衣服，首饰佩戴要简洁、大方，衣服色彩不宜过分鲜艳，发型与服饰要协调统一。

家访结束并不意味着整个家访活动的结束，还应进行详细的记录，它不仅是教师进行家访的凭证，而且是家访成功的保证。

总之，家访在增进家园间的沟通和联系中起着非常重要的作用。家访是教师与幼儿、家长联系与沟通的桥梁，是教师与家长达成共识的纽带，是实现教育过程的关键环节。

【链接 3】

要与家长保持个别交流

（张怡　上海市实验幼儿园）

《幼儿园工作规程》中指出："幼儿园应主动与幼儿家庭配合，帮助家长创设良好的家庭环境，向家长宣传科学保育、教育幼儿的知识，共同担负起教育幼儿的任务。"因此，幼儿园必须运用多种途径，对家长进行不同的指导。由于每个幼儿都存在个体差异，这就又需要教师与家长进行个别交流来达到共育的目的。

以下是我记忆中印象比较深的一个例子：

我们班的家长文化程度普遍较高，对于这些具有自己的教育观念的家长，我先让他们了解我们的教育目标，再从具体方法上对他们进行指导。如：班里有一个叫豆豆的小朋友，他的父亲是某大学的教授、博士后。入园刚几天，这位家长就对我说："孩子与人交往的意识不强，平时也很少和小朋友玩儿。即使有小朋友和他玩儿，他也只是玩一会儿，然后又自己玩儿了。"面对这位高素质的家长，我和他进行了个别交流，采取了在具体事项和具体方法上指导家长的办法。首先，我告诉家长，孩子与人交往的前提是语言的发展，孩子只有能够用较完整的语言表达自己的愿望，才能和小朋友更好的交流，从而提高孩子的交往能力。接着，我列举了孩子在语言发展上存在的问题。记得孩子入园的第一天，家长就对我说："豆豆吃完一碗饭后不会再要，如果你问他还要不要再吃，他会说不吃了。但是，必须还要再给他盛一碗，因为他的饭量很大，一碗根本吃不饱，吃包子之类的面食也要两到三个才够。"对于这个问题，我是这样和家长分析的：孩子的食量不是一成不变的，是会随着身体状况、对食品的喜爱程度等因素的变化而变化的。如果我们不考虑客观因素，一味地让孩子多吃，就会对孩子的健康非常不利。接着，我分析了不能用语言表达自己的意愿对幼儿语言发展的影响，分析了语言的发展对幼儿交往水平的影响及对提高幼儿整体素质的影响。同时，我对家长谈了教学目标中对幼儿语言发展的要求，又提出了解决的办法。家长听了我有理有据的观点，表示非常赞同，并愿意按我的方法积极配合。这使孩子在很短的时间内就有了很大的进步。

语言交流是一门艺术，它是人们交流思想的工具，也是教师在教育工作中的重要工具之一。幼儿教师在与家长进行沟通、交流等互动过程中的说话方式会直接影响到与家长联系的成功与否。对于以上案例中知识型的家长，教师要与他们保持畅通的交流，如实地向他们反映情况，主动地请他们先提出教育的措施和处理的意见并认真倾听。一般来讲，这些家长比较注重对孩子的教育，他们观察自己孩子的表现经常比老师还要深入、细致、具体。作为班主任，应虚心听取他们的建议。当然，班主任在听取家长意见的同时还要具有自己的判断力，要冷静地分析。现在，我们面临越来越多的这样的家长。由于他们有一定的知识、修养，在教育孩子方面有独到的见解，教师在与这类家长交谈后通常都能达到预期的谈话效果。

经过多次与家长个别交流，我归纳出了与家长交流的几个要点：

（1）态度和蔼、待人真诚。

教师与幼儿家长的教育目标是一致的，都想培养好孩子。所以，教师的说话态度要和蔼、真诚，让家长对你有认同感。只有这样，双方才能共同采取措施来解决孩子的问题。

（2）与不同类型的家长交流时应注意谈话的方法和技巧。

教育有方、通情达理的家长往往素质较高，也比较重视孩子的全面发展。与他们交谈时，双方可以就教育问题进行广泛而深入的交流，教师从中还能受到很深的启示。

同对子女期望过高的家长交流时，教师应首先告诉家长，你能理解他们的心情，在就教育方法等方面的问题和家长平等地交换意见。这样，双方经过多次交流会形成一定的共识，从而尽可能地提出一些切实可行的教育方法。

同娇惯、宠爱子女的家长交流时，教师应诚恳地表现自己对孩子的关注和对家长的尊重，从而增加家长对你的信赖程度。教师要劝导家长懂得严与爱的关系，而在指出孩子缺点时，用事实作证会使你的言辞更有说服力。

（3）要做到对每个孩子的情况了如指掌。

教师和家长交流时，应对每个孩子的性格、兴趣、爱好、习惯等做到胸有成竹，这样既能表现出你对孩子特别关心和了解，又能掌握讲话的主动权，并与家长产生共鸣。如果教师说些模棱两可的话，就会使家长觉得教师无主见、工作责任心差。

（4）对家长提出的问题，要有中肯的解决方法。

教师要承担起家庭教育指导者的责任，对于家长在家庭教育方面提出的问题，教师要有中肯而可行的解决方法，要让家长感到他们自己能够做到。只有这样，教师和家长才能相互配合，从而达成教育的目标。

【链接4】

敢于和家长面对面

（姚春霞　上海市实验幼儿园）

家庭教育作为学校教育重要的补充内容，两者配合得越默契，产生的教育合力就越大，效果也就越显著。因此，我们要尽量使家庭教育和学校教育保持一致。当然，要与家长形成“统一战线联盟”，即建立平等、相互信任、相互支持的良好伙伴关系的过程，并没有想象得那么简单。但是，教师要时刻持有正确的儿童观、教育观，要敢于和家长面对面地坦诚交流，以共同促进孩子科学、全面、健康地发展。那么，如何与家长坦诚交流呢？

一、坦诚交流从教师做起，用尊重和理解建立家园互通之桥

人与人坦诚交流，尊重对方和理解对方是良好交流的根基。家长疼爱自己的孩子是人之常情，无论这份爱是否得当，我们都应该尊重家长的这份真挚的感情，要肯定家长对子女的爱。在家长的眼中，孩子的举手投足都是那么可爱、有趣，即便是孩子成长中的一丁点儿进步或无意行为，都会被沉迷在欣赏中的家长无限放大，认为那是孩子智慧、机敏的表现。这一切都是源于一个“爱”字，教师对此首先要报以深深的理解。

二、把握教育先机，不应为息事宁人而掩饰孩子的问题

例如，托班的一个孩子因为争抢玩具咬了另一个孩子一口，由于采取措施及时，被咬的孩子手臂上的牙印很快就消失了。考虑到多一事不如少一事，老师对咬人的那个孩子教育了一番后便没有将这事告诉家长。可是没过两天，咬人事件又发生了……从这一事例中我们看到，“息事宁人”的做法对孩子认知经验的积累没有实质性的帮助，仅靠幼儿园的教育和影响不足以令孩子对错误印象深刻。教师只有立足于孩子身心发展特点与家长共同探讨、分析和解决这一问题，才能给予孩子正面的引导。此外，家长有孩子在园的知情权。假设被咬的孩子回去将此事告诉家长，再由家长来询问老师，这样家长对教师的信任就会大打折扣，而以后教师再做家长的工作也会变得比较被动了。相反，教师如果能等大部分幼儿离园后，与家长促膝坦言，帮助家长结合孩子的年龄特点、思维方式、交往水平等来分析孩子的行为，就不仅能增进双方家长对幼儿发展规律的了解，给予对方孩子一份理解，还能使双方变对立为同盟，成为育儿交心的知己。

三、在坦诚交流和解决问题时，要有一定的方法和策略

（1）人性化原则：人的本性总是希望得到别人的尊重和赞赏，希望被人关心和关注的。因此，教师可以从赞赏、肯定幼儿或家长的角度切入交谈主题，这样会更容易被家长接受。在陈述孩子存在的问题时，教师要目光坦诚、语气关切，切忌指责、数落孩子给班级教学管理工作带来的麻烦。教师要强调孩子的缺点对他自身未来的发展有什么负面作用和不可逆的影响，要让家长感到教师的目的不是为了贪图自己工作的便利，而是为了让孩子终身受益。

（2）针对性原则：在与老、中、青三个不同年龄层次的家长进行个别交谈时，教师要关注不同类型的家长的不同需要。如，老一辈最关心的是孩子在幼儿园生活、情绪方面的问题，教师就可以多讲讲孩子在吃饭、睡觉、自理能力方面的情况和需要家长配合的地方；二十多岁的年轻父母经常会出现无助的现象，教师可以多聊聊成功的家长在培养孩子身心健康发展中值得分享的经验、体会；对于有一定经验积淀和建树的家长，教师善于倾听、及时肯定、合理建议，与之共商策略，以做好孩子的全面发展、适度发展、科学发展的培养工作。

此外，面对实际情况，教师要敢于说真话、说实话，要选择家长能够接受的方式进行交流。如，遇到溺爱型的家长时，教师要敢于与家长面对面地分析溺爱的不良后果，鼓励家长爱得适度；遇到放任型的家长时，教师要经常与家长保持联系，要善于分析孩子内心的渴望和需求，激发他们作为父母的爱心和责任心，保持教育的一致性和长期性，推动孩子良好行为习惯的养成；遇到粗暴型的家长时，教师要始终保持心平气和的处世态度，协助家长理性地分析孩子的问题。教师还要大胆建言，敢于指出家长身上可能会影响孩子发展的负面行为，帮助家长认识到“榜样的作用”，进而在孩子面前树立良好的榜样。

（3）发展性原则：孩子是发展着的人，让家长感受到教育的快乐和成功，即感受到孩子每天都在进步是非常重要的。这不仅能给予家长足够的信心，还能激发家长更积极地参与“家园共育”。因此，在具体操作时应把握：对孩子的缺点一次不要讲得太多。要善于把大问题分成几个小问题来逐一突破，建议每次讲一个方面的一个问题为宜。此外，培养孩子是个有序的过程，且倾注了教师无数的艰辛，因此，教师有必要让家长了解你在该过程中所做的努力以及孩子的点滴进步，让家长更理解、配合老师。

做家长的工作是一门艺术。只要教师敢于和家长对面，掌握一些必要的沟通方法和策略，就能团结家长，构筑心与心的桥梁。这样不仅可以使教师自身得以成长，而且能使孩子的教育取得事半功倍的效果，推动孩子更健康、快乐地成长。

【链接5】

要合理处理“家长投诉”

（刘学军　河北省迁安市光彩幼儿园）

家长与园方在孩子的教育问题上往往存在着分歧，具体表现为“家长投诉”。家长对幼儿园的服务不满意，或幼儿园的工作失误造成家长不满，家长提出日常性的质疑，甚至发泄不满，这些都可看作是“家长投诉”。

（1）集体教育活动中，佳佳和其他小朋友窃窃私语，还频频出现小动作，教师用眼神示意她认真听课。但佳佳认为老师是用瞪眼在批评她，并将此事告诉了妈妈。佳佳的妈妈将此

事“投诉”给园长，认为教师应该进行“赏识”教育，而该班老师一味地批评孩子，完全没有幼儿教师该有的温柔。

（2）齐齐小朋友在户外游戏时，不慎摔倒，膝盖擦伤了，保健医生及时地为他清理了伤口。下午离园时，老师将此事告诉了家长。没想到，第二天该家长直接给园长打电话，投诉老师工作疏忽，致使她的孩子受伤。

（3）幼儿园要进行体操比赛了，各班都在加紧练习，有些家长投诉老师不顾及孩子的身体，没完没了地练操，致使孩子不想上幼儿园。

以上三个事件均是家长向园长投诉，这是家长对老师的不信任的具体表现，认为只有领导施压，老师才会很好地照顾孩子，进而解决问题；这也是家长不理解“家园合作、家园共育”的表现，他们没有正确地理解幼儿园教师的工作性质和角色。同时，教师被投诉，这说明自己在家园共育工作中有疏忽，有欠缺。为此，“家长投诉”应该受到幼儿园管理者的关注和教师的重视。

首先，家长本身具有不同的素质层次、观念和专业知识，这导致了他们在教育子女的方法上存在很大的差异。这就需要教师发挥主体作用，主动介绍情况，与家长面对面地交流，找出存在的问题，担负起建立相互信任的责任。教师要保持冷静的心态，耐心地解释，将宝宝的健康、情绪、人际关系以及幼儿园最近开展的活动及要求，包括教师为此所采取的一些措施和策略，如实地反映给家长，针对不同类型、不同性格的家长，要用不同的方式沟通、交流，从而使家长了解幼儿园，理解教师的意图和方法，将家长的不满和质疑化解开，进而消除矛盾，解决问题。

其次，教师要保持冷静，微笑倾听，给予家长足够的尊重。倾听不是被动的接受，而是主动的行为，如果运用得当，能够得到调节矛盾、平息冲突的效果。在面对家长时，教师要静静地倾听家长的意见和不满，要全神贯注，仔细分析，听出“症结所在”，从而了解对方的所思所想。同时，教师要用微笑的眼神专注地看对方，让家长感受到教师认真的态度和友善的行为，以便于双方进行平等协商。

再次，教师要学会冷静思考，自知自省。遭遇“家长投诉”时，我们首先应避免情绪上的激动、气愤、委屈，应将“家长投诉”看作是一次自知自省的机会，冷静思考、反思自己的工作。家长会投诉，这说明我们的家长工作不到位，要积极改进，以宽厚的胸怀接纳家长不同的意见和建议，以积极的心态、科学的方法对待家长的挑剔，以足够的细心建立教师与家长和谐的伙伴关系。

此外，教师要坚持以和平、负责任的态度来面对家长，澄清事实；要讲求谈话技巧，巧妙答复与引导，尽力安抚家长的情绪；要尽量使用肯定性的语句，多从积极的角度评论或建议，让家长对教师产生信服感，从而具体、有效地处理问题。

【链接6】

不要和“难缠”的家长对着干

（张亚军　安徽省合肥幼儿师范学校）

幼儿教师每天都要和孩子的家长打交道，教师的家长工作也是决定幼儿园教育质量和发展的关键所在。而在现今中国的“独子”社会以及社会变革加剧的背景下，家长对孩子的发展倾注了更高的期望，对幼儿教师提出了更高的要求，这也给教师带来了更大的压力。由于家庭教育和幼儿园教育在性质和方式上有着不同：家庭教育具有非专业性和个别性的特征，而幼儿园教育具有专业性和集体教育的特征。这使得家长方面对教师的专业性提出要求，而教师方面又不太可能像家长那样对每个孩子都要全面关注。因此，难免会有家长对幼儿园或老师提出这样或那样的要求、建议乃至不满，但是通过和家长的充分沟通，或许大多数问题都能得到妥善处理。当然，也不排除不时会遇到“难缠”的家长和棘手的事件。对此，最基本的处理原则是：不要和“难缠”的家长对着干。

还是先看一则案例：

我曾经遇到这么一位家长，第一次新生家长面谈时，将近四十分钟的时间里，他始终保持着一个姿态：侧身，跷着二郎腿，含胸低头，苍白和冷淡是他话语里全部的色彩。从开始至道别，他似乎没有正眼看过在场的三位老师。他儿子嘉嘉以前读过两所幼儿园，他交了住宿费，但都只住了两三个星期就办理了退宿手续，因为嘉嘉不适应，哭闹得非常厉害。他不满且不屑地说是因为以前的老师不够专业，对孩子的关心不够，所以孩子不习惯住宿。他特别希望我们多关注嘉嘉，让嘉嘉感受到爱，先喜欢上老师，再逐渐喜欢上住宿。事实上，嘉嘉就读过的两所幼儿园的师资素质是有口碑的。我们认真斟酌了嘉嘉爸爸的话，掂量出了他的将信将疑和期望。但是，他的傲慢和无礼，在以后的一个月里多次毫无掩饰地灼痛我们几位老师的心。他的态度自然令人不舒服，但是我们没有因为家长的不恭而与之对立。也许是受家人的影响，嘉嘉的情感、态度、行为方式和习惯有着这样或那样的不足，但我们仍然像对待其他孩子一样，以宽容、接纳、发现、引导、欣赏的态度走近他。开学的第三个星期，嘉嘉的情绪波动过去了，而且开心地过起了全托的生活。一个学期过去了，我们在嘉嘉身上倾注了许多心血，付出了许多时间和辛劳，他的自私、专横、脆弱、不合群、害怕困难和失败等不良的个性和习惯有了很大的转变。孩子变得爱上幼儿园，爱老师和小伙伴，各方面都有了很明显的进步，这是我们给家长最好的回馈。至此，嘉嘉爸爸脸上有了笑容，对老师的态度也平和、亲近多了。

（廖俊杰：摘自《早期教育》（教师版），2007 年第 7 期）

这是一个处理“难缠”的家长的成功案例，教师不因家长的傲慢和无礼而和家长对着干，更没有影响到对孩子的教育和态度，终于以自己的实际行动和孩子的进步感化了家长。但在实际工作中，不是每个教师都能够像案例中的老师那样做得那么完美，处理得那么好。但不管怎样，以更积极的方式，对家长报以理解的态度会更有利于事件的处理。

首先，我们所谓的“难缠”的家长是加引号的：这样的家长可能会给教师提出过高的要求，要花费教师很多的时间和精力。但如果站在家长的立场上分析，他无非是对自己孩子的教育表现得过于关注，只是方式和方法未必正确。因此，我们应该体谅家长作为一个非教育工作者的处理方式，更积极地来看，家长对孩子的过分重视和关注总比不管不问要好。我们应该相信，在所谓的“难缠”的家长中，真正傲慢、无礼的是极少数。

其次，教师不能像家长一样“难缠”，不能冲动，不能和家长对着干。因为那样会使问题无法解决，甚至造成不好的结果，这是家长、教师都不愿意看到的。教师毕竟是专业的教育工作者，在处理这样的事件时，应该从更广阔、更专业的角度，以更积极的姿态来应对。

再次，教师要找到合适的处理方式和技巧，这是最关键的。当然，充分的沟通和耐心的交流也是非常必要的。处理沟通与交流，教师还要通过实际行动来改变家长的态度，要关注孩子的成长与教育。家长的不满和抱怨都源于孩子，把源头处理好了，事件自然就解决了。所以，教师也要相信，时间会证明一切。

最后，教师要适当地反思自己的行为。教师要有这样的习惯和意识：面对家长的质疑，首先要学会自我反思。只有使自己做得更好、更完善，才有助于解决问题，有助于避免再出现类似的问题。经过反思，当你确信自己并没有任何过错时，你会对解决问题更有信心，你会更容易对家长的误解报以淡然一笑。

总之，不要和家长对着干。要以真诚来换取家长的信任，以过硬的专业素养来赢得家长的尊重，以微笑来化解相互之间的隔阂！

二、校内工作交际语

（一）与同事相处

在工作时间里，教师接触最多的除了幼儿就是同事了。一般说来，教师接触同事除了工作关系，还有私人的交往成分在里面。因此，教师与同事接触，除了交流工作，还有更广泛的话题。教师与同事建立良好的关系，形成良好的工作氛围，对于教师在工作中形成良好的心境至关重要，而良好的心境对于教师提高工作效率有很大帮助，因此，教师要掌握一定的与同事交际的口语技巧。总体来说，与同事相处时的交际语要注意以下几个方面：

（1）互相尊重，将心比心。具体表现为平等相处、真诚相待，无论是工作上的交流还是闲聊，都应恪守这一原则。工作上，班主任教师不能因为自己是班主任，就认为自己比其他任课教师尤其是保育教师作用大、地位高；老教师不能因为年龄大、资格老而瞧不起中、青年教师，中、青年教师也不能因为学历高、理论多而瞧不起老教师；骨干教师不能因为教学能力强，对幼儿园贡献大而瞧不起一般教师。闲聊时，教师们应充分放松，无拘无束地畅谈所见、所闻、所想、所感，从而使精神放松、心情愉悦，还会从中得到有益的信息。大到时事政治、科学文化、天文地理、文学艺术，小到日常生活话题诸如柴米油盐、家庭琐事、街谈巷议、热播的电视剧、时装、彩票，都可以成为闲聊的话题。年轻教师，聊时装、足球、化妆品、电影；中年教师，聊家庭、孩子、理财；老年教师，聊健康保健、医疗卫生。情趣高雅者，墙上的字画，桌上的盆栽，最能调动其聊兴；进取心强者，幼儿的表现、工作的进展是其最热心的话题。只要找好闲聊的话题，教师是很容易与同事聊得开心的。闲聊时还要注意控制情绪并善于倾听，以轻松自然的口气和幽默的语言，创设出宽松愉快的交谈氛围，使大家在交谈中得到轻松愉快，

（2）赞美有方，批评有度。赞美对方要明确具体。称赞同事越明确具体，越说明你了解对方，赞扬的有效性也就越高，就越能拉近双方的关系。可以当面称赞，也可间接称赞，借别人之口转达你对当事人的欣赏与赞美之情，这种间接的称赞有时还能取得更好的效果。

赞美同事既要真诚地表达自己对同事的欣赏、赞美、敬佩之情，也应该基本符合事实，不夸大其词、不凭空捏造，否则很容易让同事看作是讨好巴结或者是别有用心。如果教师觉得同事有值得赞美的，最好立即告诉对方你的感觉。及时地赞美可以创造良好的谈话氛围，滞后的赞美则失去应有的效果。接受赞美的一方，要真诚地表示感谢；如果感到受之有愧，可以在表示谢意的同时说明受之有愧的理由。

对于同事的批评，教师既不能充耳不闻，也不能全盘接受，而应该根据具体情况做出相应的反应。对正确的批评，要虚心接受，语气平和、态度诚恳地对同事的批评表示感谢。如果自己的言行给对方造成了不便或损害，要真诚地向对方表示歉意，并承诺及时改正，弥补对方的损失。同事的批评如果不正确甚至无中生有，教师不能因为怕伤了双方的和气而忍住不说，应该语气坚决地告诉对方自己不接受他的批评并采取委婉的语言陈述理由。

（3）求同存异，互相帮助。由于不同的个体间工作习惯、世界观、价值观存在差异，同事之间相处久了，难免会有一些分歧和误会，不要总是抓住不放。要争取主动，以工作为中心、以大局为重，积极和解、求同存异。碰到同事请求帮忙，如帮忙找一些教学资料、帮忙代课、帮忙制作课件、帮忙照看班级，甚至会因为评职称、孩子升学、亲戚生病等事情请教师帮忙。不管什么类型的请求，教师首先要做一个积极的倾听者，认真听取对方困难，并以同感与同情做出适当反应，能帮则尽力帮忙。若遇教师能力有限或同事提出的要求过分，教师可以先向同事表示歉意，再委婉地陈述理由，用“尽力而为”、“尽最大努力”等弹性词语，给自己留下一定的余地。请同事帮忙时，教师的言语要找准时机、诚实谦恭，在同事时间宽裕、心情愉快时，诚恳地说清利害关系，并对自己给同事带来的麻烦表示歉意，还可以适当说一些恭维话，这样，获得帮助的可能性就比较大。同事繁忙或心绪不佳时，最好免开尊口，否则，被拒绝的可能性就很大。获得帮助后，要真诚致谢；若同事确实不能帮忙或已经尽力而为，也要表示理解和由衷的感谢。

（二）与上级相处

教师在幼儿园里除接触幼儿、同事外，还有大量机会接触从年级主任到园长等各级领导。交流的场合不同、话题各异，教师在与领导接触时，要以尊重的原则得体地说、以服从的原则保留着说。尊重上级是一种天职，与上级交谈时，要尊重上级的意志，服从上级的命令。尤其要注意在工作场合与上级交谈不能“哥们儿”似的不分彼此，说话要符合下级的身份。若遇到上级不同意自己的意见或是受到领导的错误批评，应以适当的方式表达疑议或加以保留；不能不依不饶，甚至作为拒绝服从上级工作安排的一个借口。假如确实受到上级的错误批评，可以找机会说明一下，但要点到为止。适当的让步常常会让上级找机会弥补自己的过失。如果上级的错误涉及道德、纪律、法律问题，就要据理力争，必要时可以采取法律措施或请求上级部门的仲裁。具体来说，要注意以下几点：

第一，接受任务实事求是、表态干脆。

教师经常要接受上级布置的各种任务，如准备迎新晚会、开展调研活动、上公开课、出差、接待、采购，等等。接受任务时，要实事求是地向上级阐明完成任务的可能性和不可预见性，不要为了在上级面前显示自己的能力与决心就说大话、说满话，万一结果事与愿违，常常让上级对你的能力表示怀疑甚至完全丧失信心。表态要干脆利索，避免推诿、不情愿口气，尤其是上级语气坚决地安排你去完成比较复杂而需要投入大量时间、精力的任务时，最好的方法是干脆利落地答应下来。接受上级布置的任务后，教师要向上级介绍任务实施计划并及时向领导汇报任务实施情况，让上级对整个工作进程有大致了解。这样既可以让上级随时解决工作进行过程中出现的问题，也可以在某些不可控制的因素出现而影响工作进程甚至导致工作失败时，得到上级的谅解。

第二，汇报工作态度谦和、简洁明快。

向上级汇报工作的完成或进展情况时，要摆正心态，多用请示语，如："不知我这样做是否恰当""您看这种情形怎样处理""您看这个活动方案哪儿需要修改""请您对活动方案提提意见"，等等。要充分准备，提前写一个简明扼要的发言提纲，或者理清大致的讲话思路与汇报顺序，避免临时边想边说；还要掌握汇报内容的相关信息，从容应对汇报过程中上级的随时提问。要语速适中、紧扣中心、简洁明快地介绍事实，最好是一事一报。

第三，表达意见切合实际、语气婉转。

教师向上级表达建议、意见、要求时，要从实际出发，不要提过分要求；而且要注意语气平和，多用请求、期望、征询的口气，如"请领导认真考虑我班的方案"、"您看我的意见可以采用吗"、"我的看法您觉得如何"等语言。不能认为自己是骨干教师、是高学历教师、是先进工作者就要求一些过分的东西。有时教师因为工作太忙，或因为家庭原因，或因为上级布置工作不当，会拒绝上级的某些指示、要求或安排，不论是出于何种理由，拒绝领导时都要注意委婉，并充分陈述理由，求得领导的谅解，同时最好能向领导建议替代方案。

第四，面对批评有则改之、无则加勉。

教师有时因为工作疏忽，犯了错误，给幼儿园带来一定的损失，也给领导的工作带来不便，领导会因此批评教师。有时，领导仅仅因为心情不好或是因为听信了别人的意见也可能错误地批评教师。针对不同情况下的领导批评，教师可以采取不同的口语交际方法。如果是第一种情况，教师首先要做的是虚心接受领导批评，语气谦恭、诚恳地承认错误，不强词夺理、愤愤不平，言辞上表明愿意承担责任并向领导保证尽快提供整改措施。最后，还要向领导致谢，感谢领导的批评指正。有时，还有必要再次向领导致歉，为自己失误带来的一系列不良后果表示歉意。如果是第二种情况，教师要向领导表明自己不能接受这样的批评，不能因为怕得罪领导就忍而不言，这样会让领导认为他的批评是对的。但教师在表明自己态度时反应不要太激烈，尽量用一种委婉的态度表明自己的观点，同时向领导具体陈述不接受的理由。

第五，参与闲聊积极响应、维护形象。

教师与上级闲聊时可以谈一些轻松愉快的话题，如最近的新闻、天气变化、物价、交通状况等；也可以聊一些上级感兴趣的内容，积极响应话题。即使教师对上级的话题不感兴趣或一知半解，教师也应该表现出极大的兴趣，并不时用"我对那一方面本来不太了解。听您这一讲，我真是茅塞顿开""这领域我很陌生，听您这一说．还真有意思"等评价做出积极的反应，同时设法把话题转到双方都感兴趣的内容上去。单独与上级相处时一般不要聊起关于其他同事的话题，更不能利用与上级单独相处的机会不负责任地说其他同事的不好甚至诋毁同事，不要打听上级的私事。有其他教师在场时要注意维护上级形象，即使与上级私交也不错，也不能没有分寸。

【案例】

某园负责组织参加全市经典诵读大赛的教师与园长的对话

教师：白院长您好！您能挤一点点时间审批一下这份报告吗？

（园长正准备将报告搁在一旁，听了这话，又拿起报告。）

园长：好吧，我看看。

（园长一边看，教师一边给园长介绍已用红线划出的重点处，简单说明着这次活动的重要性和组织安排。）

园长：（面有难色）好是好，可现在要迎接教育局的检查，而且园里经费也很紧张啊！

教师：确实不巧！可是这次大赛是全市范围内第一次经典诵读大赛，对我们幼儿园来说是一次难得的展示机会啊。本次活动不收报名费。作品我们已经选好了，辅导教师也安排好了，参与的小朋友也有比较成熟的考虑。我们和部分家长进行了沟通，他们非常支持，同意购买参赛服装并在周六上午十点送孩子到园排练；等教育局的检查结束后，我们再利用每周一、三下午的活动时间训练。园长，您看这样行吗？

园长：（微笑）这几个字我可真难签哪！（随即批复："同意参赛。相关费用由活动经费支出。"）

这位老师同领导谈话时，态度谦虚谨慎、不卑不亢，使用敬语恰当，阐述理由有条理、有针对，语言简单精确，说服了园长，取得了交际的成功。

【链接1】

不要让竞争影响同事关系

（刘学军　河北省迁安市光彩幼儿园）

幼儿教师的同事关系主要指与配班教室、本班以外的教师等之间的关系。由于每位教师的学历、性格、专业特长等的不同，幼儿园分别设有班主任、教养员、保育员等不同的岗位，这必然引起幼儿教师之间的合作、竞争。而不同层次幼儿教师的交流与竞争，不但能促进其协作成长，还能提高其专业技能。与此同时，竞争也会导致自私、嫉妒、消极等不健康的心理，以及盲目攀比的现象。

办公室里，一位教师埋怨道："唉！当这个班主任可真累呀！什么事都要亲力亲为。刚刚交代一些工作，人家就说家里事情太多，气得我转身就出来了！"其余班主任听后也纷纷表示："是啊，和他们真是难以沟通，一点都不支持班级工作！"就在班主任们纷纷抱怨的时候，班上另两个老师也是满腹牢骚："哼！平时什么事情都分这么清楚，工作大家干，讲到荣誉的时候，都变成班主任自己的啦。"有的保育员埋怨道："当班主任有什么了不起？颐指气使的！教学工作要求我们配合，打扫卫生的时候怎么不替我们分担一点呢？"

这则案例，主要反映了班组内部教师间的分歧和矛盾，每个班主任、教养员、保育员都在互相埋怨、互相指责，这必然会直接影响到班组管理的质量。在竞争的激励下，我们应以谦虚、欣赏的眼光去正视别人的优点和成功之处，以客观、平和的心态面对自己的缺点和不足。

首先，要建立友好、和谐的人际关系。成功的合作是在明确各自职责的前提下，将分工统一在育人的班级总体目标中，互助互补，团结协作，优质、高效地完成各自的工作。因此，教师们要彼此适应，相互协调与配合，在第一时间正确处理好彼此的矛盾和冲突，防止矛盾激化。只有这样，才能互相取长补短，共同提高，形成友好、和谐的班级氛围。

其次，要换位思考。当出现分歧与矛盾的时候，应该冷静下来，不要一味追究谁对谁错，更不能利用矛盾或冲突来确立威信和地位，应学会倾听对方的心声。多沟通，勤交流，学会换位思考，多一些理解和包容，多站在别人角度看待问题，时常这样设想：假如是我，我会怎么想，怎么做？

此外，教师之间要坦诚相待，有效地沟通与合作，以“家人”的角色意识，把心中的想法表达出来，让彼此从内心深处感到大家是平等的，是被尊重、被需要的。

总之，不要让竞争影响同事关系，要将竞争视为教师自信与工作动力的源泉，在碰撞中共同反思，共同进步，共同提高，进而没有猜忌地交流，没有隔阂的相处。

【链接 2】

与配班老师亲密合作

（陈捷　中国福利会托儿所）

为了便于管理，幼儿园一般采取分层管理，每个班级有两位教师，一位是主班，也就是班主任，一般由骨干教师担任；另一位是副班，也就是配班老师，一般由新教师或将退休的教师担任。虽然两位教师在职务上有点区别，但责任上是一样的。良好班集体的形成离不开两位老师的默契配合。怎样与配班老师亲密合作呢？

我认为，人的情感是某种愿望或需要能否得到满足的主观体验。人的愿望实现了，需要得到满足了，就会产生积极的情感；反之，则会产生相互嫉妒、彼此猜忌等消极的情感。从而出现迎合、抵制等消极的非合作行为。所以，两位老师要做到亲密合作，建立稳定、良好的友谊关系。

一、关心

互相关心是必要的，这是走入对方心灵的钥匙。当配班老师工作上有什么困难时，主班老师应给予帮助。例如在配班老师的孩子、父母需要照顾的时候若能伸出援手，对方将感激不尽。主班老师还可以主动承担班里的工作，或者与她换班时给予方便，还可以上门看望以表关心——总之，与你的合作伙伴建立良好的友谊关系，这非常有利于工作中的默契协作。

二、尊重

有了感情基础，我们就可以谈合作，但是合作中要尊重他人。在主配班的体制下，两个老师的地位在家长眼里会有不同。记得做班主任的时候，家长总围着我，与我谈孩子的情况，谈教育理念；而当我做副班主任的时候，几乎没有家长与我说话。这是很不平等的待遇。你们想，家长如此不尊重、不重视副班主任，配班老师的积极性又怎会被调动呢？这个时候就需要班主任的巧妙调节了。

一次新生家长会上，家长们从我身边走过，几乎没有一个人正眼看我。大家都围坐在班主任身边听她发言，没有人注意到我的存在。当时我的心里真有些失落。过了一会，班主任把孩子的情况谈完后开始介绍老师情况。她大力推荐：这是我们班新来的老师——陈老师。我们这个班级真有福气，园长厚爱我们，派给我们这样一个优秀的老师。她有着丰富的教学经验，特别是在美术教育方面——接下来，我们请陈老师介绍他的特色教育。我明显发现家长看我的目光改变了，从漠不关心到尊重。他们目不转睛地看着我，听着我的介绍，会后还有很多家长向我讨教经验。

班主任老师此举真是英明。这样一来，家长就会尊重、信任配班老师，两个老师同样得到了家长的认可。此举不仅使家长信任、了解了配班老师，而且大大调动了配班老师工作的积极性。

那是我自己担任班主任的时候，有个家长提出了一个不合理的要求，因为没有找到我，就向我的配班老师提出了，而配班老师不知怎么拒绝就答应了。我很想马上回绝家长，但我考虑到：如果当时马上当着配班老师的面拒绝，就会让配班老师觉得没面子，会严重影响配班老师在家长面前的威信。所以，我没有拒绝家长，只是把他的要求对孩子发展可能产生的不良后果告诉了家长，并希望他下不为例。家长走后，配班老师很内疚，也很感激我。而我又教了他几个回绝家长不合理要求的小窍门。

三、信任、鼓励

光做到尊重还不够，还需要信任鼓励他人。也许你的配班老师的业务不如你，但是她有特长。因此，不要什么事都一个人包揽，要让配班教师参与班级管理。在工作中，要充分信任你的配班老师，相信她能够干好。在配班老师有差错时，要能够帮助她、宽容她、鼓励她。

幼儿园每个孩子都有一本家园联系册，这是很好的家园沟通桥梁。我的配班老师是一个应届毕业生，理论素养深厚，文笔也好，我很信任地把填写家园练习册的任务交给她，她乐意地接受了，并且很快就完成了。我看了联系册觉得她在与家长谈配合方面的措辞有点问题，但我没有直接批评或指出她的不足，而是大大地表扬了她把每个教育活动的理念提升得恰到好处。她非常高兴并主动问我有什么地方需要改动。我很婉转地说：“家长好像不太明白怎样来配合我们，我们是不是能够提点具体的建议呢？”她说：“对对，我现在就把这段改改。”我说：“辛苦你了！”——这样不仅指导了配班老师的工作，而且激发了他们的积极性，也让自己空出更多的时间来策划其他的班级活动。

四、沟通

虽然班主任业务能力普遍较强，但是也不要一意孤行，什么都让配班老师听自己的。一个班级不能只靠班主任一个人，因为无论在精力上还是智力上，班主任的一己之力都是有限的。配班老师们有她们不同的教育方法与教育原则，班主任可与她们共同探讨班级管理中存在的优势与不足，探讨班级管理中的经验与教训，探讨如何做好家长工作。这样就可以充分发挥配班教师的智囊作用，从而不断改进班主任工作的思路，把班级管理得更好。

最后，我觉得班主任功利心不可太强，除了要与配班教师分享工作中的困难和疑惑，还应与她们分享赢得的成绩和荣誉。两个老师应该在交流和分享中建立情感，增进友谊，使合作变得更加快乐。

【链接3】

如何向园长提出建议

（陈琪　安徽省合肥幼儿师范幼儿园）

在幼儿园的各项工作中，每个人都会有自己的想法，教师的意见与园长的想法不一致也是在所难免的。当这种不一致出现时，有些教师虽然有意见，但出于各种原因不愿或不敢向园长提出，有的放在心里耿耿于怀，有的在背后议论纷纷，有的在工作中消极抵抗。究其原因，大多数教师认为园长不会听取自己的意见，少部分教师认为自己的建议可能会引起园长的不满，当然，也有一些教师胆小怕事，不敢提。其实，只要把握一些原则，把握好提出的时间和方式即可。教师提出建议时要做到：

（1）保持冷静，先想清楚自己要表述的意见。只有在对园长的一些决定或工作中的一些做法有不同看法时，教师才会提出建议。当这种不同看法在你的头脑中出现时，一定不可鲁莽行事。

有位年轻老师因为孩子午睡时开空调受到了园长的批评，她认为园长没有了解具体情况就批评人，很不服气，当时就和园长拍桌子吵架，并当场提出辞职。结果，事后非常后悔。我们分析一下，这位教师和园长之间并没有什么不可调和的矛盾，一件小事却闹到要辞职，问题的关键在于，她当时没有平静下来再向园长提出建议。我们在向园长提建议时，一定要让自己的情绪平静下来，想清楚自己想要的是什么，最好再将园长的决定和自己的要求比较一下，分析一下两者的分歧在哪里，并设想一下，按不同的方式去执行，会有什么不同的结果，然后再清楚地表达自己的观点。这样，从情绪上来说有一个缓冲，而情绪的冷静只会更有利于你清楚地表达自己的意见，也有利于你对整个事件有较全面的分析和认识，会使你提出的建议更加完善。

（2）尊重园长的人格，就事论事，不要翻旧账。教师给园长提建议，是说出自己的想法、意见甚至不满，它绝对不能转变成对园长的人身攻击。讽刺、挖苦、哭闹、谩骂及威胁等都不能帮助你将要表达的意见表述清楚，只会将提意见变成对园长不满的发泄，这不利于问题的解决。

有这样一则案例：年度考核又要开始了，园长让大家对幼儿园的考核工作提出好建议，以便更好地体现公平和公正。结果，一位教师就来找园长提建议了。可是，她首先谈了自己多年来辛辛苦苦工作却没有机会评上优秀，而有些人却总是能评上优秀，这是不公平的。如果今年的评优还没有她的话，她就要……

我们暂且不管她想怎样，这位教师虽说是来提建议的，但从头到尾她没有对考评制度、方法提出好的建议，而是一味强调自己受到的不公正待遇，二者看似相关，实则无关。这样的结果会让园长觉得你并不是诚心诚意来提建议的，而是借机发泄自己的不满。同时，由于你没能抓住问题的本质和关键来表示自己的观点，与这件事无关的内容说得太多，更会让园长无法准确地了解你的真实想法，甚至认为你是在无理取闹。

（3）学会换位思考，合理提出自己的意见。换位思考要求我们站在对方的立场上思考问题，从而与对方在情感上获得沟通，增进理解。古时候有则故事很形象地说明了换位思考的含义：

在《列子》中记载，著名学者杨朱有个弟弟杨布，有天穿着白衣服外出会友，回来时赶上下雨，于是脱掉白衣服换了身黑衣服，岂料一进门，狗没认出是他，前扑后咬狂吠不止，杨布很生气，于是持棒打狗，杨朱出来阻拦道："你不要打狗，如果你的狗出去时是黑狗，回来时变成白狗，你也会以为是别人家的狗，因此把它赶出家门的！"

这是古人写的，关于换位思考的一个很朴素的案例。人与人之间的误会时有发生，如果不能换位思考，或者没有同理心，彼此很容易使误会演变成为深刻的矛盾，久而久之又升级为"成见"，这个时候再想解扣就不容易了。

园长和教师在思考问题时的出发点是不同的，但二者最终的目的是相同的，那就是做好幼儿园的各项工作，促进教师自身和幼儿的健康成长。有了换位思考，不仅你的建议更容易被园长接受，而且还能增进你和园长之间的信任和理解。

（4）选择适当的场合和时间。教师给园长提建议还应该注意场合和时间。有的老师喜欢在大庭广众之下向园长提出建议，有的喜欢在职工大会上提出建议，有的喜欢在上级领导来检查时提出建议，认为这才能引起园长的重视。其实不然，教师的建议能否被采纳，关键在于建议是否有利于幼儿园的发展。所以教师在选择提建议时的场合和时间应该有所考虑。一般来说，教师可以事先和园长提出预约，这样园长会留有时间耐心听取你的建议，你也能充分地表达自己的观点；如果事情紧急，教师也应选择园长相对不太繁忙的时候，而且尽量表述简洁，直奔主题，讲清问题；有些建议还可选择园长进班巡视或聊天时提出，那时候气氛轻松，沟通会更加容易。

三、校外活动交际语

教师的校外活动主要有联络社区和到各行政职能部门协调工作两大类。

（一）联络社区交际语

教师联络社区不外乎几种情况：一是服务社区，如培训；二是活跃社区，如带领幼儿开展社区活动；三是调查社区，如针对某个专题到社区调研。那么，教师联络社区的交际语有哪些要求呢？

1. 真诚相待，友好合作

不管是哪种形式的幼儿园与社区合作，教师在与社区相关人员谈话时都要坚持真诚相待，在双方交流过程中多使用礼貌用语，让对方感到自己被人尊重，进而增加合作的兴趣，即使有困难对方也会想办法克服。因此，教师在双方交流过程中尽可能使用"您好""请""麻烦""打扰""抱歉""没关系""别客气"等礼貌用语，创设友好合作的氛围，使合作得以顺利进行并取得预期的效果。

2. 语言通俗，用语多样

社区工作人员不是专门从事教育工作的专职人员，不可能深刻理解某些教育术语的真正内涵，教师与社区工作人员交流时，应尽量选用通俗直白的语言，避免可能因社区工作人员不明白教师所说的术语、产生畏难情绪而拒绝与幼儿园合作，也避免因对教师所说术语不理解而产生的执行偏差。同时，还要根据具体的接触对象选择不同的语言。接触对象文化水平上有高低之分、态度上有冷热之分、性格上有动静之分，谈话时则可有理论性强与弱的区别、鼓动性高与低的区别、生动性隐与显的区别。

（二）行政协调交际语

教师的校外活动除了联络社区，还会因单位或个人的诸多事宜到各级各类行政部门协调关系、联系工作，这种行政协调交际语要注意以下几方面：

1. 仪态端庄，积极主动

教师到各部门协调工作时，要时时处处注意个人形象，无论是发型、妆容、着装，还是交谈时的眼神、表情、站姿、坐姿、行姿，以及说话的语气、措辞，都要以端庄、自然、稳重、礼貌为原则，以积极主动的态度获得对方的好感。见面时，可以做一些必要的寒暄与自我介绍，有时甚至为了营造气氛，还可以聊些与此行目的无关的话题，但要注意及时将双方谈话的中心转移到自己此行要解决的问题上来。

2. 目的明确，不卑不亢

教师在行政协调时要直奔主题，主要介绍联系工作的主题内容、负责人员、资金投入、执行步骤、存在困难等方面，交谈的目的或征求意见、或请示同意、或汇报进程、或请求支持、或申请资金、或上传结果等，有明确的目的性。教师行政协调时，要克服两种错误倾向：一种是自卑，觉得行政机关工作人员处在职能部门，掌握着解释政策、执行法规、调度经费、安排人事、调配设施等等权利，有着巨大的话语权，即便他们对来访的教师态度和蔼、积极配合，教师也会由于自卑而畏首畏尾、缺乏自信；另一种是自傲，认为行政机关工作人员不熟悉业务、不与时俱进，办事教条、思想僵化，功利世故、知识浅薄，言谈举止上有一种居高临下的意味。教师要既不自傲，也不自卑，才能在平等交流中达成共识。

3. 用语得体，实事求是

教师行政协调时的语言要实事求是、恰如其分，不能夸大事实，也不要缩小事实。既不能为了达成协调的目的，片面夸大个人或所在幼儿园的优势，也不能过分谦虚，毫无保留地展示劣势。应该依据事实，真实地向拜访单位的工作人员介绍情况，必要时可以对某些方面进行适当的强化或弱化，但一定要恰如其分，这样才能获得对方的信任而增加协调的成功性。

校外活动交际语忌讳

1. 忌故作清高。无论是联络社区还是进行行政协调，都不能“老子天下第一”，认为自己是知识分子，就处处端着架子、高人一筹，或言谈中时时露出不屑一顾、不与常人一般见识的意味。

2. 忌语言晦涩。教师在校外交际时，要随时转变角色，“到什么山就唱什么歌”，不要总是满嘴的专业术语，好像不谈理论、语言不晦涩就不足以显示教师的身份。

3. 忌消极被动。患得患失、消极被动也是教师在校外活动交谈时不可取的。不能"前怕狼，后怕虎"，生怕说错话而得罪对方；不能总是消极地回答对方的询问，或被动地、无原则地附和对方的意思。若是这样，又哪里还具备教师所应该具有的光明磊落、堂堂正正的形象呢？

4. 忌言辞夸张。联络社区也好，行政协调也好，都不能为了达成目的而信口开河、夸大其词，缺乏事实依据的说法一旦被揭穿，往往比实事求是地说明失误与不足更可怕，有时给交际结果造成的影响是毁灭性的。

四、集会交际语

集会是幼儿园日常工作中重要的组成部分，总体来说，教师参与的集会包括校内集会和校外集会两大类。校内集会有庆典活动、文艺演出、行政例会、班主任例会、教研活动等，校外集会有校外研讨、各种大型活动、社区或兄弟幼儿园的庆典，等等。这些集会，对于教师拓展视野、丰富内涵、提升素质都是很有益处的。在各种集会中，每一位教师都有可能成为发言者或主持者，精彩的集会交际语对展示个人风采、提升幼儿园形象、增进师幼感情都具有积极的作用。

（一）校内集会发言存在的问题及对策

1. 问题

有的发言者由于未经过专门训练，平时也没有根据幼儿教师的职业特点搜集相关资料，加之锻炼的机会又少，在集会发言时容易出现一些影响交际效果的问题，列举如下：

（1）表述不清。

① 简单。表现为无话可说，主要有两个方面原因：一是文化素养不够，无法自如运用足量而恰当的语言；二是心理素质低下，当众发言容易因紧张而出现思维空白。

② 啰嗦。发言时不断重复，包括重语和赘词两种情况。重语即经常下意识地重复说过的话；赘词即口语中重复出现的没有实际意义的习惯性口头语，如"这个、那个、嗯、啊"之类。

③ 散漫。表现为东拉西扯、不连贯，思维不能紧扣中心延伸而杂乱无序。让幼儿从信口开河、漫无边际的发言中梳理出头绪，真是勉为其难。

④ 缺乏条理性。未将讲话内容进行严谨的梳理，或颠三倒四，或内容庞杂，或逻辑混乱。

⑤ 目标不明确。对会议的主题认识模糊，或者未吃透主办方安排发言的目的，或者自己想达到的表述目标不清晰；表现为没有主题，或者主题太多。

⑥ 遣词造句不规范或有语病。不注意词语的感情色彩、语体色彩；不注意用词的规范化，滥用方言词、外来词、专业词、古语词等；不注意语法规律，表达中出现句子的成分残缺或多余、成分间搭配不当、语序不当、结构混乱、句式杂糅等语病。

⑦ 篇幅冗长。长篇大论、喋喋不休、卖弄文辞，大有"麦霸"风范。

（2）情绪不符。

① 过余。表现为情绪紧张或过分激动所致的声音、语言、姿态、肢体的异常。

② 不足。表现为情绪冷淡、态度消极。

③ 急于发言。未经主持人许可或未等幼儿安静下来，就匆忙开口。

④ 哗众取宠。虚张声势，故意说不合时宜的笑话、段子，或者表情、动作、语调夸张，或者滥用道具，等等。

这几种情况都容易造成会场秩序的失控。

（3）仪态不雅。

表现为不注意教师身份、集会场合的要求而导致的发型、化妆、着装上的礼仪失误。既影响教师个人的形象，又影响幼儿园的形象，更容易分散幼儿的注意力。

（4）技巧不熟。

① 口齿含混。表现为声音细弱、吐字不清。

② 节奏混乱。表现为快慢失衡、停连不当。不是“拉长腔”“打机关枪”，就是“打摆子”。

③ 语调模糊。表现为高低错乱、轻重不论。抑或一路高歌、慷慨陈词，抑或一潭死水、不见波澜。

④ 态势随意。或者手势呆板，或者手势花哨，或者手势与内容不匹配，或者手势缺乏美感。

⑤ 礼节不周。发言者称谓不妥，如遗漏、片面、顺序混乱、张冠李戴、称谓失当等。

⑥ 议程不畅。主要指主持人的发言，主持人对议程不熟悉，导致议程意外中断，或各环节交接不顺畅，或将议程顺序颠倒，等等。

2. 对策

（1）了解表述要求，锤炼语言表达能力。

① 主题鲜明，重点突出。第一，提前准备发言的内容。说些什么，怎样说，表达什么意图，要心中有数。第二，注意语序排列。可以用一些序数来增强条理性，做到主次分明。第三，及时调整。要积极思考，根据实际情况随时调整发言的内容，思维敏捷、条理清楚地表达发言的主旨。

② 语言简练，平实易懂。幼儿园的集会很多是有幼儿参与的，幼儿生理和心理的特点决定了他们作为听众时对发言内容的要求主要是简洁和通俗，这就要求发言者语言简练直白、形象生动、用词准确，避免使用晦涩、歧义的词语。

③ 篇幅适当，宁短勿长。不管何种集会，都欢迎语言精练、节奏明快、不冗长拖沓的发言。这就要求发言者注意时间的把握，只要表达清楚即可，切忌拖泥带水。

（2）充分酝酿情绪，从容应对。

发言者的精神状态直接影响着自身的思维与表达以及听众的接受程度，因此，情绪饱满、感情真挚、状态积极应是集会发言者情绪的总体要求。根据集会的不同类别，用或亲切、或热情、或隆重等等情绪来发言。

发言者要克服紧张情绪。可以用自我鼓励、心理暗示、深呼吸、临场静思等方式解决怯场问题。当然，提前准备对消除紧张情绪更有益处，通过发言前的充分调研、反复演练，了解集会的主题、听众、议程、场地、音响设备等各种情况，精心准备并熟悉发言内容，做到心中有数，同时又能应变自如。还应注意严格自控，发言前不宜饮酒过量、吃饭过饱、喝水过多、熬夜过度，以免影响形象、影响思路、影响效果。

（3）注重仪态，塑造教师良好形象。

① 仪容整洁。第一，头发清洁、发型端庄。要注意头发的蓬松，无头屑、无味，长短要适中，美化要自然。第二，面容干净清爽，化妆自然。五官、脖子、眼镜要注意及时清洁。男教师最好刮净胡须，女教师的化妆应以自然淡雅为原则。第三，手臂、腿部干净并合乎社交礼仪。注意及时清洁、清除体毛。女教师在集会上发言最好着套装，不露出手臂；穿过膝套裙，并穿完好的丝袜，随时有备用的丝袜以应对袜子破损时急用。

② 服饰端庄。总原则是成套、整洁、文明。如果是特别重要的集会，最好穿校服；没有校服，可穿正装或成套的运动装，并保持衣服干净、平整、挺括。正装的色彩最好控制在三种以内，一般应为单色、深色，并且应无图案，最标准的套装色彩是蓝色、灰色、棕色、黑色；衬衫的色彩最佳为白色，皮鞋、袜子的色彩宜为深色。另外，要注意系扣、领带等着装技巧。

（4）熟练运用表达技巧，增强语言表现力。

① 声音技巧。声音响亮，吐字清晰，语调恰当，表达流畅。发言者音量的调整以全场听众都能听清楚为准，用标准的普通话、适中的语速，清晰流畅地一气呵成，避免重复、赘词、含混不清。还可以根据现场听众的反映适当调整语调，灵活运用强弱、高低、快慢、停连等各种对比来丰富发言的感染力。

② 态势技巧。态势是指口语交际者在其交际过程中，用以强化阐述内容及表达感情而运用的眼神表情、身姿态势等肢体语言。幼儿园的集会发言要慎用手势，不当的手势易引起歧义，花哨的手势会分散幼儿的注意力。下面是发言时各环节对态势的具体要求。

A. 上下台。

上下台要镇定自如，沉着自信，稳健有力，大方自然。上身要挺拔向上，双臂自然地前后摆动，幅度不要过大过小，头不要昂得过高，以目光平视正前为宜。上台后开始发言时，要鞠躬问好；提及感谢对象时应目视对方；表示感谢时应鞠躬行礼；发言结束时应表示谢意。

B. 站姿。

在不设演讲台的情况下，站姿对发言的总体效果很有影响。集会发言对站姿的基本要求是：头端、眼凝、面和、肩平、胸挺、腹收、身正、腿直、手垂。女士一般宜取丁字步站姿，男士可采用一字式、稍息式或前进式站姿。丁字步站姿指发言者一脚在前，前脚脚跟靠后脚脚弓呈四十五度角，膝盖并拢，着裙装女士尤宜采取这种站姿。一字式站姿指发言者双脚分开，两脚距离与肩同宽或略窄于肩宽。稍息式站姿指发言者双脚呈稍息姿势，身体重心落在后脚上。前进式站姿指发言者两脚一前一后呈四十五度夹角，重心可前可后。两手自然下垂，初上台者如感觉别扭，可一手拿讲稿，另一只手自然下垂；或双手拿讲稿，但要注意高度，以稿件不遮挡面部为宜。总之，要给人精神抖擞，信心十足的感觉。

C. 坐姿。

第一，有位尊者在座时，不应满坐，大体占椅面 2/3 的位置即可。挺直上身，头部端正，目视前方或面对交谈对象。一般不可身靠座位的背部。极正规的场合，要“正襟危坐”。即上身与大腿、大腿与小腿均为直角。双手掌心向下，叠放于大腿之上，或双手扶住座位两侧的扶手；如果有讲桌，最好双臂置于讲台上，俯身前倾，以弱化间隔感，

第二，如有话筒，说话时离话筒要稍近一些，这样有助于强化自身动作的主动性，弱化讲台的间隔作用。遇到提问时，要以亲切、热情、鼓励的目光看着对方，如对方坐的位置较偏，还可将脸转过去，甚至上半身也跟着转过去正视对方以示尊重。

D. 眼神。

发言者要随时用眼睛和听众交流感情，进而控制和感染听众。主要方法有平视法、环视法、虚视法、凝视法。平视法即眼神平直向前看，目光落在会场的中部。环视法，则是有规律地把视线从左到右、从右到左，从前到后、从后到前。有经验的发言者上台发言前都会运用这种方法进行控场，关注所有听众，并暗示发言即将开始；在发言中不断地观察和注意听众的动态，随时调整，保证发言顺利进行。虚视法指发言者好像在看听众，但实际上什么也没看清，而听众却感到发言者注视着他们。凝视法指发言者集中注视某一区域，较细致地观察听众的反应，还可以用眼神控场来维护正常的会场秩序。

E. 手势。

手势动作有助于有声语言的表情达意。但是，一般在集会发言时要慎用手势，很多大型的、正规的集会发言最好不用手势。

（5）掌握礼仪知识、熟悉会议议程。

发言者要提前了解观众构成及来宾情况，问好时要对观众“一网打尽”，关照到每一个观众群体；对来宾的身份、种族、官衔、社会任职、姓名、性别等情况要非常熟悉，介绍来宾时要准确到位；还要掌握丰富的礼仪知识，按照先远道而来后本地、先外单位后本单位、先年长位尊后年轻位次、先女士后先生等原则来介绍来宾，对特别位尊的来宾要最先介绍并注意排序，如：尊敬的教育部 ×× 司 ××× 司长，尊敬的 ×× 省长、尊敬的 ×× 市长。要根据发言的内容灵活停顿，如需要鼓掌、或被介绍的来宾要和观众打招呼，等等。对请到讲台的嘉宾要辅之以眼神、表情、手势、身姿的礼貌，或亲切鼓励、或恭敬尊重，或趋身前迎、或举手相邀、或主动搀扶；主动快速替发言人调整话筒，必要时帮助发言人手持话筒；如嘉宾的发言简短，主持人不用退场，但要后退一步甘居配角以示礼貌。主持人要熟悉集会的议程，了解主办单位的意图，做到有条不紊、从容应对。

（二）校外集会交际语的要求

1. 参加研讨

教师参加研讨会有两种角色：主持人、参加者。

（1）主持人。集会主持人要阐释议题内涵，说明会议目的，发动与会者积极参与，协调会议冲突，避免冷场，总结会议成果，并说明后续措施。主持语言要做到以下几方面：

①熟悉程序，提前准备。研讨会一般不外乎以下几个程序：宣布活动开始→介绍与会人员情况→介绍活动议题、目的、程序、注意事项→领导、来宾发言→活动指定发言人发言→讨论（自由发言或小组讨论后代表发言）→总结（由主持人总结或专家、领导总结）。主持人要保证各环节的顺利进行，就必须提前准备，预先了解会议的内容、目的、前期准备情况、相关专业知识，以及与会者的基本情况（包括学历、职称、职务、学术专长，主要工作经历等等）。当然，还要提前调整好身体、心理、仪表等各方面的状态，以最佳的表现完成主持任务。

②声音响亮，语速适中。主持人要保证所有参会者都能清楚地听到自己的发言，讲话时声音要响亮，语速不能太快，要适中。

③脱稿发言，简明扼要。脱稿发言的效果要比埋头念讲稿好得多，既可以利用眼神与参会者进行交流，又能因熟悉内容、表达流畅而获得参会者的好感，这样更能使参会者集中注意力倾听。主持人可以事前准备发言提纲，最好脱稿发言，必要时可以看一下提纲。

④插话策略，表态慎重。研讨进行过程中主持人可能会因为说明情况、调解争执等事情打断正在进行的发言，这时插话要注意使用礼貌用语并选准时机，不要武断或唐突地打断发言人，可以使用诸如："抱歉，请允许我说明一下相关情况""对不起，我打断一下""我插一句言行吗？请各位冷静一下"等语言。主持人不宜急于对正在讨论的问题表态，而应尽量发动参会者踊跃发言、充分表达各自意见。

⑤应变灵活，保持中立。研讨会是一个动态的活动过程，主持人要面对随时可能出现的意外情况，并随机应变、灵活处理，保证活动正常进行，有效避免现场失控。意外情况主要有冷场、秩序混乱、现场争执，等等。

冷场是因为参会者由于含羞、害怕、考虑不成熟、参与积极性不高等因素不愿意在活动中发言而致使研讨会现场出现的发言空缺，出现冷场时，主持人要采用指名法、顺序法、启示法、谐趣法、示范法等方法鼓励参会者发言。

有时研讨会现场秩序混乱，主要是由于少数参会者不遵守会场纪律，随意出入会场、接听手机、私下讲话等情况而造成的。面对这种情况，主持人可以突然停止说话，让整个会场安静下来，使不遵守会场纪律者警觉，自觉停止不文明行为、维护会场的正常秩序。如果混乱严重，主持人可以把活动议程暂停几分钟，以郑重语气严肃地重申会场纪律。

研讨会参会者由于观点不同，产生分歧是正常的，有时甚至会出现当面争执的现象，这就需要主持人调解而使活动能正常进行。主持人在调解时要从活动大局出发，态度中立地劝说双方。如果主持人认为座谈调研的目的已基本达到，或者再争执下去也不会有好的结论，则可以果断地打断争执双方的讨论，宣布活动结束或转移到下一个议题上去。

（2）参加者。

①认真倾听，适时提问。认真倾听是参会者的基本礼仪要求，而且，要提出针对性强的问题，就要先听清发言者的主要意思。可以适当地进行笔记，同时注视对方，并在必要时以点头、微笑或掌声表达对发言者的支持之意，提高发言者的发言热情。别人发言时心不在焉，提问的质量就不会高，甚至会就发言者已经讲得很清楚的问题提问而引起对方

反感。紧紧围绕研讨的话题提问，保证研讨活动始终不偏离主题。提问一般是要求对方回答或解释问题，提问时教师尽量做到语气谦恭，多用征询语气，得到解答后要真诚地向对方表示谢意。如果教师用一种质疑的语气提问，很可能会引起对方的反感而简单应付甚至拒绝回答。

② 积极发言，言辞得体。

教师发言时要紧扣主题，条理清晰，开门见山，言简意赅。如果是指定发言，一定要提前准备，打好腹稿；有稿件时，要注意时常抬头扫视一下会场，不要始终埋头念稿。自由发言要讲究顺序，不能争抢；要尊重他人，听从主持人调度。面对提问要积极礼貌地作答，对不能或不便回答的问题，要礼貌而机智地说明理由；对提问人的意见和批评要认真听取，即使听到错误的批评也不能失态。发言时要礼节周到，开始时有问好，如："大家好"、"主持人好"、"各位好"等；结束时有致谢，如："谢谢各位"、"谢谢诸位"、"谢谢主持人"、"非常感谢"等。

2. 其他集会

教师经常会参与校外的各种大型活动，如社区、兄弟幼儿园、各级政府、各单位举行的各种活动，包括庆典、表彰、竞赛、动员大会等，这类场合的交际语要做到以下几个基本要求：

（1）态度友好。不论是对主办方还是参会者，都要主动热情地问好；对提问要予以友善的答复；对他人的发言要主动鼓掌，表示欢迎与感谢，不要打断他人的发言。

（2）仪态端庄。仪容要整洁，服饰要端庄，表情要稳重，举止要文雅。

（3）遵守纪律。不要在会场"开小会"、"讲小话"。碰到熟人不要不顾会场纪律长时间寒暄、叙旧，而应在自由活动时再畅谈；遇到敏感话题或有争议的说法，不要立即在会场讨论，而应按规定、按程序表达意见或疑问。

（4）发言得体。发言时，要做到礼节周到、遵守时间、慎用手势。上下有交代，开始有问好，结束有致谢；提及感谢对象时要目视对方；表示感谢时要鞠躬行礼。发言不要超时，宁短勿长，坚决不用含义不明的手势。

【案例1】

一位年轻女教师参加一次妇联组织的演讲比赛。她登上讲台刚讲了两句，竟然一下子卡了壳，台下立即骚动起来，还有人鼓倒掌、喝倒彩。带队的领导和一块儿来的参赛队员都为她捏了一把汗。可这位女教师并没有像有些演讲者忘词后那样惊慌失措：或头上冒汗，长时间冷场；或面红耳赤地跑下台去。只见她定了定神后，从容自若地说："我刚讲了两句，就赢得了大家的掌声。既然大家这么欣赏我的开头语，那么就让我接着往下说吧。"于是她又接着往下演讲，结果讲得很顺利．很成功。最后博得了听众真正友好的热烈掌声。

点评：年轻女教师在突发事件面前，镇定自若，用幽默的语言控制场面，变被动为主动、化不利为有利，最后赢得了演讲的成功。

【案例2】

“怎样过‘六一’”研讨活动实录

（肖菊红　戴雪芳）

主持人：一年一度的“六一”儿童节，是孩子们最为期待的一个节日。怎样让孩子们过一个愉快而有意义的节日，是教师和家长都纠结的一个问题。为了了解幼儿、家长、教师的心声，我们开展了问卷调查，调查表明：52%的幼儿希望和父母外出游玩，24%的幼儿希望在幼儿园和同伴一起联欢，24%的幼儿选择了其他；37%的家长希望开展亲子游艺活动，20%的家长希望有亲子运动会，10%的家长希望开展爱心义卖活动，33%的家长选择了其他活动：47%的教师选择了游艺活动，53%的教师选择了其他活动形式。怎样过一个让孩子快乐、教师轻松、家长满意的儿童节呢？请大家谈谈自己的看法。

陈来花：我觉得同时满足这三方面的需求比较困难，“六一”是属于孩子的节日，应以幼儿为本。

杨萌娟：我也赞成这样的观点，遵循教育规律和幼儿身心发展特点开展“六一”活动，让全体幼儿成为节日的主人，快乐度过属于自己的节日！

颜锡英：是的，我们应该想孩子所想，做孩子想做，让孩子和教师一起动手打扮教室，一起为“六一”活动出谋划策。

沈莉：我们班的孩子最喜欢的就是班级游艺活动。我们可以让孩子和教师一起来确定班级游艺活动的内容，收集材料，确定规则。在这个过程中让孩子的自主能力得到发展，心理需求得到满足。

唐秋红：我们可以请孩子观看精彩的木偶剧，还可以观看具有教育意义的儿童电影。

周惠英：不管开展怎样的活动，我们都要尊重孩子的想法，允许孩子选择自己喜欢的方式。尤其是艺术活动要突出原生态，减少教师、家长指导的痕迹，让活动真正成为孩子展示自我、体验成功的舞台。

主持人：“六一”活动必须“以儿童为本，关注快乐”。也就是说，“六一”活动必须是源于孩子的，从孩子的兴趣、需要和能力水平出发，突出孩子的主动参与性，让孩子体验做节日小主人的幸福感。

王剑虹：快乐虽然很重要，但我认为应该让孩子过得更有意义和价值。

陈才妹：“六一”应该是爱的教育，我们可以开展“爱心奉献日”这样的活动。引导孩子在接受爱的同时也学会付出自己的爱。

张琼：可以把福利院的小朋友邀请到幼儿园进行联欢活动，让每个孩子都感受到节日的快乐。

颜锡英：我想在感恩的同时学会分享也很重要，我们可以举办类似“宝贝大交换”的活动，让孩子们分享食物、图书、玩具、礼物等，体验分享的快乐。

何芸：我认为“六一”活动可以结合我们身边重大的活动和时事来开展。例如2012年的夏天将在伦敦举办第30届奥林匹克运动会。结合这一盛事，我们可以在“六一”举办户外亲子运动游艺会。利用幼儿园的设施，开展跑、跳、钻、爬、骑小车、打水仗、筑沙堡、放风筝等亲子运动游艺活动，让孩子体验“更快、更高、更强”的奥运精神以及“理解、友谊、团结、拼搏”的体育精神。

主持人：老师们的建议非常好，让孩子关注时事、融入社会、学会感恩、学会分享非常重要。

张燕玲：我觉得亲子远足也是一个不错的选择，既满足家长和孩子一起出游的愿望，又可以增强幼儿的体质。

吴燕洪：我觉得可以开展以制作美食为主题的亲子自助餐活动，体验做食物的乐趣，增进亲子之间的感情，在自助品尝活动中让孩子体验到儿童节还有比收到礼物更快乐的事。

徐一飞：我们发现平时大多数孩子都是爷爷奶奶来接送，因此我们要动员爸爸妈妈安排好工作，尽可能抽出时间和孩子一起过“六一”。

杨萌娟：我们还可以发挥家委会的作用，邀请他们参与策划、组织“六一”活动。

主持人：家长是我们重要的合作伙伴。应该充分调动家长参与“六一”活动的积极性和主动性，以开放的心态邀请家长参与，形成全方位的合作教育。

吴燕红：我觉得传统的文艺表演也是不可或缺的，让孩子有机会在集体面前表现自己是一种不可多得的体验，对于孩子的成长具有纪念意义。

张琼：我觉得表演的形式、排练的过程比较枯燥，轻松的游艺活动应该受孩子们欢迎。我们可以利用现有的资源，比如各类专用室，开展多样的活动，让孩子开心、教师轻松。

何芸：我非常赞同这一观点。教师平时工作量大、压力重。已经非常辛苦，不应该再让“六一”庆祝活动成为教师的负担。

陈才妹：减负的关键是要学会整合，其实六月份在幼儿园还有很多的活动。比如说毕业典礼，我们可以把这两个活动整合起来，这样可以减少教师的负担。

陈来花：我补充一点，我觉得在节目排练的过程中教师应面向全体，做到人人参与：关注幼儿的情感而非只是技能的习得，让每个孩子轻松体验“六一”的快乐。

戴雪芳：节目内容也可以整合教学中的艺术活动，如诗歌、律动、打击乐等。减轻幼儿和教师的负担。

主持人：有效整合非常重要，我们要做一名智慧的老师。

主持人：有关研究表明，在成人脑海中挥之不去的最快乐的童年记忆是一些简单的趣事。因此，让我们共同努力给孩子一个美好、幸福、快乐的童年。

（资料来源：http：//www.cnsece.com/news/201263/n70361137.html）

思考与练习：

1. 根据以下材料，模拟家访谈话，并分角色演练；或随幼儿园教师家访，实地观摩并做记录。

（1）向家长介绍幼儿在一日生活中的品德、行为、习惯、同伴交往、语言发展等方面的表现。

（2）向家长宣传、讲解科学育儿知识。

（3）征求家长对教师工作及幼儿园工作的意见、建议、要求。

（4）与家长共同研究教育幼儿的办法与措施。

2. 一位幼儿与其他同学发生争执，情急之下，将同学的脸打伤了，你作为班主任进行一次家访。针对下面的情形，设计家访的情景对话。假设：

（1）家长是一位因工作繁忙无暇照顾孩子的母亲，教师对家长说：________。

（2）家长是一位脾气不好、爱体罚孩子的爸爸，教师对家长说：__________。

（3）家长是一位溺爱孩子的祖母，教师对家长说：______________________。

（4）家长是一位对孩子放任自流的监护人，教师对家长说：________________。

3. 评价下列教师用语的优劣。家访中，教师对家长说：

（1）你在医院上班吧，我正有事找你。

（2）我觉得你家孩子脑子有点问题。

（3）如果你们做家长的对孩子都是这态度，那我以后也不管你们孩子了。

（4）你的孩子没救了，干脆让他转学算了。

4. 根据下面的情境材料，准备一段在家长会上的讲话。

（1）“六一”节前，关于班级参演节目的服装要求。

（2）宣传手足口病的预防知识。

（3）讲解“幼儿营养过剩不利健康”的知识。

5. 假如你是一名刚上岗的青年教师，怎样与不同身份、年龄的同事交谈，并给对方留下良好的第一印象？自己设计话题，在班上分角色练习，相互评议。

与你谈话的对象是：老年教师、比你年长但学历比你低的中年教师、与你同龄的青年教师、幼儿园后勤部门职工（如司机、水电工、清洁工等）、幼儿园保教主任。

6. 张老师最近特别忙，教学任务繁重，还要组织幼儿到社区参加活动，家中又有生病住院的母亲。此时，保教主任安排她上一堂公开课，还要求必须制作新颖的教具并利用多媒体上课。张老师怎样讲话才能达到既拒绝任务又不得罪领导的目的呢？

7. 园长分配给你一项任务，要求你第二天必须完成；接着，他又分配给你一项新任务，这使你感到力不从心。此时，有两种做法，你会选择哪一种？请说明理由。

（1）你害怕拒绝领导惹他不高兴，明明知道不能按时完成任务，也硬着头皮接下来，而到了第二天你非常惭愧地对领导说：“对不起，园长，您给我的任务我还没做完呢！”

（2）园长布置你任务的同时，你就告诉园长：“园长，到明天我只能完成其中一项工作，您希望我完成哪一项？”

8. 根据不同情形，讨论相应的口语交际技巧。

（1）一位你不喜欢的同事上公开课得了一等奖，其他同事都去表示祝贺，此时，你会说些什么？

（2）一位同事经常在别人面前流露出看不起你的言辞，你会怎样对这位同事说？

（3）同事的孩子想跟着你学琴（或学画等），而且是长期的，请你帮忙，你没有时间，如何拒绝同事呢？

（4）你的一位同事遇到不幸，如事故、生病等，你如何安慰他（她）？

9. 到社区、街道、村镇联系，调查该地区幼儿的情况。

10. 模拟一次研讨会，内容如如何为孩子选择兴趣班、公开课案例分析，等等。

参考文献

[1] 中华人民共和国教育部：幼儿园教师专业标准（试行）（征求意见稿）[S]. 2011.
[2] 李兴国，田亚丽．教师礼仪 [M]. 上海：华东师范大学出版社，2006.
[3] 金正昆．社交礼仪教程 [M]. 北京：中国人民大学出版社，1998.
[4] 叶金龙．现代领导者语言表达与演讲艺术 [M]. 北京：中共中央党校出版社，2002.
[5] 刘伯奎．教师口语：表述与训练 [M]. 上海：华东师范大学出版社，1994.
[6] 李莉．教师口语训练教程 [M]. 郑州：郑州大学出版社，2007.
[7] 朱家雄，张亚军．给幼儿教师的建议 [M]. 4 版．上海：华东师范大学出版社，2011.
[8] 岑玲．普通话与教师口语 [M]. 成都：西南交通大学出版社，2009.
[9] 程培元．教师口语教程 [M]. 北京：高等教育出版社，2005.
[10] 人民教育出版社中学语文室．听话和说话 [M]. 北京：人民文学出版社，2005.
[11] 陈国安等．新编教师口语 [M]. 上海：华东师范大学出版社，2007.
[12] 胡习之．普通话学习与水平测试教程 [M]. 北京：清华大学出版社，2007.
[13] 姚喜双．普通话口语教程 [M]. 北京：高等教育出版社，2009.
[14] 陈岗林．演讲与口才 [M]. 北京：科学出版社，2009.
[15] 张颂．朗读学 [M]. 3 版．北京：中国传媒大学出版社，2010.
[16] 陈兴焱．普通话口语教程 [M]. 北京：清华大学出版社，2010.
[17] 赵贤德，唐善生．演讲语言与欣赏 [M]. 北京：高等教育出版社，2010.
[18] 李慰宜．一课一案——幼儿园优质案例汇编 [M]. 上海：华东师范大学出版社，2011.
[19] 朱家雄，张亚军．给幼儿教师的建议 [M]. 上海：华东师范大学出版社，2011.
[20] 钱维亚．幼儿教师口语 [M]. 北京：高等教育出版社，2007.
[21] 张涵．播音主持语音发声训练教程 [M]. 北京：中国传媒大学出版社，2011.
[22] 王峥．语音发声科学训练 [M]. 北京：中国传媒大学出版社，2009.
[23] 王璐，吴洁茹．语音发声 [M]. 北京：中国传媒大学出版社，2009.
[24] 张明红．幼儿园语言教育与活动设计 [M]. 北京：高等教育出版社，2010.
[25] 周兢．学前儿童语言教育 [M]. 南京：南京师范大学出版社，2008.
[26] 王素珍．幼儿教师口语训练教程 [M]. 上海：复旦大学出版社，2006.
[27] 赵寄石，楼必生．学前儿童语言教育 [M]. 北京：人民教育出版社，1993.
[28] 胡陵．中小学教师集会发言常见问题及对策 [J]. 教学与管理，2012（6）：40–42.